JN232784

教育思想双書 3

臨床的人間形成論へ

ライフサイクルと相互形成

田中毎実

勁草書房

はじめに——教育から人間形成へ

1

私たちはさまざまな教育状況を生きている。この状況を編むのは、ある場合には目覚ましく華々しい突発的な出来事だが、多くの場合はくすんで冴えない日常的な繰り返しである。しかもこれらが引き起こされる場は家庭や学校とは限らず、登場人物もまた子どもや青年とは限らない。いくぶん極端な事例を挙げてみよう。(1)

(1) 十分に受容された体験をもたずに育った不幸な若い母親が、意に添わぬ仕方で生まれてきた自分の子どもから全面的に頼られ、これを受容し育てることによって、自分自身を受容し、成熟する。

(2) 死にゆく人の自分の死を受容できるまでに成熟しようとする苦闘を支え頼られることによって、介護者が、自分自身を受容し成熟する。

この二事例にはともに、広い意味での「教育」(前者の育児、後者の成熟の助成)が含まれている。しかしこれは出来事全体のほんの部分であるにすぎない。二事例に共通するのは、異世代間の相互受容という出来事である。つまり、他者からの受容による自己の受容による他者の受容による他者の自己受容による他者からの受容による自己の受容による…という限りない循環的連鎖である。この相互受容によって、異世代間の相互形成が達成される。教育は、この相互形成という全体的生起のほんの部分であるにすぎない。それでは次の事例ではどうか。

(3) 学校へいけなくなってから長いあいだ自宅に閉じこもっている男性が、母親へ強く依存しながら、彼女に断続的に暴力をふるう。

(4) ともに多彩で不幸な家族歴をもつ男と女が、生まれてきた自分たちの子どもを虐待することをとおして、互いの結びつきをくりかえし編み直す。

(5) 固い防衛でかろうじて自分を守ってきた上司が、防衛の緩い部下の出現によってあたかも自分に侵入的な攻撃が加えられたかのように感じて、(本人にとっては防衛的な)攻撃を繰り返す。

この三事例には広い意味での教育の挫折が含まれているが、この挫折はすべて、異世代間の相互受容不全による相互形成の挫折に由来している。

それにしても、これらの五事例すべてを「教育的」と修飾することは妥当なのだろうか。そんなことをすれば、教育の含意はあまりにも拡大されすぎるのではないか。そうではあるまい。これらを教育から切り離すようないわば後退戦を繰り返すなら、その果てには教育の大切な内実のかなりの部分がこぼれ落ちてしまう。教育の現実は多くの場合、暗黙のうちに共有されてきた教育に関する既存の概念的理解をあっさりとはみだすのである。

五事例はすべて、異世代間の相互受容による相互形成に関連する出来事である。通常何の疑いもなく教育的とみなされる出来事、たとえば親による子への働きかけや教師による生徒への働きかけなどは、この異世代間相互形成という生起全体のほんの部分的であり、しかもきわめて特殊な局面であるにすぎない。生徒や子どもの成長という生起のこちら側では、教師や親の成熟という生起がある。これまで多くの場合、教育は、子どもの発達へのおとなの助成的働きかけと理解されてきた。しかし教育の現実は、いつでもこの限定された規定をはみだす。教育は、人の生まれてから死ぬまでのライフサイクル全体にかかわる営みであり、しかもさまざまな世代間の相互形成という出来事のうちに編み込まれているのである。

2

しかし視野を異世代間の相互形成という生起にまで広げると、もはや教育という言葉そのものがふさわしくなくなる。これもたしかである。ここでは、「教育」という言葉よりも、むしろ（相互形成という生起をも丸ごと包括する）「人間形成」という言葉の方がふさわしい。この人間形成という視点からみると、教育の理論としての教育学もまた、わずらわしい制約のうちに閉塞させられているようにみえてくる。

教育学の原語である“pedagogy”は、ギリシャ語を用いた比較的新しい合成語であり、元来「子どもを導く術」を意味した。(2) 教育を人間形成という広い視野からとらえ直すなら、教育学もまた理論的視野を、たんなる「子どもを導く術」から、人間のライフサイクル全体と異世代間相互性へと拡大しなければならない。しかし、このように拡大された理論は、もはや伝統的な意味での教育学ではなく、人間形成論と呼ぶほうがふさわしい。教育学から人間形成論へのこの理論展開は、先の五事例をめぐる考察からあきらかなように、理論の教育現実との臨床的出会いをきっかけとする。したがって、この新たな理論は、むしろ「臨床的」な人間形成論と呼ぶべきなのである。

伝統的教育学の中心には、発達と教育というペアになった概念がある。これを臨床的人間形成論は、ライフサイクルと異世代間相互形成という今ひとつのペア概念に書き換える。発達と教育を中心に据えてきた伝統的教育学の理論的視野は、否応なしに「子どものおとなへの発達」と「子どもの発達へのおとなの働きかけとしての教育」に制約される。臨床的人間形成論は、この視野制約をライフサイクルを通しての成熟と異世代間の相互形成へと開く。このように理論的視野が開かれるきっかけは、教育現実との臨床的な出会いである。そればかりではない。臨床的人間形成論は、視野をおとなや老人にまで広げることによって、理論構成に携わる人たち自身をも理論の対象に組み入れる。こうして自省性や反省性もまた理論的特徴となる。臨床的人間形成論の学理論的特質は、理論的視野の広さ、統合性、臨床性、自省性ないし反省性などにある。ライフサイクルに沿った異世代間相互性のありようをシステマティックに探求する本書は、第5章で詳細に議論するように、臨床的人間形成論を体系的に論述する試みでもある。

本書での議論のアウトラインをあらかじめ示しておこう。まず第1章では、ホスピタリズムに関連する事例を取り上げ、子どもの人間形成論を展開する。この事例のZは、幼いときから施設に収容され、思春期にいたって爆発的な暴力性を発現したために、関連施設をたらい回しにされた。この事例を検討することによって、幼い子どもをコアにした異世代間の相互形成（幼い子どもの冒険による意味模索と成熟、この冒険を支えることによるおとなたちの成熟）という機制、さらにこの機制を包み込む今日の制度ないし組織の基本問題（システムと相互性の相克）があきらかになる。人間形成論の基本的構図である。

第2章では、青年の人間形成論を展開する。さまざまな関連事例をまとめてみると、今日の青年は、これまでのように「自律と適応」のコンフリクトからはとらえられないことがわかる。高度産業社会のうちで高速度に生起し消滅するさまざまなできごとに適応するためには、鈍重に「自律と適応」との間ではなく、軽快に「自閉と漂流」との間で、適切なバランスをとらなければならない。この今日的な課題という角度からみるなら、実は、青年はその典型的な例であっても、独自な例ではない。その意味では、固有の意味をもつ青年期は消滅しつつある。幼児期以来の冒険による意味模索と成熟は、自閉と漂流との間でバランスをとろうとする苦闘として、青年期以降に引き継がれるのである。

第3章では、児童虐待の事例を取り上げて、おとなの人間形成論を展開する。この事例の一家は、思春期に近づく男児（夫婦それぞれの連れ子）を順次虐待することによって家族をくりかえし再編成する。この事例によって、おとなの後続世代への形成的関わりを通じての自己形成（異世代間の相互形成）とその破綻の基本的機制があきらかになる。おとなは相互形成と自己実現との間でバランスをとるという課題に直面するのである。さらにこの章で扱うのは（虐待によって家族解体から過剰に防衛されて）すっかり凝固する家族（凝固家族）であるが、この事例から逆に、相互形成の順調に機能する通常の家族生成がいかに複雑で多彩なできごとであるのかがわかる。しかし大半の家族はこれをごくやすやすと達成する。ホスピタリズム事例や虐待事例の検討は、きわめて複雑な課題が多くの人々によってごく自然に達成されるこの「日常性の奇跡」をあらわにすることによって、今日の難しい教育状況にあってなお残存する希望に根拠を与えるのである。

第4章では、老いと死の受容を取り上げ、老人や死にゆく人々を核とする人間形成論を展開する。つまり、関連するさまざまな理論を検討することによって、老いと死を受容するための（老いつつあり死につつある人々の）成熟とそれを支えることによる支える人たち自身の成熟（異世代間の相互形成）の機制を解明する。この際、関連する文化の問題や医療などの専門職による成熟の停滞と補償の問題などが取り上げられ、とくにこれまでの教育理論で強調されてきた自律ないし自立の価値に対して、依存や引退のもつ形成的意義があきらかになる。

第5章では、それまでの議論の成果を総括して臨床的人間形成論という新たな学問分科について論ずる。「ライフサイクル」と「相互形成」という二つのタームを主題化すると、従来の教育学の中核にある前理解は大きく変容を迫られ、教育学そのものの学理論的特質もまた変容を迫られる。つまり、教育学は臨床性、実践性、自己反省性などを学問的な性格として確保せざるをえなくなるのである。ここに成立するのが臨床的人間形成論である。この新たな分科には、理論と実践を媒介して教育的公共性の成立を可能にすることが期待されるが、この期待は、先の日常性の奇跡によって根拠を与えられるのである。

4

本書の第1章と第3章は、共同研究者である鷹尾雅裕（当時、愛媛県児童相談所心理判定員・現在、愛媛県精神保健福祉センター相談指導係長）の提供した事例を考察の手がかりにしている。事例が発表されてからすでに一定の年月が経過した。この間に関連諸施設の状況は大きく様変わりした。たとえば「児童虐待の防止等に関する法律」の制定と施行（二〇〇〇年）以来、施設の多くは被虐待児であふれており、児童虐待について膨大な実践と研究が蓄積されてきているとともに、施設にも内外ともに大きな変革が迫られている。家族への対応の仕方そのものが大きく変わり、施設の内部組織、施設の相互連携の在り方も様変わりした。この時点で振り返ってみると、本書で取り上げる事例はいささか古めかしいが、しかし反面で、年月にさらされ利害のどろどろした連関から洗い出されて、問題の骨格をくっきりと示している。事例を手がかりとする原理的で包括的な研究には実に好適な条件である。

この年月の隔たりは、事例公表の衝撃に対しても一定のクッションでありうる。しかし年月だけをあてにすることはできない。鷹尾と慎重に協議した上で、事例の記述にあたっては、もっぱらその本質的構成部分が正確に示されることだけに留意して、関係者や場所を具体的に特定できそうな手がかりのいっさいをできるだけ書き換えた。事例にかかわる私秘性は十分に守ることができているものと考える。

この二つの章では、あえて病的事例を取り上げ、しかも通常の臨床的事例報告にみられるような意味で「成功事例」とはいえない未完結事例をあえて考察の手がかりにした。この理由については本書の議論全体で説明したつもりであるが、あえてあらかじめここで若干の説明を加えておこう。未完結事例を取り上げたのは、完結事例では（成功に至る〈必然的〉過程にとってよけいな付帯物として視野からはずされ結果として）覆い隠されかねない光景が、あらわになると考えたからである。端的にいえばその光景とは、事例をとりまく日常性である。

日常性の構造的全体をあらわにするのに有効であるのは、ニーチェのいう「病者の光学」と「健康者の光学」の相補的往復運動である。(3)「病者の光学」は、健康者にとっては自明的かつ日常的で問い質されもしない事柄を照射して、日常性・自明性の呪縛からの解放を可能にする。しかしこの偏った光学は、逆に健康者の光学によって相対化されなければならない。日常性・自明性を把握する理論は、病者の光学と健康者の光学との間での相互補完的往復運動を通して構成されるが、本書では、未完結の病的事例を包括的・原理的に扱うことによって、まさにこのような往復運動を達成しようと試みたのである。

未完結事例の力、さらには病者の光学と健康者の光学の往復運動によってあきらかにしようとしたのは、病的事態が反照的にあらわにする日常性の構造である。しかし、私たちがとくに強調したのは、日常性そのもののありようではなく、「日常性の奇跡」であり、さらに病的事例に潜在する（日常性の奇跡と通底する）回復力である。もちろん、このような「肯定」的記述は、徹底的な「否定」の果てにみいだされるかぎりでかろうじて力をもちうるだろう。本書であえてつらい事例を扱ったのはそのためである。本書の構成が当を得ているか否か、構成意図は十分に実現されているか否か。これについては、読者の判断にゆだねるほかはない。

かつてこの二事例を共同研究の形で公刊しようとした際に、同じ研究会（愛媛心理療法研究会）に属する一部のメンバーとかなりの議論を交わすことになった。この議論は筆者の転勤によって中断して今日に至っている。議論の焦点は、未完結事例を刊行することの問題、刊行によって問われかねない未完結性への関係者の責任の問題にあった。この問題へのさしあたっての解答は上に述べたとおりであるが、これはあくまで理論の立場からの解答であるにすぎない。私は、現在の職場に転じてからは、大学教育の実践的研究に従事してきたが、その間もずっとこの議論の全体にも細部にもこだわり続け、考え続けてきた。これに対して、自分自身であるていど安定した立場を築けたと確信がもてたのはごく最近のことであり、大学教育の実践的研究を通じて〈専門職になりえない援助職従事者の半身の構え〉について肯定的に考えるようになってからである。この〈日常性の奇跡〉に根拠づけられた肯定ないし希望については第5章をみられたい。この希望の記述が、実践の立場からの議論への解答である。ともあれ本書は、愛媛心理療法研究会での議論を直接に引き継ぐ、筆者なりの応答でもある。

目次

目　次

第1章　ホスピタリズム
——子どもの人間形成論

ライフサイクルの発端で発生する「ホスピタリズム」は、成熟と相互性の密接な連関という人間形成の基本的構図をはっきりと示す。今日ではホスピタリズムは「母性剥奪」などの用語に置き換えられているが、この置き換えは、ホスピタリズムという語がとらえることのできた複雑な事情をあっさりと家族や母子関係だけに還元してしまい、結果として母親などに過剰な負荷を負わせることとなっている(1)。

今日までに学校を中心にして家族や地域や施設や企業などさまざまな青少年の収容制度が互いに癒合して巨大な学校複合体が成立したが、この複合体は、すべての機能要件を技術合理主義的物象化的に配置するシステムとして整備されてきている。ホスピタリズムとは、物象化的システムとしての学校複合体の内部で十分な相互性を与えられなかった子どもたち、その惨めな状況へのかれらの全存在的なリアクションである。この章では、鷹尾雅裕の報告するホスピタリズムの一事例を検討することによって、ライフサイクル初期の相互性がもつ人間形成論的意義をあきらかにする。

本章で鷹尾の紹介する事例が示しているように、子どもの「独り立ち」へ向かう成熟の冒険は、周りの人々への子どもの信頼と子どもへの周りの人々の信頼によって支えられる。この冒険の達成が、おとなと子ども双方の信頼そのものをともに補強する。信頼に値する一人前の存在へと成熟しようとする子どもの冒険は、子どもを前にして信頼に値する援助者へと成熟しようとするおとなの冒険と、深く嚙み合っている。こうしてホスピタリズムは、このような相互性の機能不全の原因でもあれば結果でもある。ホスピタリズムは、成熟と相互性の緊密な連関という人間形成の基本構図を明示するのである。

ホスピタリズムは、学校複合体のシステム的整備にともなって、ほかならぬその整備が不可避的に生み出す新たな暗部で不可避的に発生し、私たちとシステムに対して相互性の欠如を訴えかける。この訴えに対して学校複合体は、場合によっては何とかして相互性を付与しようとし、別の場合には相互性を代替するさらなるシステム化を押し進めようとする。後者が大半の場合だが、ここからみればホスピタリズムは、より一層きめ細かなシステム化を進める契機として、ほかならぬシステムそのものによって繰り返し生み出されるものともいえる。ホスピタリズムとシステム化との限りない循環のなかで、施設の職員はつねに、システムの担い手であることと相互性の担い手であることとの二重性を生きなければならず、いつでもその適切なバランスを保つことを要請される。この厄介さは、親であれ、教師であれ、職員であれ、今日の学校複合体のなかで生きるすべてのおとな（教える者、育てる者、ケアする者）が、自分たちで引き受けなければならない課題でもある。

1　事例の概要

ホスピタリズムの人間形成論的意味について考えるために、いきなり一般的な議論から始めるのではなくまず具体的事例を検討するという迂回路をとりたい。この事例は、愛媛県の児童相談所心理判定員であった鷹尾雅裕がまとめたものである。鷹尾は、筆者とともに愛媛大学教育学部で定期的に開催してきた「サイコセラピー・イメージ研究会」――平成六年三月以降は「愛媛心理療法研究会」と改称――のメンバーであった。しかしこの事例は完結した成功事例ではないので、鷹尾は、これを一応事例報告の形で文章化はしたが研究会で発表することはしなかった。鷹尾の事例報告は、まず筆者との共同論文という形で公表された。この事例を概観することから始めよう。

1　児童相談所の初回受け付けとそれ以後の経過

児童相談所の初回受付当時（昭和四十X年）、Zは一才五ヵ月。一家は関西で暮らしていたが、父の出身地の役場から、「母が家出し、父も子どもを親族に預けたまま行方不明となった。親族には養育可能なものがいないので、施設に入れてほしい」と相談があり、翌月ZはA養護施設に措置された。

初回受付当時の記録によれば、Zは、在胎中は異常なく熟産。吸引分娩（胎盤圧出法）、体重三千二百グラムで出生。人口栄養で育つ。親族によれば、親族宅にあずけられて以来、とくに病気もせず、一日中走り回っている。こちらの言うことはある程度理解できるが、言葉はなく、ただ「キャーキャー」と言っているだけの由。身辺処理に関するしつけはまったくなされていないといった印象である。Ｚの父親は三十五才。左下肢と知的側面にやや障害を持つ。中学卒業後、地元での仕事が合わず関西に転出したが、以後定職を持たず各地を転々とし、時々帰省して酒を飲んでは乱暴することを繰り返した。母が家出をした当時は関西で居住し労務者であった。母親は二十五才。母方親族によれば、母は「右を向けと言われればいつまでもそうしているような性格で、他人に良いようにされ」るという。父がＺをつれて外出しているあいだに行方不明となり、親族が捜索願いを出すとともに心当たりは探している。

Ａ養護施設での成育過程は、施設から毎年提出される「措置児童の現況調査票」からある程度は推察することができる。(2) また、児童相談所でも何回か心理判定を行っている。これらの記録には、たとえば知的な遅れが年齢とともに目立ち、小学校三年からは特殊学級に入級していること、社会性が未発達であるとともに年齢とともに情緒の不安定さが増していること、親族の連絡はほとんどないことなどが記載されている。

2　問題の表面化とその後の経過

1)　第一回一時保護から精薄児施設へ

昭和五十X年、Zが中学一年になって、A養護施設から文書で次のような通告があった。「本児は、⑴施設職員に対して嘘や暴言をはき、尊敬心がない。⑵放浪癖が治まらない。⑶発作的に大声を出して逆上することがあり、事故を起こしかねず、精神的に病的なものを感ずる。⑷小学生や女子どもにとっては怖い存在であり、他児への影響が大きい。以上の理由により、養護施設では不適当な子どもとおもわれる」というものである。この通告から1週間、児童相談所は、Zを一時収容し保護したが、Zは一時保護当初から強い不安を示した。児童相談所は施設に対して、Zの不安を伝え、施設措置変更の再考を促したが、施設は、Zとの面会にすら応じなかった。一時保護期間中の所見は次の通りである。

基本的生活習慣は身についているものの、洗面や洗濯などの習慣づけは不十分である。情緒面では、職員とのかかわりを強く求め、そのための手段としてもっとも効果的なものを選び、一人になることを極端に嫌う。学業はおおむね小学校二、三年程度であり、運動能力の発達の度合いもこれと同程度である。この間のZについての心理判定所見は、以下のとおりである。

印象：小柄、小学校四、五年生の体格。すぐに判定員の顔色を窺う、自信のない態度。

性格：ロールシャッハ・テストの結果によれば、他人の言動に過敏で、懐疑性が強く防衛的、また専制的になりやすく、軽躁的でややいい加減に人と接するようである。年齢に相応の精神的性的成熟が見られず、恐喝的態度や癇癪などの行動にでやすく、また与えられないものを力で取ろうとする態度を示すことがある。

知能：鈴木ビネー式知能検査でのＩＱは七〇である。過去のデーターを見ると、低下の一途をたどっており、現在はボーダーラインレベルである。しかも、実際の学習能力はさらに低く、小学校二、三年レベルである。学習態度について言えば、指示にしたがって座っていることができるのはおよそ二〇分程度であり、常に相手を試すような、あるいは確認するようなおしゃべりが多い。

なお、脳波を含む諸検査や診察の結果、精神医学的疾病の兆候は認められなかった。

以上の所見から、一定の指導指針をたてた上で、Ａ施設を訪問し話し合いをもったが、施設側は「施設での言動からすれば精神に異常があるとしか考えられない。Ｚは幼少期から言葉などの遅れがあり、全職員が密接にかかわってきた。だから、これ以上受容的に接することも不可能だ。」と述べ、再度の受け容れも、施設職員による面会すらも認めない。こうして措置変更は余儀ないものになったので、次の施設として里親委託を考え、適当とおもわれる里親に打診したが、受入先は見つからなかった。成育歴や知的側面を考慮に容れればやはり養護施設が適当であると判断されたが、今回はＺの情緒の安定を優先させ、より個別指導の可能な、しかもこのような子どもに理解のある施設としてＢ精薄児施設が決定され、措置された。

2)　Ｂ精薄児施設での不適応行動と第二回一時保護

Ｂ精薄児施設へ移って三ヵ月、施設職員はＺの情緒安定を図ることに努力を傾注した。Ｚはこれまでとは逆に、施設内では相対的な知的レベルが高いクラスに位置することになったが、授業中、とくに女教師の指導に従わず、他の児童をたたいたり授業妨害を繰り返したりした。施設の全職員が協力して、考えうるかぎりの多くの指導法を実施したが、三ヵ月後施設内で放火事件を起こしてしまった。施設から「反省心なく、指導困難である」と、再び一時保護が要請されるに至った。なお、本事件後、ただ一人だけZのことを気に掛け、時々連絡をいれてくれていた親族が死亡したとの連絡を受け、このことを施設職員がZに伝えている。

第二回一時保護のために、ZはB精薄児施設職員二名に付き添われて来所し、十日間保護した。入所当日はB施設職員の傍らから片時も離れず、しきりに学園に帰りたいと訴えて泣き、おやつも夕食もとらなかったが、二日目からは前回の保護時と同様の態度となる。他の児童を相手に、施設で腕を上げた卓球をやって悦に入る。弱者に対しては、「お前は今日一日おれの奴隷になれ」と命令し、聞かないと殴りつける。担当保母に対して、わかりきった質問をしつこく何度ともなく繰り返す。職員にかまってもらえないと拗ねてうろうろし、事務所を覗いたり、門から出てやろうかといった行動を示す。それでも時間がたつにつれ、職員側からの声かけを待っているような様子が伺われ、しかし遊びの中に誘うと遊びの邪魔をし、座布団や新聞を振り上げて保母に叩きかかるが、決して当たらない配慮もしている。

この間、Y大学附属病院児童精神科で受診させ、診察した医師からは、「精神病をおもわせる兆候はなく」、むしろ「反社会的な人格障害、あるいは境界性人格障害ともいうべき偏りを示しており」、「対人関係場面でかれの内部に生ずる不安によって環境や内面の変化に対応した適切な行動がとれず、結果として問題行動を引き起こす」との診断を得た。以上のような観察と所見をもって、B精薄児施設に対して再度の受け入れを要請した。施設ではすぐに臨時職員会議を開き、ここでZを見捨てるべきではないという意見が大勢を占めた結果、措置が継続されることになった。

3）Ｂ精薄児施設での不適応行動と第三回一時保護

一時保護からちょうど半年、B精薄児施設から、今度は措置変更を要請する強い姿勢の申し入れがあった。申し入れは、「帰って一ヶ月くらいはおとなしくしていたが、その後は次第にいたずらやいじめを頻繁に繰り返すようになった。たびたび施設の鍵を盗み、それを使って針を持ち出しては他の児童の服や布団に刺しておく。よほど証拠が揃っていないかぎり自分の行為とは認めないし、認めても鍵の所在は絶対に言わない。すぐにまた同じことを繰り返す。鍵の管理を厳重にしても上手に盗み出す。職員の目をうまくごまかして他の児童をつねったり針で刺したりするが、そのとき見張り役をさせていた児童まで針で刺すので、児童たちは仕返しが怖くて何もいえない。職員に対しても相手によって機敏に態度を使い分け、反省し納得したように見えても一日ともたない。興奮状態に入ると、泣きわめき、たたき、ものを投げるなどが続く。興奮が治まると素直に反省もするが、否認するときもあまりにも真剣であり、とても嘘をついているとは思えず、その落差が大きすぎる。また、優しくて自分の好きな保母に対して皮膚接触を求め、その保母の休息室の押入れに潜んでいたこともある。考えられるあらゆる対策や指導法をとってきたが、動きはますます巧妙になるばかりであり、本児を当施設に止めることはすでに限界である。」というものである。

三回目の一時保護が開始された。今回は、Zを取り巻く諸関係についてあらためて細かく調査がなされた。この間、Zに対しては日常生活の中やサンドプレイなどにより、治療的アプローチが試みられた。今回の一時保護期間は五三日間にも及んだ。調査で新たに判明したこと、行動観察などの結果は、以下のとおりである。

(1)　新たに判明したこと――Zのことを気に掛けてくれた親族の死去以来、身内が全く関与しない状態が続いたが、児童福祉司の度重なる働きかけに対して、一人の親族が反応を示しはじめた。この親族は母方祖母を尋ねだして会いに行き、さらに遠方に居住する母親を捜し当てて面会した。母は父と別れたい一心で色々と芝居をし、Zを捨てて家出した後再婚、すでに二児をもうけていた。Zの件については再婚相手との関係もあり、言を濁すばかりで進展はなかったようである。父方については殆どの者が父に迷惑をかけられそのために離婚騒動を起こした者もありかかわろうとしないという。この親族自身も、怪我をさせられた経験があるらしい。ただ、Zが強く希望していた亡くなった親族の墓参りは、何度目かの交渉でかなった。

(2)　特徴的行動――Zは一時保護所で、ことさら幼稚な質問を繰り返したり、幼稚で職員が扱いに困るような行動を繰り返したりした。職員と入浴する際も、体を流してから湯船に入るように指示しても、そのまま入る。職員用の布団の上で水虫に罹っている足を止めるのも聞かず血が流れるまで掻き続け、さらにその足で職員のスリッパをわざと履こうとするなど、悪ふざけが目立つ。保母が受入の幅を少し広げると甘え、膝に座ったり、顔や髪を撫でたり、「明日は化粧して来い。髪も梳いて来い。自分のことを大好きと言え。」などと言い、保母の嫌だという言葉も聞き入れず、しつこく命令する。このように職員が嫌がることをし過ぎて注意されると、急に怒りだし、自転車で所外に飛びだす。放っておくと、児童相談所の前をうろうろし、機会を見つけて裏口から入ってくるが、素直ではなく、たとえば注意をした女子職員が食器を洗っている側までできて、布巾で自分の頭・手・足などを拭きそれを放り投げて再び出ていったりする。時間をおいて、「Z君のことは心配している」とゆっくり話してやれば落ち着く。このようにあらゆる手段を用い、しつこく自分に関心を向けようとするのが、特徴的な行動傾向である。また、自分の持ち物の整理は念を入れて丁寧にするが、特にファイルに綴じた手紙類は強迫的に角を合わせ、何度となく整理し直す。職員の手伝いでさせた資料の整理も、強迫的過ぎて時間ばかりかかる。散歩では、自分で行き先を決めることはない。花や景色について話し掛けてもさしたる感情は示さない。

(3)　心理学的所見――WISC知能検査、SCT、YG検査を実施した。YG検査ではB型（情緒不安定、社会的不適応、活動的・外向的な人で、パーソナリティの不均衡が外にあらわれる人）となったが、SCTは、判断可能な材料とはならなかった。なお、WISC知能検査の結果は次のとおりである。V・IQ六五、P・IQ七八、T・IQ六八。総合的には軽度発達遅滞からボーダーライン・レベルであり、しかも知能の働きに歪みがあるといえる。(3)

箱庭は約一週間おきに四回実施した。なかでも一回目の作品（箱の中一杯に動物や人形がぎっしりと詰め込まれ、しかもすべてがきちんと向こうから手前へと向けられ、そのうえ動物の列、人形の列などと厳格に仕分けられている）と二回目の作品（左上隅の家と右上隅の女の子を除いて、多数の生き物が砂の上で無秩序な円を描いて倒れており、一部は木枠の外にまで溢れ出ている）が、Zを特徴的に示しているものとおもわれた。その解釈は次のとおりである。

・心の中にはエネルギーがぎっしりと詰まっているものの、その表出はきわめて強迫的であり、しかも未分化である（一回目）。

・枠内に収まりきれず枠外にはみ出すような、攻撃性の激烈な噴出がみられる。これをなんとか収拾するために、二重の守りが必要であるが、その守りは同時に圧迫ともなる（四隅の枠の上に銃を持って馬に乗った人を置いたが途中で落としてしまい、再び同じ場所に立てる）（二回目）。

・攻撃性の噴出が一段落すると女の子が登場するが、これは救いであるとも受け取れる（二回目）。

・爬虫類（大トカゲ）が常に登場するが、これに憑かれると強い衝動行動が表れ、これが砂中に沈むと強迫的無感情的になる。またこの大トカゲは、女の子を助けるといった良い面をもつが、同時に相手を倒したつもりが自分も場外に出るという制御しきれない面もある（二回目）。

・当面は、この爬虫類がどう変容して行くかが問題だが、現状では一回目のように強迫的無感情的な局面と、二回目のように攻撃的で混沌とした局面が相互に入れ代わりながら推移してゆくものとおもわれる。

今回も、児童精神科医の診断を求めたが、それによれば、「敢えていえば精神遅滞児（軽度から境界域）の不適応行動である。根底にある問題としては、知能水準の低さと衝動のコントロールのまずさ、そして幼児期の成育環境の貧しさなどが挙げられる。児童相談所は、一時保護児童の数が少ないことなども幸いして、本児に対して非常にうまく対応している。」とのことである。

この間にも、処遇の道は懸命に求められた。近隣の養護施設や遠方の情緒障害短期療養施設に対し受け入れの打診をしたが、いずれも断られた。後者の場合には県外である上に、家族ぐるみの治療を主たる目的にしていることから、受け入れは困難であるとのことである。いよいよ考えられるのは教護施設だけということになった。結局、Zは次のような日常生活の指導指針を付けて、C教護院へ措置された。

・指導する場合は、具体的で短くわかりやすい表現を用いたほうがよく、とくに反語的表現などはそぐわない。指示に従うまである程度の時間（数分から数時間）のかかる場合がある。

・持ち物の整理や生活時間の順序に対して強迫的である。それを無理に狂わせたり、本人が楽しみにしている計画を変更すると混乱する。理屈で問い詰めるとパニックを起こす場合がある。

・同じことを繰り返し幾度も確認してくることがあるが、そのつど丁寧に答えると次第に確認は減る。ともすると精神発達遅滞をおもわせるが、この確認は自分に対する関心度を確かめるものであると解すべきである。

・指導者の声色・目付き・顔色をすぐに見抜き、気まずくなると無断で飛び出すこともあるが、近所にいてサインを送ってくる。
・パニック状態では、回りで騒ぎ立てたり問いかけたり元気づけたりすることは逆効果であり、一人であるいは職員と二人で静かに過ごすほうがよい。何が起こってもたいしたことではないといった姿勢が適切である。

4）C教護施設からD精薄者授産施設へ

出発の朝、元気で「行ってきます」と車に乗り込んだものの、時間が立つにつれてふさぎ込み、道中の昼食も取らない。翌日、教護施設から、「ほとんど口もきかず、怖いといって教母の後ろから離れない。女生徒が声をかけても怯えて逃げる。職員が一人つきっきりで、なかなか大変である。」と連絡を受けた。C教護施設は、Zが知的に遅れのある子だから他の子の強い影響力から守る必要があると考え、他の子にはZに手を出さないように、Zには不安なことや言いたいことは何でも担当者に話すように指導した。Zは次第にこの配慮を逆手にとって、他の児童をからかったり、職員に過度に甘えたりするようになった。その結果、他の児童の不満はつのったが、「少し待ってやろう」という根気強い指導の結果、集団内での行動が少しずつ取れるようになってきた。並行して、集団の側でも、動きは遅く学力は低くてもきちんとできることも多いというZの力を客観的につかみ、その結果、「Z君のレベルになったらおしまい」との見方や、Zをマスコット的に見る見方が支配的になってきた。次第に施設に適応しはじめ、学習、作業、体育活動など、日課にそって自分なりの力を発揮する場面もみられるようになった。このような教護施設での生活の一端は、毎学期児童相談所に送られてくる指導連絡票に示されている。以前ほど華々しい問題行動を起こすことはないが、気分の変動が激しく、一進一退を繰り返しながら中学を卒業することになる。

ところで、C教護施設は中学卒業と同時に退所するのが通例である。そこで、卒業後の処遇法として、精薄者の職親委託か精薄者通勤寮を利用し、何とか自立する方策が求められた。しかしZの場合、問題を抱えた精神遅滞児であるうえに身元保証人がはっきりしないことから、双方ともに受け入れを断られた。結局、精神薄弱者授産施設を利用し、生活指導および作業などの訓練を引き続き受けたうえで、機会を見て自立させることになり、D授産施設が指導を引き受け、福祉事務所から措置された。D授産施設に入った当初は、生活に慣れるのに精一杯であった。やがて気分の変調を表すようになり、不機嫌になると拒食したり、嫌な作業を不真面目に他人任せにしたりすることが目につくようになった。比較的知能水準の高い入所者には接触を求め、水準の低い入所者には見下げた態度をとり相手にしない。生き生きしているのは余暇時間と体育活動をしているときだけで、食事も皆が終わる頃になって食堂に来て、暗い表情でうつむき加減で食べた。

D授産施設では、さしあたっては親族との連携を密にした。入所して二年目の夏には長期休暇を利用しての家庭実習が実現し、さらに数人の親族が数回Zに理解できる程度の手紙を送って来るようになった。このことはZを喜ばせ、施設への適応を促進した。しかし入所三年目には、理由はよくわからないまま手紙は出さないで欲しいという申し出が親族から施設にあった。しかし春休みには親族と小旅行を行う機会があった。両親の話題はどの関係者からも一切ないため、施設もあえて切り出してはいない。

施設内では現在四人部屋で生活しているが、同室の者との打ち解けた話はできにくく、自分の能力と同等かそれ以上の者と少し話す程度で、友人は少ない。余暇はテレビを好み、そのおりは一応皆のなかに入って見ている。同僚らからすると、Zは感情の起伏が激しく、昨日は話していたが今日は呼んでも返事すらしないということがあって、付き合いにくいようだ。一方、Zは施設内の体育部のリーダーである。昨年までは、うまくいかないと競技を放棄するような場合があった。今年は、この役割を通してZの気分的安定を図ろうとするスタッフの意図通り、県内精薄援護施設体育大会において全試合を戦い抜き、優勝の要となり、結局のところ地区大会も制覇した。

Zはコンクリート製品を作る作業班に所属している。作業内容は正確で、他の者が嫌がることも進んでこなすようになったが、お互い協力し合う作業は苦手である。施設内ということで、労働基準監督局の許可を得て、フォークリフトを運転している。きわめて器用に運転しながら、作業を進めている。ただ、ここでもスタッフは気分の変調に気をつける必要があり、わずかでもその兆候を摑んだら速めに対応する。たとえば、何でもよいから本人の興味や関心のあるものから話しかけ、内にこもる前に話をさせるのがこつのようだ。施設としては、Zがこのようなスポーツや作業を通して、もう少し感情の起伏を抑えることを学び、対人関係の幅が広がるように指導するつもりである。その上で、本人にあった仕事を開拓し、いずれ、Ｄ授産施設と同系列のＥ通勤寮から通わせながら、さらに社会性を身につけさせ、実社会に送りだしたいという意向をもっている。

3　Ｚ事例の意味――鷹尾による中間的考察

以上、さまざまな公文書や自筆記録を援用した鷹尾の事例報告を概観したが、かれは、この事例報告に関して中間的な考察を行っている。これは、私たちの考察にとって重要な材料であるので、ここでは要約などの手は一切加えず当該文章をそのまま写しておくことにする。

1）　心理学的側面

(1)　知的側面――ホスピタリズムに関連して今日では既に古典的な業績となったゴールドファーブらの研究によると、施設群の子どもたちは統制群のそれに比べて、

・ＩＱの平均が低く（前者は平均七二・四、後者は平均九六・四）、

・とくに概念形成の能力が貧しく、読書力、算数の標準検査の結果も低い。

さらに、施設群の方が、

・落ち着きがなく、集中が困難で、統制力も欠けており、自分への愛情や関心を要求しながら、他者への誠実なアタッチメントや優しい感情のやり取りに欠け、

・社会的成熟も遅れている。

これらの規定は、Z事例にも適合するだろうか。

Zの受理面接（一才五ヵ月）当時の言葉数や動き、それ以降二回にわたる心理判定記録の内容からすれば、出生の当初から知的に何らかの問題があった可能性を否定することはできない。さらに、第三回一時保護時のWISC知能検査での歪みの強さやV・IQとP・IQとの一三の差などからすれば、能力の機能面でまとまりを欠いているようでもあり、学習障害児的な印象もなくはない。しかしこの結果は、積木模様や組み合わせ問題が比較的高得点であるのに対して絵画配列が低得点であることなどからすれば、むしろ情緒面からくる場面認知の混乱によるものと考えたほうが妥当だろう。符号問題の低得点は、強迫的な態度に起因すると解される。以上の諸点からすれば、Zの事例にゴールドファーブらの伝統的規定が適合することはほぼあきらかだろう。とすれば、Zの精薄児施設への措置にはあるいは一考の余地があったのかもしれない。

(2)　見捨てられ体験——Zは過去に数度の見捨てられ体験をもつ。一才五ヵ月時の母の家出、施設入所による父及び親族からの別れ、二度の措置変更による施設からの切り離し、そして親族の死などである。措置の決定者である児童相談所自体がこの体験を強制したとも考えられる。

母は、実子であるZを見捨ててまで父と離婚している。Zの出生当初から夫婦関係はかなり歪んでいたものと推測される。したがってZの生育への影響は、母の家出以前からたどられるべきだろう。父は、母の家出以後Zを実家に連れて帰り、親族から母の捜索費用を出させながらそれを遊興で使い果たし、再び実家へ舞い戻った。Zに対する情愛はきわめて希薄であり、最初の入所以来、Zに対する父からの問い合わせや連絡は一度もない。

A養護施設はZにとっては故郷であり、いつでも帰ることのできる「家」であったにもかかわらず、ここで情緒の健全な発達を達成することはできなかった。これに対して、B精薄児施設は、情緒的にかなり深いレベルから接近を試みた。Zは、この接近がどの程度信じられるのかをさまざまな問題行動という形でたしかめたといえるかもしれない。あるいは、この問題行動は、自分が精薄児に見立てられたことへの忿懣を示しているのかもしれない。先に知的側面で述べたことからすれば後者が妥当するが、いずれにせよここではかつて経験したことのない人の暖かさを体験したようであり、このことが第三回一時保護やC教護施設へ行ってからのZの言動の端々にしばしば現れた。児童相談所もまた、情緒的接近を試みて一定の成果を上げたが、しかし同時に、相談所が関わるとどこかにやられるというアンビバレントな感覚は当然引き起こされたものと思われるのである。

(3)　性格的側面——Zの行動の特徴は、それがつねにおとなの関心を引くことをめざしていることであり、注目されないと行動はますますエスカレートする。B精薄児施設でそうであったように、行動が「受容」されるだけでは充足しない。ここで適切な対応の仕方は、若林らが家庭内暴力児について述べているものと共通すると考えられる。つまり、「自主性を重んじ、退行的な行動も可能な範囲で受け入れ、自ら積極的に関心を示すことには支持的に接する一方、暴力に対してははっきりした態度を示す」（若林慎一郎ほか 1987）ことである。たとえば、Zのいささか強迫的な行動もまた、箱庭にみられたように、自分で制御しきれないものへのディフェンスと解されるのであり、その意味で、このような退行的な行動の受容はきわめて大切であると言えるのである。

Ｚの変わり身の早さにもいささか驚かされた。施設変更を察知するとすぐに強い抵抗を示すが、いざ一時保護をしたり新たな施設へ入所したりすると、まるで何事もなかったかのようにそこで自分の位置を確保してゆくのである。さらに、多くの行動面で偏りがあり、中間がないという問題もある。対人関係は、接近しすぎるか離れすぎるかのいずれかであり、持ち物の整理も、強迫的過ぎるか乱雑すぎるかのいずれかなのである。

よく知られているように、ラターは（中沢たえ子 1983）、長期的な母性剝奪の結果を「愛情欠損精神病質」と規定し、これを「信頼関係はできず、人間関係の深まりもなく、アグレッションを上手にコントロールすることができず、自分が少しでも気にいらないことをされると、相手に攻撃的になる。一般的には鬱的で、また世界は自分を中心に回っているような自己中心的利己的思考である。さらに知的活動の障害、認知能力の発達障害をもたらす」と説明している。この説明はＺに見事に適合する。このように強固に固められた性格特性を修復しようとすることは至難であるといわざるをえない。信頼関係を構築し自己を適切な仕方で解放するように促すほかはないが、このために利用できる社会的資源は、きわめて限られているのである。

2）措置に関する問題

Zがはじめて措置されたころとは異なり、今日の養護施設は大規模化し、しかも年長の触法児・教児が多く入所して年齢のバランスが偏っている。今日であれば一才五ヵ月児であろうと、乳児院の利用を考えるべきであるかもしれない。

Zにはすでに五才の段階で不適応行動の兆候が見られ、A養護施設は当相談所に相談している。この時点で、具体的な援助や、必要ならば里親委託などを、考えるべきであった。

今回の二度にわたる措置変更のうち、B精薄児施設への措置に際しては、Zの知的水準を考慮したことのほかに、入所児童に対する職員数が多い（十八対十八）ことから情緒的なかかわりを深めることによる治療効果を期待した（情緒障害児短期治療施設的発想）のだが、これについては、すでに指摘したように必ずしも所期の成果がもたらされなかった。

C教護施設への措置は、知的水準の劣るZが一定の枠内で静かな生活を送ることだけを願ったものだったが、結果的にはこれが成功した。とすればはじめから第三回目のような一時保護を実施し、その後で教護施設の利用を考えるべきであったかもしれない。教護施設への措置決定の基準については、どの児童相談所も苦慮しているようだが、本事例もその例外ではない。

中沢らの調査によれば（中沢たえ子ほか 1985）、養護施設は児童相談所に対して、入所中の児童や施設への緊密な連絡、そして親への働きかけ、引き取りの促進を強く要望している。入所児の問題行動については、安易に子ども自身のせいにしたり短絡的に精神異常として片づけたりせず、多面的積極的な取組がなされるべきである。今日すでにこんな取組がなされている施設も多くある。

C教護施設での生活が落ち着いたのは、力や能力に差があって競合する必要がなく、しかも小舎制という恵まれた環境で生活していたからであり、加えて職員の献身的な働きかけがあったからである。しかしすでに記したように卒後の措置に困窮した。教護施設が職業訓練を施せるよう、スタッフと設備の充実が望まれる。

2　「ホスピタリズム」と異世代間の相互形成

このZ事例で児童相談所の心理判定員に課せられた中心的な仕事は、適切な施設措置の決定であり、その決定のための――主として心理学的な――判定とそれにともなう治療・指導である。この仕事は、既存の制度的連関での一連の役割行動である。役割行動場面では通常、あらゆる行動は、制度の強く拘束する規範的な圧力にさらされる。前節での記述内容は、ともすればZを被判定者と規定しかれの個々の行動傾向に一定の診断名を付与しようとする努力にとどまりがちである。たとえば、本来なら治療のために用いられる技法が、判定のために限定して援用される。

「…サンド・プレイなどにより、治療的アプローチを試みた。…箱庭は約一週間おきに四回実施した。中でも一回目の作品と…二回目の作品が…Zを特徴的に示しているとおもわれた。以下のように解する。」

あたかも診断や操作の対象である「モノ」でもあるかのように扱う制度の側の物象化的な態度に対応して、Zの行動の多くも、自分が物象化されることへの全存在的な反発という角度から読むことができる。

「あるいは、この問題行動は、自分が精薄児に見立てられたことへの忿懣を示しているかもしれない。」

「…しかし同時に、相談所が関わるとどこかにやられるというアンビバレントな感覚は当然引き起こされたものと思われる…」

もちろん、Zの態度は反発ばかりではなく、物象化する診断への迎合ないし過剰適応という角度から読むこともできる。たとえば、あまりにも類型的にホスピタリズム様のZの諸行動は、この迎合という角度からとらえるべきであるかもしれない。

診断というラベリングの活動は、Zをめぐる諸々の関係の連鎖において、Zとそのつどの相手とのあいだの行為の相互性を切断する。この切断は、行為の相手を診断対象として物象化することを強いる制度システムの規範的圧力に起因する。しかしながら同時に、鷹尾の報告は、強い制度的圧力のもとにあるのにもかかわらず、Zをめぐって多数の人々が織り成す行動の連鎖がどんな場面でも何程か役割行動の範囲を逸脱していることをも示している。この逸脱によって、役割行動はあちこちで本来の意味での相互行為に転化する。具体的にいえばたとえば、措置のための診断と治療・

指導という制度的物象化的行動が、多くの場面で本来の意味での治療ないし教育という内容を持つ相互行為に転化しているのである。役割行動のシステム的制度化とそれからの逸脱、そして両者の拮抗のもつ人間形成論的意味の解明こそが、本節の主題である。

本節では、システムの機能要件として一定の役割を担う判定員の行動における役割行動とこれから逸脱した相互的行為との複雑な絡み合いに留意しながら、Zの事例に対して包括的な人間形成論的検討を加えたい。相互行為レベルでのミクロな生起を見る前に、まず最初に、今回の事例での施設措置という役割行動の意味を、マクロな制度レベルで可能な限り包括的な歴史的社会的文脈に位置づけて考えてみよう。具体的にいえば、まず、収容のための諸施設を包摂する巨大で複合化された今日の養育教育システム全体の構造と機能を概観し、さらにこの複合的システムの歴史的生成過程を暫定的に概観する。次いで、このマクロレベルでの検討を前提として、事例の人間形成論的な意味をミクロレベルで解明する。

1　収容のための諸施設・学校複合体・ホスピタリズム

鷹尾の報告は、児童相談所の判定・措置を契機とするZの漂流の記録であるが、この記録は、Zを主人公とするさまざまな施設めぐりの、いわば「巡礼」の記録でもある。この巡礼を通してZは、さまざまな制度や他者たちからの排除や援助の力を被りながら、ただひたすら自分自身のこの世での居場所を捜し求める。Zの存在と行動の軌跡が描くこの巡礼の道行は、今日の社会において成立

図1　Zの漂流

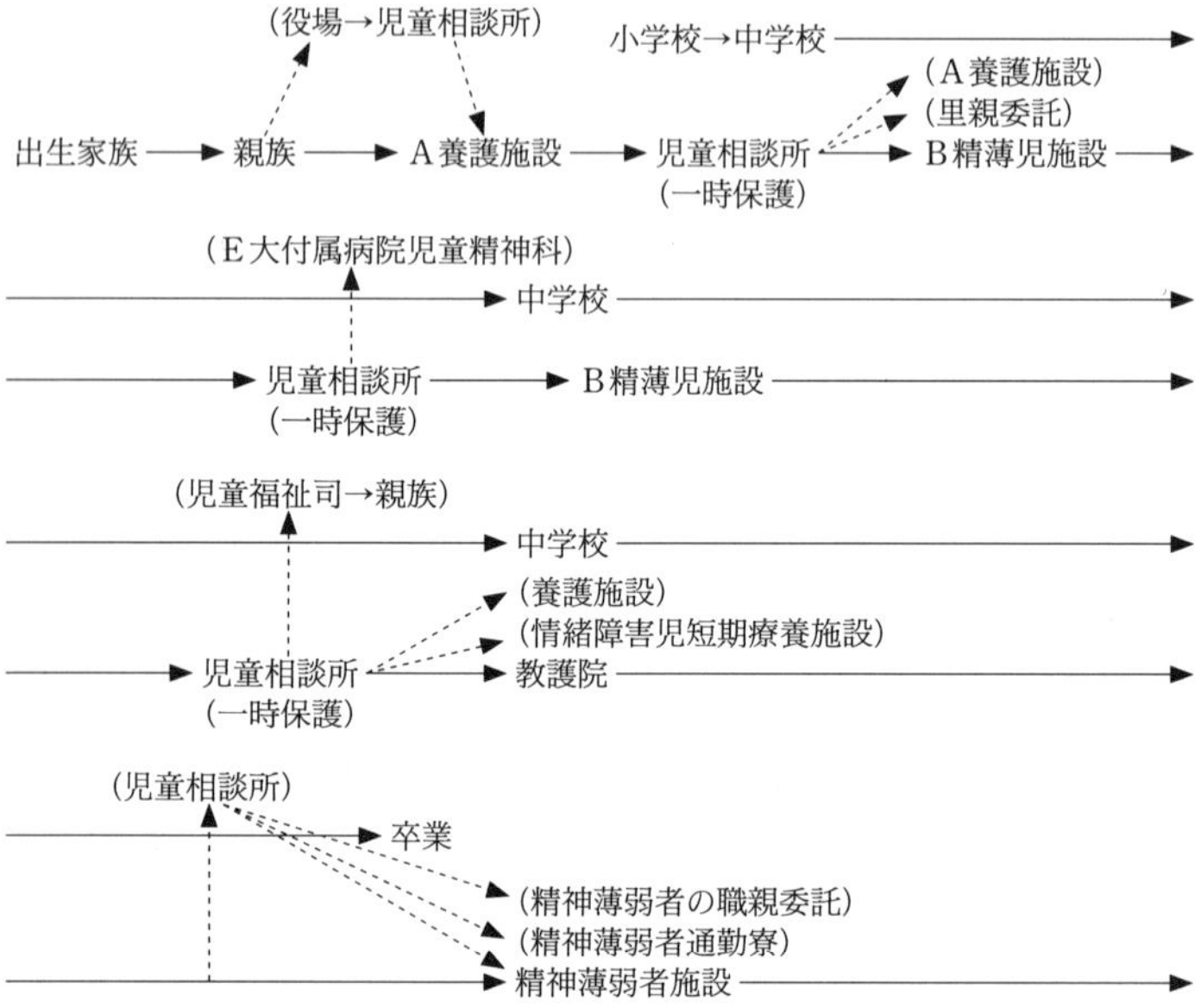

(ただし、実線はZの所在を、そして点線は相談ないし打診を、示している。)

している巨大なシステム連関を浮き彫りにするものでもある。このシステム連関とは、家庭・学校複合体から排除された者たちを収容するための諸施設がほかならぬこの複合体と癒合して形作る、巨大な養育・教育システムである。これを私たちは学校複合体とよぶ(田中毎実 1987)。

　すでに指摘したように、今日の社会では、家庭、地域、学校、企業、行政などが互いに干渉し補完し癒着し合う一連のシステム連関を作り上げている。さらにこの既存の巨大なシステム連関に並んで、教育情報を売買する産業や塾や受験産業などがか

図２　児童相談所における業務系統図

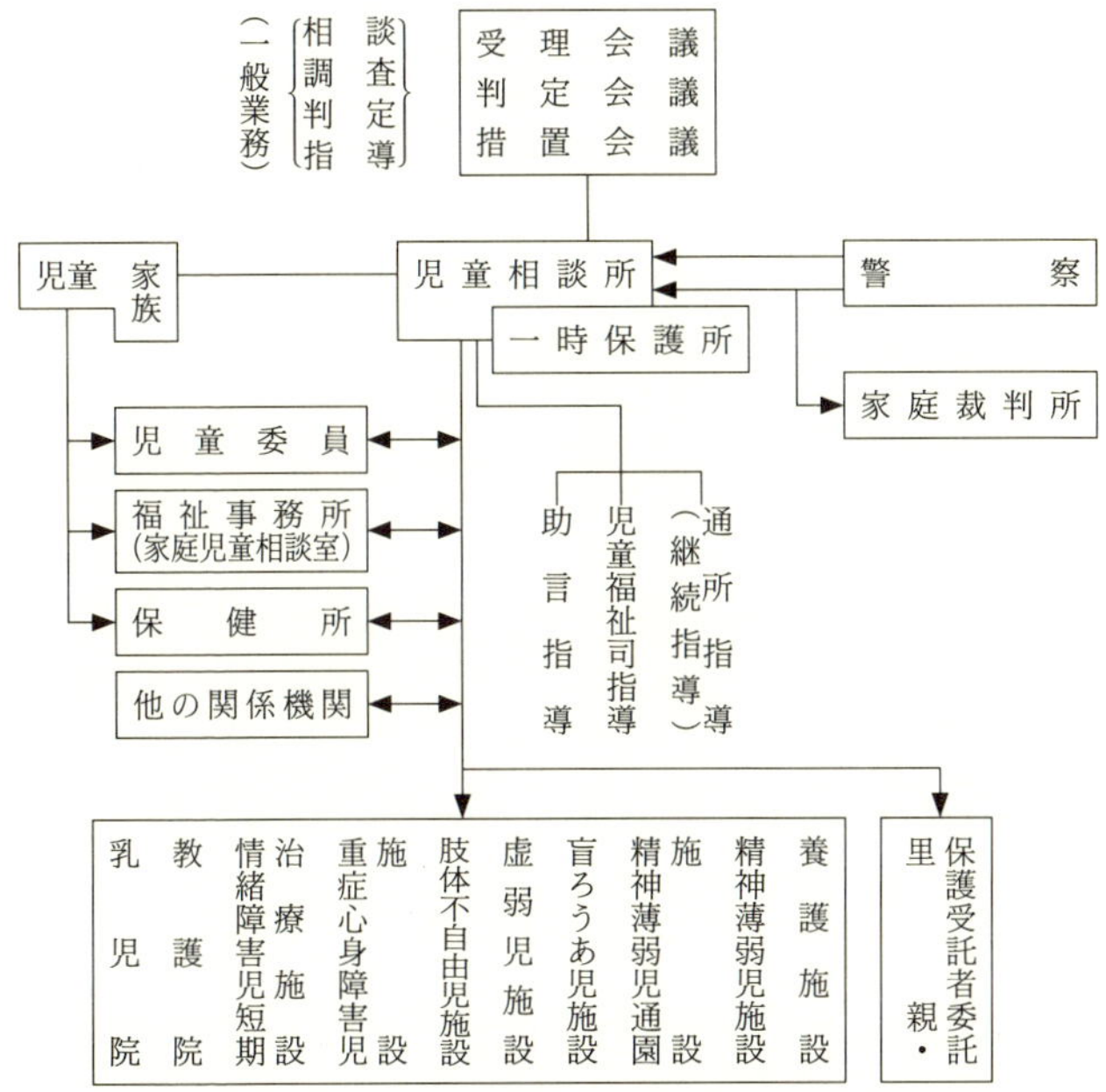

（厚生省児童家庭局編　児童相談所執務概要　日本児童福祉協会発行　1977　10頁）

なり大きなシステムを構築しており、これが在来のシステムを「裏から」支えこれと癒合している（喜多村和之 1987）。のみならずこの癒合する巨大システムはさらに、今一つの「裏システム」にも支えられ、これをも不可欠の部分として組み込んでいる。それは、癒合する巨大システムから排除された子どもたちを収容するための諸施設が構築するシステムである。Ｚの漂流は、このいわば「二次的な裏システム」の構造と機能に焦点づけて学校複合体の全体を照射する。

居場所を求めるＺの巡礼は、

た子どもたちを収容することのできる諸施設の全体的連関（図2）をきわめてダイナミックに浮き彫りにしている。（図1）が示すように、Zがたどる経路の結節点に児童相談所の措置が位置しているが、この相談所の措置は、経路の出発点では「親族からの排除」をきっかけとしており、経路の終点では「親族の受け容れの兆候」を引き出している。つまり家庭・学校複合体が子どもをうまく組み込めないときには、この代替を行う施設が懸命に呼び出され、この子どもを何とか収容する。その間、この子どもをあらためて受け入れるように家族・親族への刺激が精力的に送り続けられる。児童相談所の心理判定員は、この制度化された機能を主体的に担うのである。

制度化されたシステム連関では、古典的なホスピタリズムの記述に適った子どもの行為表出は、システムそのものにとって逆機能的ではなく、むしろきわめて機能的である。この幾らか病的な行為表出によって、一方で子どもの側は、ふさわしくなくなった現状を離脱して新たな比較的ましな居場所を確保し、他方で制度の側は、個々の施設の養育教育機能に深刻な自己点検を迫られて施設改良への絶好の機会を獲得し、さらに他の適切な施設が求められることによって施設どうしのシステム的連関が整備されるのである。この視角からみるかぎり、ホスピタリズムは、施設や制度が副次的に生み出す事象ではない。このシステム連関のもとでは、ホスピタリズムはむしろ、ここ以外に行き場のない子どもと施設とが共犯で必然的に生み出す出来事であるとさえ考えられるのである。

ここで問題なのは、ホスピタリズムを媒介とする近代以降の教育の制度化の過程である。

2 相互性と制度化――ホスピタリズムの歴史的意味

教育の制度化は、特定の歴史的文化的空間での人間の生涯全体の組織化と関わる。伝統的社会では、人間の生涯は、文化に組み込まれた一連の儀礼によって区切られる。妊娠から死後に至るまでのさまざまな儀礼のうちとくに大切なのは、おとなであることと子どもであることとを鋭く分割するイニシエーション儀礼である（Eliade, 1958）。伝統的な共同体の教育機能は、イニシエーション儀礼と年齢集団とで分けもたれる。つまり新来の成員は、年齢集団を次々に通過し、それぞれの集団で適当な日常的機能的教育を受ける。そしておとなへの決定的な移行というもっとも困難な社会的実存的課題は、イニシエーション儀礼への参加によって達成されるのである。この原型的な教育の仕組みは、それぞれの社会でそれぞれの仕方で作り上げられ、固有の仕方で制度化される。

この原型的な教育の仕組みは、近代以降では次の三つの過程をへて再編される（Ariès, 1973）。第一に、子どもへの強い教育的配慮を特徴とする「家族感情」が上層階層の一部で発生し、やがて他の階層にも普及する。第二に、難易度に即して教育内容を配列しそれに合わせて年齢別の学級や学年を編成する「近代学校」が構想され、制度化される。第三に、おとなの果たすべき責任の分担を猶予される「モラトリアム期」が発生し、ひたすらに拡張されるのである。この三つの歴史過程は比喩的にいえば、日常性から鋭利に切断され高密度に凝縮されたイニシエーション儀礼での聖なる時空間が、モラトリアム期という時間と近代家族・近代学校という空間へ炸裂する過程であるといえよう。家族感情の強化、教育システムの拡大、モラトリアム期の拡張の三つの過程は、相乗的に刺激しあい、爆発的に進行する。それとともに学校や家庭やさまざまな関連施設は互いに互いを補完し合い癒合して、子どもや青年の生活全体を隔離し操作する学校複合体という巨大なシステム連関を構築するのである。

モラトリアム期が発見され拡張される歴史過程は、教育的配慮の名のもとに徐々に子どもや青年の生活の全体が学校複合体へ隔離され操作されるにいたる過程である。この事態は、近代人による自然と社会の操作的支配という巨大な歴史的出来事のささやかな一部である。ところで一般的にいえば、「子ども」を規定することは同時に「おとな」を規定することでもある。したがって子どもという言葉には常に、暗黙のうちにおとなの自己規定が込められていることになる（田中毎実 1990）。しかし近代以後にはこの「子ども」という言葉にはさらに、おとなによる操作対象というニュアンスが加えられたのである。

よく知られているようにブーバーは、「我―汝」・「我―それ」の二つの関係様式における二つの「我」の差異について繰り返し論じている（Buber, 1923）。「我」の在り方は、自分の全存在の中核から相手の全存在の中核に向けて「汝」と呼びかけるのか、それとも相手を「それ」として――あたかもモノでもあるかのように――物象化的に扱うのかによって、反照的に決定される。この議論が示唆するように、他者を対象として扱い操作するものは、実は、この物象化的な関係のなかで自分自身が物象化される。このことは教育関係においても妥当する。学校複合体は、幾重にも積み重なった役割関係によって精緻にシステム化されている。この役割関係はすべて、隔離を前提として社会統制という外在的目的の達成に向けて操作的に編成される。この結果、複合体内部での子と親、生徒と教師、心理判定員と来談者、家裁調査官と触法少年などのシステムの機能要件どうしの世代関係は、どれをとっても常に幾らか——ブーバーの言うように——相互的な物象化の特性を帯びる。この相互的物象化は、形成的にかかわりあう二つの世代双方の成長や成熟をひどく妨げずにはいない。この惨めな事態こそが、今日の学校複合体で徐々に目立ってきているさまざまな機能障害の根本的な原因であるものと考えられるのである。

この相互的物象化に対抗する形成的関係については、ブーバーをはじめ多くの論者がさまざまな仕方で議論している。たとえばエリクソンは、異世代間の「相互規制」(mutual regulation) あるいは「相互性」(mutuality) という考え方を提起している (Erikson, 1964)。かれによれば本来の教育関係では年長の世代は、年少の世代の存在を「規制」するために、相手に合わせてまず自分自身の存在を「規制」する。こうして「赤ん坊は家族から支配されると同時にその家族を支配し育てて」おり、逆に「家族は赤ん坊によって育てられながら赤ん坊を育てる」。異世代間の形成は、二つの組み合わされた歯車のように相互に噛み込み合いつつ進行するのである。この相互性が役割関係での相互的物象化とくっきりと対立するものであることは、ことわるまでもなくあきらかである。

それにしても、エリクソンは一体どんなきっかけでこのような異世代間の相互性に着目するようになったのだろうか。そのきっかけは、子どもの神経症などの治療経験である。かれは治療場面で、子どもの心を傷つける家族関係の破れ目に直面し、ここから、家族の役割関係を支える本来の相互性があることに気づいた。かれはさらに、この治療関係そのものが、家族関係の破れ目を補完する相互性であることに気づく。この「補完する相互性」は、まずクライエントとセラピストとの間に築かれ、さらにクライエントをとりまく家族関係のうちに構築される。これがうまくいったとき、治療は終結するのである。こうして本来の相互性と補完する相互性の二つが区別される。そしてこの区別から、家族の役割関係と世代間の相互性との間にも二重の関係があることがわかる。つまり、一方では、本来の相互性の実現という厄介な力仕事を役割関係がいわば「負担免除する」という相補関係があり、他方では、役割関係の破れ目を相互性が「補完する」という相補関係があるのである。

少し視野を拡大してみよう。そうするとこの相補関係が歴史の大きな流れにも認められることがわかる。近代以降の教育の歴史は、学校複合体のシステム化の歴史でもある。そしてこのシステム化の過程を常に駆動してきたのは、相互性とシステム的役割関係との間で社会的な規模で展開される、巨大な相補関係であったのである。

不思議なことに、近代以降の画期的な教育理論にはいつでも戦災孤児の影が付きまとっている。具体例をいくつか挙げてみよう。たとえば良く組織された巨大な宗教的共同体（ボヘミア兄弟団）の解体を背景とする、コメニウスのユートピア的な教育理論（Comenius, 1973）。フランス革命の破壊的な余波を受けた孤児収容施設での実践を重要な展開点とするペスタロッチの理論（Pestalozzi,

1968)。ロシア革命の内戦下での孤児収容施設での集団主義教育の実践から出発するマカレンコの理論（Makarenko, 1982)。そして第二次大戦直後の戦災孤児の診断と治療教育から始まるランゲフェルトの理論（和田修二 1982）など。孤児たちについての記述は、ペスタロッチとマカレンコのそれを比較してみればすぐにあきらかなように驚くほど一致している。ひどい健康状況、成長の全面に認められる著しい遅れ、社会的人間的関係能力の顕著な障害、全体としてバランスを欠いた心の状態。これはどこからみても相互性の欠如に由来する典型的なホスピタリズムの記述である。

コメニウスたちの理論はすべて、教育制度のシステム化に深く連動している。これらの理論は、相互性を剝奪された孤児たちのような教育関係の破れ目に直面して、制度をより大きくきめ細かく組織することが必要であると論じた。これに対して社会は、教育制度全体の規模を拡大し管理を徹底しシステム化を進めることで答えてきた。もっとも、実際の達成は、どんな場合でもかならずどこか不徹底であり不十分である。まさにこの組織の破れ目で、ホスピタリズムが再び息を吹き返し、あらためて教育制度のシステム化を徹底するきっかけとなる。こうしてホスピタリズムは、システム化を極限にまで押し進める有力な契機であり続けてきた。近代以降の「教育の理論」と「ホスピタリズム」と「教育の制度化」の三者は、互いに循環的に規定しあい、結果として学校複合体という強固なシステム連関を構築してきたのである。

ところで、デュルケームによれば近代化にともなって中世的共同体の結合様式は根本から解体され、個人・家族という私的領域、そして国家という巨大な公共的領域という疎通困難な両極が出現する（Durkheim, 1986）。近代化以後のすべての社会は、この両極を何とか統合しようと努める。近代以降の歴史過程に普遍的に認められる「家族感情の強化」・「近代学校の制度化」・「モラトリアム期の拡張」の三つの過程は、近代社会が個人の社会化・文化化によって私性と公性との分裂を何とか克服しようとする努力の具体的表現である。教育理論の確立とホスピタリズムと教育の制度化の三者の相互規定的循環は、この努力に随伴する出来事である。したがってホスピタリズムは、歴史と地域の特殊性を超越する普遍的な出来事であるわけではなく、西欧的近代化に伴う特殊な出来事であり、端的に言えば西欧的近代化が自ら生み出した近代化そのものの推進力の一つなのである。

もっともホスピタリズムなどの制度危機へ対処する仕方は、システム化の徹底だけに限られるわけではない。たとえばペスタロッチの典型的な議論を取り上げてみよう。かれは、教育関係を「母の居間」という規範的モデルに合わせて相互性に向けて再編しようと提案しているとみることができる。しかし現実には、管理の質を転換するよりも、これまでと同質の管理を徹底するほうが容易である。今日までの制度危機に対して役割関係をシステム化する以外の方途はほとんど選ばれてこなかった。これが比較的容易だったからである。けれども管理の徹底によるシステム化は、すべてを物象化するその威力によって相互性の芽までも徹底的に踏みつぶしてしまう。

今日では学校複合体は、全体をみても個々の機能要件をみても機能不全に陥っており、厄介な危機に直面している。しかし過度なシステム化に起因する制度危機に対して、従来どおりのシステム化の徹底によって対処することはおよそ筋違いである。必要なのは、破壊的に作用するシステム化の圧倒的な力に抗しながら、世代関係を相互性に再編することである。それにしてもこのような補完は実際に可能なのだろうか。Zの事例は、ホスピタリズムにかかわるシステム化と相互性との緊張関係を具体的に示しているのである。

3　逸脱と形成

1　「漂流」の意味

私たちはZの施設遍歴を「漂流」という言葉でとらえた。この言葉によってこの事例をとらえる私たちの基本的な視角を象徴させたいからである。まずこの点について説明しよう。施設措置に関する報告でかなり目立つ奇妙なことがある。それは、Zが異なった施設に措置される際に、当初は激烈な不適応反応を示すにもかかわらず、この激烈な反応はきわめて短時間であっさりと消失すること、それにもかかわらず不適応は根本的に解決されたわけではなく、時間が経つにつれてどんな場合にも根源的な不適応があらわになることである。

「一次保護当初からZは強い不安を示した。」

「入所当日は施設職員の傍らから片時も離れず、しきりに学園に帰りたいと訴えて泣き、おやつも夕食もとらなかったが、二日目からは前回の保護時と同様の態度となる。」

「出発の朝…時間が経つにつれてふさぎこみ、道中での昼食もとらない。…Zは次第にこの配慮を逆手にとって、他の児童をからかったり、職員に過度に甘えるようになった。」

Zは高度な適応性をもつのだろうか、それとも根本的に適応性を欠いているのだろうか。

この奇妙な事態は、新たな状況への適応性にかかわるZのパーソナリティ特性について何事かを語っているわけではない。これはむしろ、世界のうちに居場所がないというZの存在様態を示している。自分の世界がありそこに居場所があるということは、その世界と関係を取り結ぶ主体の構えの基盤が確立しているということである。つまりここでは、まず年齢や性などの基本的自己規定がある程度確立しており、さらに関係に向かう身体や自我がある程度確実に組織化されており、最後に関係を構築する言語や身体の適切な呈示能力があるのでなければならない。記録からあきらかなように、Zにはこのいずれもが十分ではない。Zには十分な適応力がなく、とはいえ逸脱や反抗の能力もない。かれは、状況に対して適応的であることも不適応であることもできない。先に示した奇妙な事態は、状況に関わることへの根源的無能力というZの特殊な関係様式を示しているのである。私たちがかれへの施設措置の歴史を「漂流」という言葉でとらえるのは、この言葉がZの状況構成に対する根源的無能力とそれに由来する「根無し」(uprootedness) という存在状況 (Erikson, 1964) を象徴的に示すと考えるからである。

Zはさまざまな施設を漂流する。しかしこの出来事は、Z自身にとっても施設にとってもけっしてただ無意味な出来事であるわけではない。

まずZの側について。Zに欠けているのは、本来なら家庭によって付与される基本的安全感と安定感であり、エリクソン流にいえば（Erikson, 1963）根源的なトラストの力（basic trust）であり、ボルノウ流にいえば（Bollnow, 1960）存在肯定的な根本気分としての被包感（Geborgenheit）である。Zは、自分自身の存在そのものに価値があると信じることができず、自分を取り巻く世界が最後には自分の側に立ってくれると信じることもできない。かれは、この世界のうちに自分自身の存在が肯定される安心して安全な居場所をもつことができない。漂流は、Z自身にとってはトラストの力や被包感を獲得しようとする懸命な試行錯誤であり、自分の世界と自分自身とをともに何とかして安定した形で構築し、両者のあいだに確実な関係を構築して居場所を獲得しようとする必死の試みである。このZの試行錯誤で際立っているのは、特異な言語と身体と性の在り方であり、そして何よりも異様なほどに激烈な活動性である。これらについてはすぐ後で議論する。

次いで施設の側について。施設は、Zの漂流にともなって、かれの激しい活動へ応答しようとしてさまざまに努力し格闘する。そしてかれを組み込むことの困難さや可能性を真摯に検討し、自前の力量を真剣に計量する。こうしてZを排除したり受け入れたりして、施設は真摯な自己点検ないし自己規定を達成する。自己点検は施設や職員などの整備や改善のきっかけとなるし、自己規定は施設の職務内容や責任範囲のはっきりした限定を可能にする。すぐ前で私たちは、「どんなホスピタリズムの事例もすべて学校複合体を制度的に整備する積極的契機となりうる」という一般定則をたてたが、Zの事例はこの定則の妥当性を鮮やかに示している。しかしそれだけではない。Zの活動がトラストや被包感を求めるものであるとすれば、それに応えようとする施設関係者たちの諸活動は、自分たちを応答する主体へと自己形成し、それによってZとの間に相互性を構築することをめざさざるをえない。結果としてZと職員とのあいだに相互形成の連関が作り上げられる。Zに応えることによって、施設の側では職員の相互的成熟が可能となる。Zへの施設の側の応答は、一方で施設の高度なシステム化の契機であると同時に、他方で関係する人たちすべての相互形成の契機でもある。

Zの漂流は、施設がその不備によって招き寄せたとも、あるいはZ自身がその未成熟によって招き寄せたとも言い切れない。Zの自分自身の成熟に向かう無自覚的衝動的な指向性とこれに応答しようとする施設の側の関心の両者がともに、この漂流を駆動しそれに意味を付与する大きな力でありつづけた。この出来事は、施設とZの両者の試行錯誤の合作であり、さらに積極的にいえば両者の意図的無意図的共謀の所産なのである。

それではトラストを獲得し居場所を確立しようとするZの試みは、実際にはどのように進められたのだろうか。Zはさまざまな施設を漂流することによって、自分の生きる安定した場を求める。それは比喩的に言えば、身の置き所のないZがこの世に身の置き所を求める必死の営為である。このZの営為においては、先に指摘した四つの要因に着目する必要がある。まず、異様に激しい「活動性」の水準と、異様な形で表出されるZの「言語」と「身体」と「性」である。以下、これらについて順次考察しよう。

2　活動性と意味模索

施設に収容された子どもたちの行動特性としては、一般に無気力、主体性の喪失、依存性、受け身、他者指向性などが指摘される（芹沢俊介 1989）。これと比較してみるとZの特殊性が際立ってくる。Zの活動の特性は、何よりもまず激烈な衝動的エネルギーの噴出にあり、活動のまるで何かに憑かれたかのような爆発性にある。

「発作的に大声を出して逆上することがあり、事故を起こしかねず、精神的に病的なものを感ずる。」

「興奮状態に入ると、泣きわめき、たたき、物を投げるなどが続く。興奮が収まると素直に反省もするが、否認するときもあまりにも真剣であり、とても嘘をついているとは見えず、その落差が大きすぎる。」

突発的なパニック状態に限らず、Zの活動は全般的にみていつでも不均衡なほど強い情動的負荷を加えられている。

「施設での言動からすれば、精神に異常があるとしか考えられない。」

「施設職員はZの情緒安定を図るため多くのエネルギーを費やした。」

「弱者に対しては、〈お前は今日一日おれの奴隷になれ〉と命令し、聞かないと殴りつける。担当保母に対して、わかり切った質問をしつこく繰り返す。」

収容少年一般の無気力さとZの衝動的・爆発的活動性との対比は、たとえば、無期懲役囚の活動全般のくすんだ無気力さと死刑囚の活動に認められる生命の輝きとの間の一般によく知られる対比に対応している。(5) なぜこの対比が成り立つのだろうか。まず囚人の場合、かれらの活動性の差異は、端的に両者の時間意識の違い――死刑囚の切り詰められ凝縮された未来と無期懲役囚の限りなく引き延ばされて緊張なくだらけた未来との差異――がもたらすものといえる。

それでは一般的収容者とZとの活動性の差異は何に由来するのだろうか。たしかにかれらは囚人の場合と同じように特殊な組織に収容されている。しかし両者の差異の由来を、死刑囚と無期懲役囚との場合のように時間意識の違いから説明することはできない。それではZの爆発的活動性を収容組織の違いから説明できるのだろうか。つまり噴出する内的エネルギーへの――たとえば刑務所などのようなきわめて「操作的」(manupulative) な制度 (Illich, 1981) と比較した場合、Zの入所した諸施設の特質である――枠づけの相対的弱さの帰結であるといえるのだろうか。そうではない。収容少年の一般的な行動特性が無気力さにある以上、Zの爆発的活動性の原因を制度的枠組の弱さにみることはできない。爆発性は、むしろ活動の命懸けの切実さがもたらしたものと考えるべきである。死刑囚とZの両者の活動性が「華々しさ」という外見上共通の特性を持つのは、両者が時間意識ではなく活動の切実さを共有しているからである。

しかし切実さの共有にもかかわらず、死刑囚とZの活動にはあきらかな差異もある。死刑囚の多彩な活動の多くが意識性のレベルに強く焦点づけられており、行為連関が自覚的に構造化されてい

表1

	時間・未来の限定	活動の華々しさ	活動の切実さ	活動の自覚性
死刑囚	有	有	有	有
無期懲役囚	無	無	−	−
Z	無	有	有	無
収容少年	無	無	−	−

るのに対して、Ｚの活動性には、意識性や意図性はあまり認められず、その活動の多くは十分に構造化されていない。かれの活動はむしろ統制されないエネルギーの噴出といった場当たり的特質をもつ。この差異は、もちろん両者のパーソナリティの構造分化の程度差、わけても自我の分化の程度差に起因するものとみてよい。以上の諸点を考慮して、死刑囚・無期懲役囚・Ｚ・収容少年それぞれの活動性をあえて表記すれば、（表１）のようになる。

この表からは、たとえば時間性のタイプ論（木村敏 1976, 1982）を援用して、収容少年類型を除いて残る三つの類型に親和的な精神的疾病をそれぞれに割りつけることもできる。死刑囚類型は「てんかん」親和的であり、無期懲役囚類型は「鬱病」親和的であり、Ｚ類型は「分裂病」親和的である。これについてこれ以上詮索しないが、Ｚの行動特性をこのタイプ論によってある程度説明できるようにもおもわれる。

Ｚの活動が噴出する具体的な様子はすでに報告でくりかえしみた。Ｚの活動には、少々の制度的枠づけなどはたやすく突破する切実な駆動力が込められている。たとえどんなに愚劣な現れ方をしようとも、一歩踏み込んでみると、かれの活動の多くにはつねに懸命さと切実さとが込められており、それらには自分の居場所を求めトラストと被包感を求めるという一定の方向と意味がある。もっとも、この特殊例をみるまでもなく、一般に子どもの活動性そのものには大切な存在的形成的な「意味」があるものと考えられている。たとえば、コメニウスやルソーやペスタロッチらによる「子どもの自発性」の擁護（田中毎実 1983）、シュプランガーの「体験世界構造」として「意味連関」を生きる主体としての子どもの把握（Spranger, 1973）、ランゲフェルトの「子どものプロジェクション」（Langeveld, 1968. SS. 157ff.）、ホワイトの「コンピテンスの感覚」（White, 1959）など、さまざまな理論によってそれぞれに異なった局面に焦点づけながら繰り返し強調されている通りである。

子どもの能動的活動性は、ハーローのスキンシップ（Harlow, 1971）やエリクソンのトラスト（Erikson, 1963）が含意するように、世界のうちで自分の存在の意味や価値を求めるというプリミティヴなしかし形而上学的でもある懸命な探索を駆り立てる根源的駆動力である。この探索が挫折した場合に生じる多彩な病理現象は、ホスピタリズムに関する諸論などが述べてきたとおりである。Zの活動性は、まさにこのような形而上学的な探索衝動の表出である。この探索衝動は、基礎部分で一定程度充足されれば、新たな世界に自己投企し新たな経験や学習を求める冒険への衝動へと昇華される。しかしZの場合には、初発的な探索衝動はほとんど充たされず、切実なままに残されている。この衝動は、他者や事物との新たな関係を求める衝動に昇華されず、いわば加工されないままに噴出する。Zの活動は、構造化されないままに自閉的に空転する。Zの盲目の活動性は、制度や他者からの規定への再規定、規定のとらえ返しという相互行為的意味をもつことができず、したがって相互性を構築する求心力をもたないままに拡散し消失する。Ｚの活動は本来なら形而上学的な探索力や自己形成力の現れであったはずであるが、この内発的諸力は残念ながら枠づけられない活動力としてただいたずらに噴出されるにとどまるのである。それでは、Ｚの激烈な活動性に直面する施設の側は、これにどのように働き返したのだろうか。

枠づけられない衝動に対しては、制度から直接に統制し枠づける規制力が向けられるか、さもなければ制度を担う人々によってまともに向き合って相互性を構築する努力が向けられる。いずれの場合にもフロイト流にいえば衝動を自己規制する自我確立がめざされるが、この自我の存在形態は、被統制と相互性という働きかけられ方の質的差異に対応してあきらかに異なってくる。施設が直接統制をめざすとき、その主体的帰結は自発的に同調する自我の生成である。これに対して相互性が求められるときには、ゆっくりとしたペースではあれ、働きかけへ働き返す自発的主体としての自我が徐々に生成する。前者の場合には、制度は、統制に向けて自らを合理的かつ効率的に整え、システム化をより一層推進する。後者の相互性のもとでは、Ｚの主体形成が可能となるとともに、これに応答する側の主体形成も進捗する。ここでは相互形成が成立する。Ｚの場合どちらの事態が起こったかは報告でみたとおりである。衝動を枠づけようとする試みは、Ｚの異様な活動性によって繰り返し突破され、その結果、制度の側からは制度そのもののシステム化と相互性の樹立ともっとシステム化の進んだ施設の探索が同時に試みられた。このような制度の側の働き返しは、再びＺの活動性の噴出によって突破される。(6) 前節の記録はこの繰り返しを記している。

それでは将来もZの活動は擬似的適応や自発的同調を繰り返し突破する力でありつづけるのだろうか。おそらくそうではない。すでに前節の末尾の帰結が示唆しているように、Zの切実な探索は、たとえささやかなかたちではあれ何らかの居場所を獲得することによって徐々に収束に向かうだろう。その場合にはZは、相互性やシステム連関が織りなす自分の世界を何とか構築して徐々に安定する。それとともにZの爆発的活動性は宥められる。この安定化は憑かれたようなZの活動と存在そのものがもっていた輝きをくすませるだろう。成熟の不可避的対価としての喪失である。そしてこのような「くすみ」が訪れない場合には、より深刻な逸脱や病理的事態の到来が予測されるのである。

3　言語——表出としての言語と疎通性の欠如

Zの言語使用がきわめて特異であることは、鷹尾の報告からあきらかである。Zの言葉は、相互性の構築には向かわず、むしろ相互性の成立可能性の確認のために用いられる。いや、もっと限定して言うべきである。Zの言葉の多くは、関係において自分が自分でありうる可能性の確認のためだけに用いられるのである。


「常に相手を試すような、確認するようなおしゃべりが多い。」

「わかりきった質問をしつこく何度となく繰り返す。」

「しつこく命令する。」

かれは簡単なことを確認するためにあるいは相手から同じ言葉を引き出すために繰り返し話しかけるのだが、ここでは結局、関係のなかでの自分自身の存在意義を確認するためにのみ言語が使用されている。この言語は、相互性を構築する契機にはならない。

「花や景色について話し掛けてもさしたる感情は示さない。」

自分の存在意義の確認や存在の肯定をめざしてそのつどに言葉は用いられ、それがたしかめられればまるで打ち上げ花火のようにZの言葉はあっさりと消滅する。

「同じことを何度も確認して来ることがあるが、そのつど丁寧に答えると次第に確認は減る。」

このZの言語使用の水準は、私たちの日常的な挨拶や儀礼の取り交わしでの言語使用の水準と同水準である。さらにいえばそれは、私たちが日常的に楽しんでいるおしゃべりでのただ「お互い仲間だ」という暗黙の了解を確認し合うためだけの——それ自体としてはかなり無意味な——言語使用などとも、ほぼ同じ水準である。しかしZの言語使用は、この日常場面での言語使用のように軽くもなければ、浮ついたものでもない。この言語は、安定した存在の場を求めるそれなりに命懸けの切実な試みの一貫なのである。このような切実さが込められているために、Zの言葉は、相手に対して相互性の未成立ないし挫折を告知する機能を十分に果たす。これはいわば「悲鳴」として確実に相手に疎通されていくのである。

「この確認は自分に対する関心度を確かめるものであると、解すべきである。」

メルロ・ポンティによれば、人間の言語は本来、主体が意味の世界へ位置をとる仕方を表しているのであり、あるいはむしろ位置の取り方そのものである。いいかえるなら、言語は思考と同様に、人間が世界に自己を投企する活動の表出である。言語は、話し手にとってと同時に聞き手にとっても共通の、経験のある一つの構造化の仕方であり、他のさまざまな仕方と並ぶ「実存の一つの転調」である（Merleau-Ponty, 1945）。そのつどの言語は、特定の仕方での世界構成であると同時に自己形成でもある（Bollnow, 1966）。言語は、世界のうちでの自己の関係の関数として獲得され、関係のなかで関係を構成しつつ生きられ、ある場合には退行して生きられる。しかしZの場合には、言語という世界構成・自己形成の投企が、自己の存在意義の確認――形而上学的な意味模索――という基底レベルの機能だけに極端に切り詰められて生きられる。この言語使用の特質は、たとえばZのきわめて特異な活動についても同じように認められる。

「自分の持ち物の整理は念を入れて丁寧にするが、特にファイルに綴じた手紙類は強迫的に角を合わせ、何度となく整理し直す。」

手紙もまた、Zには自分の存在を確かめるための強迫的な「整理」の対象ではあっても、相互的な意志疎通のメディアであるとは受け取られていない。このことは、Zの居場所を求める切実な衝動的活動性が相互性を構築する契機になりえないままに尻すぼみに終わることと正確に対応している。

Zの言語は、相互性を構築せず、したがって自己と世界を構築することもない。いわばこの構築の未達成を繰り返し告知する悲鳴である。もしもこの悲鳴にまともに応答することができるなら、その応答は最後には何とか相互性を構築し、相互性の向こう側でZの自我を形成し、言語使用をダイナミックな意志疎通の契機に高次化することができるかもしれない。事例の報告は、応答による相互性の構築が幾度も繰り返し試みられ、繰り返し挫折する過程を描いている。しかし、ここでなんらかの前進がありうるとしても、それを達成するにはこの徒労にも似た繰り返しをたどるほかはなく、これ以外の近道はどこにもない。とはいえ、Zの言語使用に際して爆発的衝動的な「表出の言語」から相互性の成立を前提とする「疎通の言語」へ向かうなんらかの前進がなされたとみることのできる兆候は、少なくとも事例報告ではどこにも認められない。

4　身体――爆発的・衝動的意味模索の担い手

Zは、自分の世界として分節化されても構造化されてもいない疎遠な世界のうちで、自分の「身の置き所」を求めて、激烈なエネルギーに駆り立てられながらさまざまな活動を繰り返す。そうはいっても、Zにとって「置き所」を求める自分自身の「身体」があらかじめ確実に存在していたわけではない。児童相談所での第二回一時保護の際のZの身体の用い方や散歩の時の花や景色など周囲の世界との触れ方には、かたくなに硬化したいびつな身体や世界の在り方が示されている。身の置き所がないということは、世界と身体とのあいだに基本的な関係が成立していないということである。ここには世界に向き合う安定した身体もさらには確立した自我も欠落しており、しかもこの両者の欠落の向こう側にあるべき安定的な自分の世界も構築されていない。Zの施設遍歴が漂流というさだまりのない浮遊の印象でとらえられるのは、身体とそれに見合う世界の欠落に示されるような、自己状況を構成できないZの根源的無能力のせいである。置き所を求める身の漂流そのものが実は、Zが自分なりに安定した身を獲得し世界との相互交渉を持続的に可能にしようとする試みでもある。Zの施設漂流は、身体性と世界とを確定した仕方で獲得し、関係に向けて自分の全存在を確実に統合しようとするかれの自己形成的な意味模索の過程である。この切実な意味模索を爆発的衝動的に担うのが、Zの身体なのである。

メルロ・ポンティによれば、「生きられる身体」は、「前人称的・有機的な実存」としてあらかじめ世界を示し運動を可能にする「一般的な手段」であり、これによって各人は「自由な実存領野」を「保持」できるようになる。この身体は、あらかじめ確立している「身体図式」(schema corporel) ないし――「現勢的身体」(le corp actuel) から区別された――「習慣的身体」(le corps habituel) を土台として成立する (Merleau-Ponty, 1945)。身体図式は、対他身体・対自身体の成立と受け容れ、そして他者の身体性の受け容れによる他人知覚の成立などのような一連の重大な出来事と並行して成立する。この複合的な生起をメルロ・ポンティは、要約的に次のように記す。

「私が私の身体図式を作り上げたり組み立てたりするにつれ、また私自身の身体についてだんだん組織だった経験をするようになるにつれて、私が自分自身の身体についてもつ意識は、私がそこに埋没している混沌の状態から脱して、他人の名義に書き換えられうる状態になります。それと同時に、知覚されようとしている〈他人〉なるものも、もはや自己のうちに閉じこもった一つの心理作用ではなく、一つの行為、世界に対する行動となってきます。したがって、他人はかれ自身のところから私の身体の運動的志向の圏内に入り込み、かの〈志向的越境〉(フッサール)に身を投ずることになり、そのおかげで私は他人にも心理作用を認めたり、また私自身を他人のなかに運び込んだりすることになるのです。」(Merleau-Ponty, 1962. 滝浦ほか訳 136頁)

この複合的な事態は、鏡像段階以後の対人関係で徐々に生起する。しかしメルロ・ポンティ自身が『幼児の対人関係』でさまざまな具体的事例を援用して示しているように、身体図式の獲得は、幼児を取りまく対人関係からの支持的助成なしには十分には達成できない。この獲得がきわめて不十分にしか達成されなかったのがZの場合である。かれの現勢的身体は安定した習慣的身体ないし身体図式によって支えられていない。Zの身体は、かれの言語——「悲鳴の表出」としての言語——と同様に、相互性の未成立を告知する道具的な機能を果たしはするが、相互性のなかで生きて働いてはいない。

「…体を流してから湯舟に入るように指示しても、そのまま入る。職員用の布団の上で水虫に罹っている足を…血が出るまで掻き続け、…その足で職員のスリッパをわざと履こうとする、…食器を洗っている側まで来て、布巾で自分の頭・手・足などを拭きそれを放り投げて再び出て行ったりする。」

Zは安定した支持的な対人関係に支えられて鏡像段階を通過することができず、したがって身体図式や他者知覚をうまく獲得できない。Zの関係構成能力の根本的な欠如は、これに由来するものと見てよい。

同じ施設の入所者や職員へのZの振る舞いには、暴力やいじめや悪ふざけといった表層的意味を突破する仕方で、自分の身体を道具的に用いて他者に向かおうとする構えが認められる。Zは、自分の身体を自分として生きることができないままに、自分の醜く変形した身体――水虫や汚れなど――を、わざとらしくしかもまるで抗することのできない内的な力に憑かれたかのように職員たちに道具的に差し出すのである。ここでは、身体と自我が分裂しており、かといって自我が身体を操る主体でもありえず、結局、身体に自我がうまく投入されていない。「離人症的」(depersonalized)とでもいうべき奇妙な事態である。自我、身体、世界の三者の間での生き生きとした交流はなく、この切断によって否応なしに分断させられる自我も身体も世界もただひたすら貧困化するほかはない。Zの身体は、プレッスナーの概念区別を援用するなら、世界と生きた関係を取り結ぶ「こころ‐身体」(Leib)ではなく、対象化的物象化的関係に不器用にそして不細工に挿入される道具としての「もの‐肉体」(Körper)である(Plessner, 1981.SS.367f./Hammer, 1967.SS.159ff.)。この不器用さは、特別の場合だけではなくむしろZの活動全体につねに認められる基本的特徴の一つである。たとえば後で指摘する「性的な」振る舞いも含めて、相談所の職員たちへのZの活動ではつねに、誰でもが通常きわめてやすやすと達成する“Leib”と“Körper”との間のダイナミックな流動性と互換性はあきらかに成立しておらず、両者の交流は不器用に停滞し頓挫している。Zの場合には、言語、身体、自我、他者知覚、世界構築などすべての面で成長の遅れや貧困が認められるが、これらはすべて相互性経験の不十分さという「関係の貧困」によるのである。

各人は、初期成長によって自分の意識を徐々に自分の身体から引き離し、さらに鏡像段階を超えることによって、分離した他者の身体‐意識や自分の身体‐意識を新たに関係づけようとする。分離は同時に、分離したものと分離されたものとが新たに関係づけられる過程でもある。この分離と関係づけにともなって、各人には“Leib”と“Körper”という相互に流動し交流する二重の身体がもたらされ、他者や対象からなる世界へ向かう関係を基礎づける身体図式――正確にいえば習慣的身体――が生み出され、対他身体や対自身体が引き受けられ、他者知覚が成立する。この一連の出来事によって、各人ははじめて、多種多様な関係や相互行為へ参加するという冒険を達成することができるようになる。相互性の構築を可能にする経験は、基本的信頼を保証する相互性のうちでのみ獲得される。Ｚの場合には、相互性を保証する関係が欠けており、したがって相互性の構築と身体性の確立との間の生産的循環が十分に経験されてこなかった。この初期の欠損は回復可能なのだろうか。

Ｚは、自分の身体を道具的に差し出すことによって、相互性を構築するように訴える。これは、汚れて毀損された醜い身体を差し出す――水虫、血、布団、スリッパ、布巾など――という異様な振る舞いである。これは、通常考えられるように周囲のおとながどの程度自分を受け容れるかを試す術策ではない。術策を弄するほどＺの自我は十分に強化されていない。身体と自我と他者たちとの惨めな疎隔状態を突破してこれらの生きた交流を実現するために、かれはこの関係に向けて自分の身体を醜いままに差し出す。Zはこれによって、受容されるならこの醜さも含めて全存在的に受け容れるように訴えるのだが、この訴えは自覚的ではなく、切実な内的衝動に駆り立てられるがままの衝動的活動である。この無自覚的活動は、自分の存在の確認と肯定をめざす形而上学的意味模索であり、これに対してまともな応答がなされるとすれば、それが相互行為ないし相互形成の場面を作りだす積極的契機となる。Zの職員へのさまざまな関わり、とくに悪ふざけの多くは、このように「身体的な」意味模索ないし相互形成の意味をもつ。

Zは、自分の存在に意味が与えられる安定した所在――身の置き所――を求めて漂流する。かれの多動や問題行動は、意味模索という志向的連関に位置づくのであり、その限りで有意味な活動である。Zは自分の持ち物、わけても外の世界から自分の世界へ入り込んでくる手紙を強迫的に整えざるをえないのだが、強迫的な整理や約束ごとへの神経症的なほどの拘泥や落ち着きのない多動などはすべて、かれの存在そのものに帰属する根源的不安定ないし根底的不安の現れである。応える側にとって大切であるのは、Zの自我形成の前提条件を構築することであり、自分と世界の双方へのトラストを何とかして形成することである。このトラストは、周りの人々が無作法に差し出された醜い身体を超えてかれの全存在に応答し、かれと相互性を構築することによってのみ可能となる。ところがこのような応答は、場合によってはZによって侵入と受け取られる。働きかけが侵入と受け取られないためには、相互性の構築によるトラストの確立が必要である。こうして私たちは、脱出困難な典型的悪循環に直面する。

悪循環の突破を可能にする普遍的マニュアルはどこにも存在しない。実践者はそのつどの実践状況のユニークさに合わせて、自分なりの行為を決定するほかはない。行為はどんな場合にも一種の賭であることを免れえないが、Ｚの落ち着きは、おとなたちの賭の蓄積によってかろうじて可能になる。Ｚが根源的な不安定や不安を脱却して落ち着くことができれば、Ｚの身体と自我と他者たちとの間に相互的形成的な生きた交流が生成する。しかし残念ながら事例報告では、交流の兆候はまだはっきりとは認められない。

5　性と相互性――関係性構築の錯乱した試みとその挫折

Ｚの女性職員への働きかけは、あきらかに性的な色合いをおびている。

「…優しくて自分の好きな保母に対して皮膚接触を求め、その保母の休息室の押し入れに潜んでいたこともある。」

「保母が受け入れの幅を少し広げると甘え、膝に座ったり、顔や髪を撫でたり、〈明日は化粧して来い。髪も梳いて来い。自分のことを大好きと言え。〉などと言い、保母の嫌だという言葉も聞き入れず、しつこく命令する。」

しかしここで「性」について言及するためには、いくつかの注釈が必要である。たとえば、今の引用にも示されているように、女性職員へのＺの働きかけには、暴力や支配という特徴が認められる。関連して別の箇所を引用することもできる。

「…授業中、特に女教師の指導に従わず…」

「…しかし、遊びの中に誘うと遊びの邪魔をし、座布団や新聞を振り上げ保母にたたきかかるが、決して当たらない配慮もしている。」

性的であるとともに暴力的支配的でもあるZのこの行動にはまず、歪んだ形ではあるが思春期の発達課題に相応する男性同一性確立の試みが読み取れる。しかし同時にここには深刻な成熟障害も読みとれる。「性的」な働きかけがどうしても身体を介する全存在的な関わりとしての相互性の構築に結実しないという、こころとからだの両面にわたる根源的な無能力ないし未成熟性が読みとれるからである。それればかりではない。女性職員への粗暴な振る舞いには、Zが個としての自立性を獲得するための象徴的な母殺しの意味が込められているようにもみえる。これらの見解はどの程度妥当なのだろうか。この問いに応えるために、私たちはここでまず人間にとっての性の多義的意味を整理しておかなければならない。

人間の性は、表象によって知的に理解することも本能的自動運動として身体的生理的に理解することもできない特殊な現象であり、この両者の中間項である実存の運動である。人間存在には、エロスあるいはリビドーという性的な指向性が存在する。この角度から個人に焦点づけてみれば、性は、対関係を構築しようとする各人の根源的な衝迫であり全存在的な能力である。性的関係は全存在的な対関係であるから、性こそが相互性を象徴する。メルロ・ポンティは、ある人の性の歴史はその人の世界へのかかわり方の歴史の全体を象徴的に示すという（Merleau-Ponty, 1945）。各人の性にはそれぞれに固有の歴史がある。しかし固有性や個別性を超えて、性の歴史には普遍的経過を認めることもできる。フロイト派やユング派の知見をいくぶん恣意的に援用していうなら、思春期での男性性の確立は、それ以前での象徴的な意味での母殺しと父殺しによる出生家族からの心理的出離を前提として、近親外の異性の獲得に向けて達成される。しかし性について語るとき見逃してならないのは、その爆発的で破壊的な力である。性は、既存の制度的枠組を突破して全存在的な対関係を構築することを迫り、さらにこの対関係を他のすべての関係から閉じることを迫る。「愛」は本来「過剰なもの」(Adorno, 1980) であり、既存の市民的共同体とどうしてもうまく調和しない (Freud, 1970)。Zの場合には「性」のもつ突破力に、自分の存在意義の模索という切実なエネルギーが加わる。

Zの「性的な」活動がめざしているのは、暴力と支配という形で相手の主体性を奪い取り女性性と母性とを獲得することであり、さらに母の支配ないし殺害によって自立することである。これらすべてを充たすことはできないが、これをあえて求めるところにZの活動の切実さがある。ここでの「性的」は、生理的本能的な“genital”ではなく、むしろ心身両面を含む全存在的な“sexuell”であり、生物生理的な性 (sex) と心理社会的な性 (gender) をともに含む。Zの「性的」な振る舞いは、未成熟な形ではあれ全存在を挙げて相手の全存在へ関わろうとする活動であり、その意味でたとえ女性職員にはきわめて煩わしく不気味であるにしても、相互性を構築しようとする懸命な努力である。かれは、対人交渉場面に自分の身体を性的に彩られた対他身体として差し出して、きわめて不器用に相互性の構築を求める。かれは自分の身体を相互主体的性的な生きられる身体として取り戻し、基本的信頼などの未達成の課題と自我同一性の獲得という先取りされた近未来の課題とを同時に達成して、自分自身を成熟させようとする。一般に、性同一性は、自我同一性の基底部分である。相談所を通過していくＺは、疎通する言語も生きられる身体も基本的な同一性ももたない（比喩的にいえば）亡霊である。亡霊は、さまざまな施設を漂流しながら不器用に言語と身体と同一性を求めてゆくのである。

6　逸脱と形成——システムの再編成と相互性

私たちは、Ｚの爆発的活動性、相互性を求める悲鳴としての言語、衝動的意味模索の担い手としての身体、相互性を求める錯乱した性などを、順次検討してきた。これらすべては、存在意義を模索し相互性を求める試行錯誤のあらわれである。これに対して各施設は、しばしば役割行動を逸脱して相互性をつくりだし、それによってＺの自己探索を援助しようとする。言語・身体・性など全存在をあげたＺの活動は、施設とかれ自身とのあいだで相互的形成的連関が生成する契機となっているのである。

もっとも、Ｚのような爆発的活動に直面しこれに応答することは容易ではない。ここでは、活動そのものにではなく、それらが織り込まれている志向的意味連関の全体へ応答することが求められるからである。Ｚのある部分への応答ではなく、かれが自分自身では必ずしも意識していない個人的歴史や人格的深層を含め、さらに潜在的可能性をも含めて、かれの全存在への応答である。この応答のためには、施設措置のための診断と判定といった役割行動を超えて、相互性による全存在的出会いが求められる。診断や説明ではなく、受容と理解である。しかし相互性の生成は、一定の制度連関にきちんと組み込まれている現行の施設にとっては至難の仕事である。そこで役割達成のために相互性の芽はいたるところで潰されることになる。先の実例を今一度援用しよう。本来ならセラピストとクライエントが全存在レベルで深く疎通する治療的相互行為であるはずの箱庭療法が、ここではどちらかといえばロールシャッハ・テストや知能検査と同様の診断の手段として、つまり「理解」ではなく「説明」の手段として用いられているのである。

もっとも、相互性の生成は、アクロバットのように派手な非日常的活動ではなく、むしろ役割行動の隙間を縫ってささやかに達成されるごく目立たない日常的活動である。それはたとえば、Zとの心理的な距離を微妙なレベルで繊細に調整することである。

「…保母が受け入れの幅を少し広げると…」

相互性は、ささやかなかたちでひそやかに生成する。さらに踏み込んでいえば、相互性を成立させる活動は、たとえば見過ごせない行為そのものはあくまで受容しないかわりに、Zの存在そのものはゆっくりと受容するように努めることなどとしてあらわれる。

「時間をおいて、〈Z君のことは心配している〉とゆっくり話してやれば、落ち着く。」

しかしこの難しい仕事がもたらす結果はきわめて重大であり、本報告でも成果の一端は示されている。

「入所児の問題行動については、安易に子ども自身のせいにしたり短絡的に精神異常として片づけたりせずに、多面的積極的な取組がなされるべきである。今日既に、こんな取組がなされている施設も多くある。」

引用にあるように、真摯な努力は、収容される側ばかりではなく、収容される施設や職員の側にも発展や成熟をもたらす。役割行動を相互性に転換させる努力のこちら側で、収容する側も深く変わらざるをえない。典型的な相互規制である。ホスピタリズムに直面することは、施設そのもののシステム的組織化にとっても機能的である。報告末尾での鷹尾の「措置に関する問題」の議論は、もっぱらこのシステム化にあてられている。各施設の対応能力を見極めるためにそれぞれの肯定的な特質と問題点が検討され、措置結果からこの最初の判定の妥当性が測られ、施設の力量が最終的に規定される。

「C教護施設への措置は、知的水準の劣るZが一定の枠内で静かな生活を送ることだけを願ったものだったが、結果的にはこれが成功した。…教護施設での生活が落ち着いたのは、力や能力に差があって競合する必要がなく、しかも小舎制という恵まれた環境で生活していたからであり、加えて職員の献身的な働きかけがあったからである。…卑屈とか細かな不適応とかの問題は残ったが、集団行動に決定的な悪影響を及ぼすような問題行動は治まった。」

この間、各施設は、力量のすべてをあげて困難な事例に組織ぐるみで対応する。それが施設の力量を最大限にまで高め、さらにある場合にはいかんともし難い限界を示す。

「B精薄児施設は、情緒的にかなり深いレベルから接近を試みた。Zは、この接近がどの程度信じられるのかをさまざまな問題行動という形で確かめたといえるのかもしれない。あるいは、この問題行動は、自分が精薄児に見立てられたことへの忿懣を示しているのかもしれない。…いずれにせよここではかつて経験したことのない人の暖かさを経験したようであり、このことが…Zの言動の端々にしばしば表れた。」

施設の特質と限界があきらかになることによって、施設どうしの相互補完関係が自覚され、より一層適切な新しいシステム連関が模索され構想される。

「…しかし、既に記したように卒後の措置に困窮した。教護施設が職業訓練を施せるよう、スタッフと設備の充実が望まれる。」

それにしても相互性とシステム的役割行動との使い分けはうまくいくのだろうか。否。それは決してすっきりとは行かない。相談所自体がこの間で引き裂かれ苦悩する。次の引用の前半は相互性志向であるが、後半の論点はシステム役割の達成に向けられている。そしてこの両者がうまく整合しないことが悩みだというのである。

「児童相談所もまた、情緒的接近を試みて一定の成果を上げたが、しかし同時に、相談所が関わるとどこかにやられるというアンビバレントな感覚は当然引き起こされたものとおもわれるのである。」

大切なのは、調停し難い分裂があえて引き受けられ生きられることである。高度な産業社会で生きる私たちは、イリッチのいう小規模で「ヴァナキュラー」な共同体の内部だけで生活し「コンヴィヴィアル」な仕方で自分たちの生をまっとうすることなど、およそ不可能である(田中毎実 1987)。巨大な規模で合理的に組織されたシステムを離れて生活を営むことは、誰にもできない。むしろシステムを可能な限り効率的に運営することこそが、多くの人々にとって避けることのできない重大な課題である。しかし、システムの内部での相互的物象化は、システムの機能要件としての成員の相互成熟を阻止しがちである。これを免れるためには、システムの効率的維持を図りながら同時に、あらゆる場面で相互性を生成させる可能性を追求しなければならない。私たちには、分裂をあえて引受け、分裂を生きる以外の道は与えられていないのである。

4　子どもの人間形成論

これまでZの事例を検討して、人間形成論の具体的展開を試みてきた。しかしこれまでの考察でなお残された問題も多くある。たとえばこの事例をホスピタリズムと規定したことの妥当性、システムと相互性の二項対立という基本的理論枠の妥当性、ホスピタリズムの歴史的社会的意味の吟味などである。本章をまとめるこの節では、まずこれらを順次検討することからはじめよう。

1　「ホスピタリズム」という規定の妥当性

Z事例をホスピタリズムと規定することは妥当なのだろうか。ホスピタリズムは深刻な喪失体験の帰結であるから、無気力という生命力の弱体化や無反応という疎通障害などが目立ち、鬱病親和的とみなされることが多い。Z事例もある部分これに適合する。しかし全体を通して目立つのはむしろ、活動性の異様な昂進と唐突な潜在化である。逸脱性、破壊性、暴力性などがホスピタリズムの特質とされることもあるので、Z事例が一般的規定からはずれるわけではない。それにしても活動性の抑制と昂進の唐突な交代という奇妙な事態をどう解釈するべきか。たとえばボールビーは、豊かにアタッチメントを与えられた乳幼児の母子分離体験への反応を、スピッツの「アナクリティック・ディプレッション」という規定（Spitz, 1946）をうけて鬱病親和的と規定し、アタッチメントを与えられなかった乳幼児のより一層破壊的な症候から区別している（Bowlby, 1969, 73, 80）。鷹尾は、Zの活動性の抑止に焦点づけて鬱病親和的であると考えるが、筆者は、活動性の昂進と抑止との唐突な交代や疎通性の欠如に焦点づけて分裂病親和的と考える。Zの場合、妄想や幻覚は確認されないが、かれはブランケンブルグのいう「自明性の喪失」という「前妄想的な分裂病性現存在様式」（Blankenburg, 1971）を生きていると考えるからである。

この考え方の妥当性について、手持ちのデータだけで判断することは難しい。しかしいずれにせよZ事例は、ホスピタリズムの一般的規定の範囲内にあり、その発症契機は応答性を欠く制度との軋轢である。Zの場合にもさまざまな局面で成熟の遅れが認められるが、それらは、制度に対して自分の存在の受容を求める強いアピールである。しかし制度の応答は、不十分で適切さを欠いていた。そこで激烈な不適応行動というかたちで活動性が暴発し、新たな応答が強要された。活動性の爆発を招いた契機としては、応答性の乏しい貧しい環境、箱庭療法の不適切な適用などのまずいかかわり、思春期の到来などが考えられる。このうちの実効的な契機が何であれ、Zの不適応行動が自分の存在意義を確認しようとする全存在的意味模索であることには少しも変わりはない。ホスピタリズムは、状況へ応答する人間存在の一つの在り方であり、自他の破壊という不幸な形で現象する形而上学的意味模索である。これがホスピタリズムの人間形成論的意味である。

ところで、本章ではZ事例をホスピタリズムとして論じ、母性剝奪やアタッチメントの問題としては論じなかった。この議論の仕方は妥当なのだろうか。

ホスピタリズムという用語は、病院など隔離施設へ長期収容された児童の生命力の弱さ、罹病率や死亡率の高さ、発育不良などについての施設関係者たちの経験的知識、大量の学童疎開からえられた知見などにもとづいて、第二次大戦前後に多用された。しかし収容施設の改善が進むにつれて、焦点は、生理身体的医学的レベルから「非身体的」な（Spitz, 1945）知的情緒的社会的発達障害のレベルに移った。そしてボールビー（1951）の“Maternal Care and Mental Health”などをきっかけとして、ホスピタリズムにかわって母性剝奪やアタッチメントという言葉が用いられてきたのである。ボールビー自身の簡潔な要約に従えば、かれの著作の要点は、「こころが健康であるためには、乳幼児が、母親――あるいは永続的な母親代理人――との間で、暖かく・親密で・持続的な・関係を、しかも両者が満足と喜びを感じることができるような関係を、体験することが大切だ」ということである。主張の要点は四点に整理される。

・乳幼児のこころの健康のためには、母親ないし母親代理人の性格特性などではなく、何よりも乳幼児との関係のありかたが問われる。

・この関係では、「暖かさ・親密性・持続性」が大切とされているが、のみならず同時に「両者が満足と喜びを感じることができ」るという言い方で、母子双方にとって発達促進的な互酬的相互性（mutuality）の重要性も示唆されている。

・望ましい関係での乳幼児の相手は、必ずしも実の母親である必要はない。相互性において互いが充足しあう限り、相手は「永続的な母親代理人」でも良い。

・しかし相手は、互酬的相互性の担い手であればよいという訳ではなく、たとえその代理人であろうとも、あくまで永続的であり母性的でなければならない。

この議論では「こころの健康」という言葉で含意的には、自己破壊的な形而上学的意味模索というホスピタリズムの人間学的意味が把握され、さらに母子間の相互性や相互形成を論ずるてがかりも示唆されている。しかしかれの理論そのものはこの方向へ展開されてはいない。たとえば母子関係では――「突発的」な「出会い」（Bollnow, 1959）などとは異なり――「持続性」という量が大切とされるだけで、瞬間性や飛躍性などの質の問題はまったく考慮されていない。母子間の相互行為のありかたについて議論されていないわけではないが、理論的視野の大半は乳幼児の側に制約されており、母親の問題、その未成熟の問題、相互形成の問題、制度連関の問題などは、実質的にはほとんど論じられていない。この議論の偏りや視野狭窄によって、かれの理論はかえって母親や母親的なものに過剰な負荷を負わせることになる。

母性剝奪論は、「問題は母性だ」とする割り切った考え方であり、ホスピタリズム論の原因論がきわめて曖昧であるのに対して、発症の原因をもっぱら母性の欠如に求め、実践に対しても「母性の保障こそ肝要だ」という単純きわまりない処方箋を提示する。母性剝奪論の基本的特質は、惨めな視野狭窄と鈍重な単純さにあり、その議論はホスピタリズムという出来事の複雑な構造的全体にはとても及ばない。私たちがあえてホスピタリズムという古びた概念を今一度用いたゆえんである。しかし在来のホスピタリズム論の視野もまた——母性剝奪論に比して幾分広いにしても——表層的であり、出来事の構造的な深さにはとても及ばない。

ホスピタリズムは、精神疾患の分類上のユニットではなく、多くの疾患を包摂する複雑な——しかしユニークな統一性を持つ——人間学的現象である。この現象の基盤には、自分の存在を受容しない制度に対抗する子どもの自己破壊的な全存在的投企としての形而上学的意味模索があり、現象そのものは、子どもの全存在的呼びかけと制度側の応答によって織りなされている。ホスピタリズムは、実存的人格的な出来事として深く個人の内面に目を据え、広く社会文化的・歴史的文脈から、しかも相互行為論的に、把握されなければならない。現象の全体を深く広く相互的に把握するためには、まず母子関係の相互形成的な質を論ずることからはじめなければならない。議論をホスピタリズム論から母性論を介して相互性論へと展開しなければならないのである。

それでは母性とは何か。たとえばドイチュは母性を「社会的生理的感情的統一体としての、母の子への関係を示すもの」と規定する（Deutch, 1944）。この関係論的規定を文字通りに受けとめるなら、乳幼児に向けてその存在の社会的生理的感情的全体を挙げて・統一的主体として・応答的相互的にかかわりあう相手は、誰であれ母性の担い手である。母性とは、相互性の担い手に二次的に帰属させられる個人的特性である。

相互性では行為者たちは、互いに主体でありしかも依存し合っているから、互いにとって互いが補完的かつ形成的である。かれらはその差異において互いを認め合い、互いの個性をあてにして互いを生かしあい成熟しあう。異世代間の相互規制とは、この相互性に基づく形成関係である。ところで日常的相互行為はいつでも、社会文化的歴史的な制度連関の網の目のうちに編み込まれている。この広い視野から見れば、日常的相互行為はあらゆる場面で相互性とこれに拮抗する役割システムの（官僚制的な）「没人格性」（Weber, 1921）との間でつねに揺れていることがわかる。この揺れはどのように発生しどのように収められるべきだろうか。

2　システムと相互性

Z事例において報告者である鷹尾は、全人間的に支え応答し治療する相互性の担い手であり、同時に診断というラベリングや施設措置など相手をモノのように扱う物象化されたシステム役割の担い手でもある。今日の学校複合体内部での子どもと親、生徒と教師、相談所の心理判定員と来談者、家裁調査官と触法少年などシステムの機能要件どうしの世代関係は、つねに相互的物象化の特性を帯びる。これは二つの世代双方の成熟を妨げずにはいないが、この惨めな事態こそが、学校複合体の機能障害の原因の一つであり、さらにホスピタリズムという出来事の本質である。

ところで一般に、システム的役割関係と世代間相互性との間には、すでに学校における教育関係や家族関係を例にとって示したように、二重の関係がある。一方では、本来の相互性の実現という大変な力仕事を役割関係が負担免除するという関係であり、他方では、役割関係の破れ目を相互性が補完するという関係である。この補完関係を支える主体的条件はあきらかである。システムを構成し維持するものも、相互性を生成するものも、ともに各人の生産的な状況構成力である。それぞれの状況でこの力の働く余地が残されているかぎり、システムと相互性とは拮抗や緊張ばかりではなくダイナミックな相補的関係にもありうる。しかし近代以降、大半の社会領域は官僚制的にシステム化されてきた。どんな社会組織でもその内部に全人格的関係としての相互性を確立しようとすれば、他者性を突破して深い意志疎通をはかるという大変な力仕事が必要であり、きわめて非能率かつ非実際的である。社会組織の全般的システム化はきわめて当然のことである。とはいえホスピタリズム論がいうように、相互性をまったく抜きにした集団では、人は成熟することはおろか生きてゆくことすらできない。ここでは、「人間として生き成長し成熟するためには、システム化と相互性との調和をどう図るべきか」という組織問題が提起される。以下これについて考えてみよう。

システムと相互性との相関については、二つの考え方がありうる。両者が高いレベルで調和する理想的集団がありうるとするラディカルな考え方、そして望ましい相関は状況ごとに異なるから、そのつど適切なバランスを図るほかはないという実用主義的な考え方である。しかしどんな議論も両者の質的差異という難点に行き当たらざるをえないから、現実的なのはそのつどバランスをとるという常識的手だての方である。もっとも、Z事例でみたように、相互性を許容しない狭量なシステムも存在する。この場合には、システムの物象化する力が、メンバーの状況構成力と制度との間の生き生きとした交流を断ち、相互性を生み出す力をすっかり枯渇させる。状況構成力の抑圧は役割行動を安定したルーティンワークに変えるが、それによってシステムの機能は惰性化し、成員のコミットメントはかなり失われる。結果としてこの惨めな状況からのメンバーの脱出が動機づけられ、脱出の試みと妨げようとする抑圧との相互昂進という悪循環が生起する。今日の学校複合体では、このような悪循環に巻き込まれている部分も多い。システムと相互性との間には生産的な相補関係がありうるが、それを成立せしめるものは、メンバーの状況構成力が互いに結びあう、いわば生命の力動的交流である。このような生産的場を作るのにはどうすればよいか。ホスピタリズムは生産的状況構築の典型的な失敗例であるから、ここではまずこれを振り返ることから始めよう。

ホスピタリズムの基底にあるのは、自分の存在意義を模索しようとする切実な全存在的投企である。Zの投企は、この自己形成力状況構成力の病的表現である。かれの存在の根底的な不安定――

これが「漂流」であり「根の無さ」である――が、病的な意味模索や爆発的活動性を駆動する。ここでは、普通の人々にとってはごく当たり前でおよそ問うにも値しない生活の基本的条件である自明性が十分に成立していない。私たちは、「症状に乏しい分裂病」の発症を「自然な自明性の喪失」で説明するブランケンブルクに触発されて、Z事例を分裂病親和的とみた。この議論を、ホスピタリズム論に一般的に適用することもできる。スピッツがアタッチメントに恵まれた乳幼児に発生するると規定したアナクリティック・ディプレッションの発症契機が「自然な自明性の剝奪」から説明できるとすれば、Z事例は「自然な自明性の喪失」から説明できる。相互性の成立を可能にする生産的な場は、この自明性によって支えられると考えてよい。それでは、この自明性はどのように構成され、確立し、喪われ、剝奪され、再建されるのだろうか。

自明性は、人間の「前述語的な」存在様態であるから、これを対象的に規定することは元来不可能である。ただしブランケンブルクがいうように、日常性の根底的崩壊を特徴とする深い精神的疾病は、自明性という前述語的存在様態の述語化を一定程度可能にする。この医学的現象学的な視角からみれば、自明性とは、気分としての被包感（Bollnow, 1960, 64）に彩られ、信頼（Erikson, 1963）に支えられるもっとも基本的な存在様態である。自明性は、乳幼児が存在肯定的気分と自他への信頼に支えられて自己投企の冒険を繰り返し、冒険がその子の自己と世界を構築し、他者たち――わけても周りのおとなたち――がその構築を肯定的に承認することによって徐々に確定される。つまり、自明性の支える投企の繰り返しが、成長を促すとともに自明性そのものを確定する。子どもの自己形成は、自明性の確立を拠所に、身体図式の確定、言語による自己像世界像の構築などの順序で、段階的に達成される。これに対して自明性の喪失や剝奪は、その程度に応じて自明性の確立過程とは逆の道筋をたどり基底部へ遡行する仕方で各人の存在に構造的傷害を加える。各人の存在は、言語による自己や世界の構築力の弱体化と喪失、自己像世界像の動揺や解体、身体図式の動揺と崩壊、基本的信頼の喪失などの順序で、傷を受けてゆくのである。まさにZ事例でみたとおりである。ホスピタリズムは、自明性という各人の存在と形成の前述語的基盤そのものの構造的な喪失や剝奪への乳幼児の全存在的リアクションである。

どんなに高度にシステム化された集団であっても、自明性が確固として共有されているかぎり、メンバーの間に「相互性はいつでも開かれる」という安心感が共有され、成熟への自己投企や相互形成の可能性が確保される。システムと相互性とが力動的に相関するためには、集団の生産性と創造性の基盤である自明性が安定的に確立していなければならない。それでは自明性の確立のためにはどんな条件が必要なのか。ボルノウやエリクソンは養育と教育の集団における条件を論じているが、かれらによれば、まわりの人々、とくにおとなたちが――近隣社会を信頼しこの社会から信頼されて――基本的信頼感を保持し、被包感によって内的に支えられている必要がある。安定したおとなたちとの出会いが、乳幼児の自明性を確立し、意味模索への全存在的投企を支え、役割の主体的取得を可能にする。自他への形成力を持つおとなたちと、自己投企を促される活動的な子どもたちとからなる共同体が存在するとすれば、それは複合的に構築される相互性としてのシステム、すなわち成員のすべてがともに成熟しあう理想的制度システムである。

ところで相互性は、初発的には母子関係という生物生理学的自然性へ根ざしている。母子関係に限らず相互性は一般に、システムの人為性に対しては自然性に近く、歴史的には――柳田国男の言葉を用いれば――「前代」的である。ところが「生活世界のシステムによる植民地化」というテーゼ（Habermas,1976）が示しているように、相互性の自然的前代的基盤は、近代以降の歴史過程で全体的に掘り崩されてきている。今日私たちは、相互性を人為的に補完しようとしてもその基盤そのものが失われているという深刻な事態に直面している。近代化が組織論からみて不可避的不可逆的なシステム化という脱自然化の過程でしかありえないとすれば、相互性の再建はおよそ不可能である。相互性の成立可能性を考えるために近代化問題への歴史的アプローチが不可欠なのはこのためである。

3　ホスピタリズムと近代教育

原型的な社会では、養育と教育は年齢集団とイニシエーションの二つの場で機能的に、すなわち無意図的人為的に営まれる。出産や疾病や老いなどでの個体の生存の可能性はほとんど自然に委ねられるが、養育と教育だけは――充分な意図性や系統性には欠けるにしても――多くの部分が各人の努力に委ねられるのである。これに対してたとえば西欧中世の教育制度は、おしなべて徒弟修行という形で組織される。この特殊な制度化は、原型としての無意図的人為的養育制度と人為化の極限である意図的人為的な近代的教育システムとの間の中間的移行形態である。今日では人為化は極限に達しており、人間の手は生殖や出産や疾病や老いや死などの領域にまで及んでいる。養育と教育の制度が徹底的なシステム化の道をたどりはじめるのが、教育における近代の始まりである。

集団のシステム的編成が固有に近代の産物であるとすれば、それ以前にはシステムと相互性の拮抗も、システムと拮抗する本来の相互性も補完する相互性もおよそ問題にはならない。ホスピタリズムは近代固有の現象とみなせるのである。もっとも、どんな時代でも養育を担う集団には、乳幼児への応答性のあまり高くない集団もある。その場合にはホスピタリズム様の症状が発生する可能性もある。しかしそんな集団では、受容的な家族感情や教育的配慮などは存在せず、養育の環境的物的条件もきわめて劣悪だろうから、ホスピタリズム様の症状に陥った乳幼児の生存の可能性はきわめて低いはずである。近代以前の乳幼児の高い死亡率の原因の一つは、この惨めな実存条件にあるとみることもできる。ホスピタリズムに陥ってなおかなりの期間生存する乳幼児は、近代固有の産物である。どんな時代のどんな状況でもまたどんな年齢層でも、人がつねに自分自身の形而上学的存在意義を求めて投企する情熱的活動的存在であるという人間学的条件は不変である。この条件の現実化の仕方が、文化の有り様や社会集団の組織の仕方などの時代状況の違いによってそれぞれに異なるのである。ホスピタリズムはこの意味で特殊に近代的な出来事である。

ところで、社会組織全般のシステム化にともなって、教育の領域では学校の制度化に連動して家族や世代関係もシステム的に再編されて巨大な学校複合体が成立する。近代以降の世代関係の変化については、二つの見解がある。世代関係がおとなによる子どもへの「共感的助成」へ「進化」するとみるド・モース流の楽観論（deMause, 1975）と、子どもの「隔離と統制」が一方的に肥大し高度化し繊細化するとみる悲観論（Àries,1973/Foucault, 1975）である。両者の見解は一見対立するが、それはみかけの上のことであるにすぎない。世代関係の再編は、ド・モース流の進化史観とアリエス、フーコー流の隔離統制史観をともに受容できる程に、懐の深い高度な仕方で達成されている。つまり今日では、教育的配慮にもとづき子どもたちを隔離し統制する学校複合体の組織形態は、きわめて繊細かつ高度であり、共感的助成という相互性の存在をたんに許容するばかりではなく、むしろ積極的にシステムの機能要件に数え入れてさえいるのである。

近代以降の世代関係についての思想をみるとここにも一見対立する主張がある。たとえば、ルソーのスウォッドリング批判や捨て子の記述（Rousseau, 1976）、『ファウスト』での子殺し（Goethe, 1971）、ペスタロッチの『立法と嬰児殺し』（Pestalozzi, 1973b）などのように、虐待に対して愛や配慮の必要性が強く主張される。これに対して、モンテーニュによる自然的愛の価値的相対化（Montaigne, 1952）や、ペスタロッチの言う「純化された動物的好意としての愛」（Pestalozzi, 1973a）などのように、愛の自然性の克服も主張される。愛の必要性の主張と克服の主張は一見対立するが、実は決してそうではない。無自覚的本能的虐待への非難と無自覚的本能的愛の盲目性の否認はともに、「自然の理性化」（Horkheimer/Adorno, 1984）という同一の啓蒙主義的理念に包含されるのである。

それにしても人間の場合、「本能的」虐待や「自然の」愛なるものは、どんな形で存在するのだろうか。複雑な論議を避け在来の人間学の理解にしたがうなら、人間の場合「本能的・自然的なもの」は「壊れている」（森 1961）。だから、あたかも本能的・自然的であるかのような現象は実は、歴史的存在としての人間が特定の状況に向けて創発する反応である。各時代の世代関係も「自然な」衝動の赴くままでは成立せず、ド・モースのいうようにそれぞれの社会文化的条件に即した固有の仕方で一つの「モード」として構築される。たとえば「子殺し的」と「子捨て的」の二つのモードは、多産多死という数量的統計的事実に対応する世代関係であり、「アンビヴァレンツ的」・「浸入的」・「社会化的」・「助成的」は、少産少死という社会的事実に対応する世代関係である。自然の理性化という理念は、字義通りの本能的なものの克服運動を駆動するわけではなく、むしろ無自覚的養育教育の徹底的人為化という近代以後のシステム化運動と緊密に結合しこれを正当化する。しかもこの理念はどんな場合でも必然的に、人間の潜在力をシステムの道具的な機能要件として動員するための抑圧という色彩を帯びさせられるのである。

思想史的にみた場合、自然の理性化という啓蒙主義的理念は、近代に固有のものであるわけではない。人間存在の内的自然の抑圧と結びついた「自律」の理念は、『啓蒙の弁証法』のオデュセイア論（Horkheimer/Adorno, 1984. SS. 42ff.）で述べられているように、セイレーン伝説という形で神話時代にまで遡ることができるのであり、なにもカントの独創であるわけではない。抑圧的な理性理念は、原罪説や肉体的自然性の克服などを主張するキリスト教の普及と結合して、社会理念としてかなり古くから広範な支持を受けてきた。しかしこの理念が人間存在の生物・生理学的、社会・文化的な再生産過程にまで介入する強烈な力を獲得してきたのは、あきらかに近代以後のことである。この理念が力をえたのは、社会制度全体の徹底的なシステム化と相乗的に連動したからであり、制度化と理念の連動によって制度のシステム化は加速され、人間的自然への働きかけもまた無自覚的自然選択から無自覚的人為選択へ、さらに自覚的人為選択へと急速に徹底された。

社会組織全般のシステム化は人間的自然の抑圧的動員の過程でもあるが、この過程の裏面には、抑圧に強靭に反発するリアクションの歴史がある。それはヒューマナイゼイションの運動でありロマン主義的反動であるが、教育の領域でこの種のリアクションがどれほどの頻度と強さで繰り返されてきたのかは良く知られているとおりである。これまで考察してきたホスピタリズムもまたリアクションの典型例であり、それは病的な存在状況を提示することによって自ら――いわば「身をもって」――システムの過剰な物象化に対抗し相互性の必要性をアピールする。ここには、おとなや組織に対して形成的に働きかける「子どもの力」(Erikson, 1959) が作用している。この力は、抑圧的な「自然の理性化」に対抗して相互性という「自然の再生」を求めるのである。

しかし本能的自然が壊れているとすれば、再生すべき自然は、結局のところ現実的基盤をもたないユートピア的理念であるにとどまるのではないか。さらにいえば人為的操作の及ぶ範囲が目一杯拡大された今日でもなお、理性化の抑圧性に抗して相互性を再建する可能性は残されているのだろうか。人間的自然を再生させたり、相互性を再構築したりする余地は、ほとんどないとみるべきではなかろうか。

システム化への人間存在の物象化と内的自然の抑圧は反発運動を引き起こすが、この反発は新たなシステム化の契機となる。この皮肉なメカニズムは、Z事例でもほぼ確認することができた。システム的に組織された効率的集団に拠らないかぎり、高度産業社会を維持することはできず、人間的諸力を道具的物象化的に動員することなしには、システムを維持することはできない。しかし抑圧が同調可能な範囲を超えると、メンバーはシステムからの逃避や抵抗に追い込まれる。Zの場合は後者の抵抗にあたるが、今日の組織人全般にみられる根深い疲労感や不全感は、前者の逃避にあたる。逃避や反抗はシステムの機能障害を招くから無理は長続きしない。Z事例でみたとおり合理的システムは、直接的抑圧を可能な限り低め各人の状況構成力を生かし、相互性を組み込む組織づくりを懸命に試みる。今日の組織論のもっとも重大な問題は、繰り返し述べてきたように相互性とシステムの間に適切な均衡を見いだすことなのである。

二〇世紀には社会的関心の大きな部分が、人為的なものから自然的なものへ、父性から母性へ、部分的役割関係から全存在的相互性へ、開発からエコロジーへと変化した。この変化も基本的にはなお相互性とシステムとのせめぎあいによる人為化の一方的進展という産業社会の一般的趨勢の枠内にある。しかし現在では、自分たちのライフスタイルを在来のいくぶん破壊的でサディスティックな市民的能動性から暖かで穏やかな受容性や応答性に向け変えようとする人々が、巨大な規模で登場している。日常の生活面でも、さまざまな場面で相互性の再建をめざす大規模な質的変化が現れている。実際にどんなシステムの内部でも、ホスピタリズムをはじめとするさまざまな相互性への誘いが生起している。これらをきっちりと受けとめ、これに応答する集団的な力さえあれば、システムと相互性の組織論的調停の可能性はつねに開かれている。教育の理論は、この集団的努力を相応しい仕方で援助しなければならない。Z事例はこのような理論的課題を提起している。

4　子どもの人間形成論

Zの事例は、一方では、ミクロな日常的相互行為がマクロな制度連関からどのように規範的に拘束されているのかを鮮やかに示すとともに、他方では、マクロな制度連関が日常的相互行為によってどのように再生産され再編成され制度化されるのかをも具体的に示している。ホスピタリズムの人間形成論的意味は、巨大な歴史的制度的連関とささやかな日常的相互行為連関との間の相互規定という文脈からダイナミックに把握されるべきである。ここではZ事例の検討を通じてあきらかになる範囲で、子どもの人間形成論についてまとめて議論しておこう。

ホスピタリズムは、制度化と相互性との裂け目で発生する深刻な危機である。この危機にあえて直面することによって、私たちはシステムのシステム化を進めたり相互に成熟したりすることができる。ホスピタリズムに直面する子どもは、相互性を求め身の置き所を求める施設漂流をしいられる。求められているのは、安全な安らぎの場であり、成熟への冒険や投企を可能にする出撃拠点である。危機に直面する子どもは、自分の存在価値と世界への基本的信頼を求め被包感を求めて、爆発的な試行錯誤を繰り返す。基本的信頼と被包感を与えようとする周りのおとなたちにも、まず自分たち自身がこのような信頼や被包感をしっかりと保持していることが求められる。しかしどんなおとなの場合にも、信頼や被包感を揺るぎなく身に備えていることを期待することはおよそ非現実的である。おとなの場合にも、たとえば寄る辺ない子どもの側から深く信頼を寄せられ、これに何とか応えようと努めることなどによってはじめて信頼や被包感をしっかりと身に備えることができる。ここには異世代間相互規制の機制が働いている。エリクソンは、このような仕方でのおとなの成熟を成長の「横断的縦断的補償」とも呼んでいる。ホスピタリズムの典型的な事例に直面して、私たちは、相互成熟や成長補償の生きた実例をみることができる。もっとも、子どもとおとなとの間に相互規制が働くためには、おとなの子どもへの働きかけは、たんなるシステム役割行動の遂行であってはならず、全存在的な出会いでなければならない。この出会いがいかに困難な営為であるのかは、Ｚの実例によってすでにある程度あきらかになったのではなかろうか。

しかし相互成熟の機制は、子どもをめぐる世代関係だけに限定して認められるわけではない。私たちは、人生のすべての時期にこのような相互成熟のメカニズムが繰り返し作動するのを認めることができる。第4章で議論するように、臨死患者の「死の受容」に至る成熟は、患者をとりまく人々がこの患者の死を受容するまでに成熟することと不可分の仕方で同時に進行する。この二つの成熟のいずれか一方が遅れれば、それが他方の成熟を妨げる。臨死患者はまわりの人々に死の受容がなんであるのかを教える「教育者」である。そしてこの患者は、まわりの人々の成熟した「ケア」の力――エリクソン流にいえば「ジェネラティヴィティ」――によって支えられることによってのみ成熟することができる。相互成熟の機制が働いていることはあきらかである。同じ機制は、老いた人々とかれらをとりまく人々との間の相互成熟についても認められる。人生の初めと終わりには奇妙に類似した人間形成の構造があることがわかる。この類似性と相関については第5章で検討する。

もちろんホスピタリズムには、このような人間形成の一般構造には解消されえないユニークさがある。ホスピタリズムはシステムのシステム化と相互性の交錯する特殊な局面で発生するきわめて特殊な人間学的出来事である。すでに繰り返しみてきたように、ホスピタリズムに焦点づけることによって、私たちは、制度化と人間形成の接点で派生するさまざまな問題を一挙に可視化することができる。本章での私たちの検討は、一貫してこのきわめてダイナミックな局面に向けられてきたのである。

第2章　「自閉と漂流」
――青年の人間形成論

1　「青年」の発生と衰退

1　「青年」の発生

「青年」は、歴史的・空間的に相対的な概念である。たとえば、学齢期という言葉は、大量の同年齢集団を収容する近代学校の西欧における成立と切り離すことができない。しかし実はこれに限らず、教育も発達も学校も家族も子どもも青年もこのような意味で歴史的・空間的に相対的な概念である。これについてはすでに前章でも議論したが、今一度別の角度から議論してみよう。

たとえば教育という言葉は、私たちにかなりくっきりとした一群のイメージを呼び起こす。まず、「これが私たちの家族だ」という強い感情をもち子どもたちへ教育的に配慮する近代家族のイメージ、さらに、おとなの社会的責任を猶予された子ども期青年期というモラトリアム期のイメージ、最後に、難易度に即して整序されたカリキュラムと学級制・学年制をもつ近代学校のイメージである。もう一度このイメージ群を眺めてみよう。そうすると、近代家族やモラトリアム期や近代学校などのイメージが、互いに互いを支えあい強めあって一つになっていることがわかる。しかもこのイメージ群は、西欧近代という特殊な歴史的空間的な局面と結びついている。青年期もまたこのイメージ群のうちにある。さまざまな文化人類学的調査や社会史的研究がみいだしてきたのは、子ども期や青年期のこの意味での歴史的空間的相対性である。一般的に言えば、一人前のおとなであることが輪郭のはっきりとしたイメージとして生活集団に共有されている場合には、イニシエーション儀礼などがおとなと子どもをはっきりと区切るが、ここには過渡期としての青年期は存在しないのである。

宮本常一は、伝統社会における「一人まえ」の意味を、労働量と社会生活の両面から説明している（宮本 1987）。労働量については、農耕なら「田をうちおこして畝たてができ、肥桶をかつぎ、牛馬をつかうことができるようになれば一人まえで」、漁労なら「船の櫓を十分に押すことができ、曳網ならば大曳網をみんなにまじって腰と肩をそろえてひくことができるようになれば一人まえ」である。宮本はこれと関連して、寛政年間白川藩での一日の労働量を規定する具体的数値を引用している。たとえば「田荒起こし」なら男が六畝、女が四畝、「田ならし」なら男が一反、女が六畝である。社会生活については、一人まえとは「社会人として調和のとれた人間になること」であり、そのために親は「できるだけ子の教育を世人にまかせようとした」。親以外の教育する「世人」とは、子供組、若者組であり、さらに男なら「元服親、エボシ親」、女なら「カネ親、フデ親」である。宮本の示す「一人まえ」は徹底的に具体的である。伝統社会では新来の成員は、順次年齢集団を通過し、イニシエーション儀礼を経て、共有された具体的イメージである「一人前」のおとなになるのである。

近代の所産である「おとなへの過渡期としての青年期」の発生的由来はどこにあるのだろうか。青年期は、伝統社会においておとなと子どもを区切るイニシエーション儀礼のごく短い時間をずるずると延長したものであると考えることもできる。だからすでに述べたように、この儀礼において集落の辺縁におかれる隔離小屋の空間的拡張が、近代家族や近代学校からなる学校複合体であると考えることもできる。この青年期の意義をいち早く理論的に示したのはルソーである（Rousseau, 1961）。『エミール』全5編のうち第4編までは、エミールの成長する「自然の歩み」の順序にしたがって書かれているが、第3編での後期少年期、すなわち「能力が欲求を上回る」幸せで平穏な一時期が終わると、性的欲求などの荒れ狂う時期としての青年期がはじまる。この青年論は、ロマン主義的な疾風怒涛的青年把握の先駆けである。『エミール』では、「子どもの魂の周りにつくられた垣根」（第1編）が、社会からの否定的形成作用を人為的に排除し、「自然の歩み」を守り育てるものとされている。この垣根に囲い込まれた人為的場が学校複合体であり、そこで保護される時が子ども期であり青年期である。隔離小屋の空間とイニシエーションの時間である。

2　「青年」の衰退

青年期の基本的特質は、イニシエーション儀礼の緩慢な遂行という点にある。すでに述べたように、この場合のイニシエーションは、子どもからおとなへの実存様式の根本的転換をめざす儀礼であり、その中核部分は血と苦痛と神話の伝授による象徴的な（子どもの）死と（おとなの）再生である。たとえばキングの「スタンド・バイ・ミー」（原題は“The Body”/King, 1982）は、後期少年期の四人組による一泊二日の苦難に満ちた死体探しの冒険の旅路を描いており、六〇年代合衆国での青年期へのイニシエーションのありようをくっきりと示している。少年たちは、死体を求める苦痛な旅を通して青年へと再生する。小説と映画の末尾近くではともに、旅の終わりでの少年たちの疲労にみちた達成感と物憂い別れについての叙情的描写がある。イニシエーション儀式の終わりをよく示している。青年期への移行に続いて、青年期におけるおとなへの移行が遂行される。キングは、多くの作品で繰り返しこのイニシエーションを描いている。しかし五〇年後の私たちの世界では、これらそのものがすでにノスタルジーの対象である。

高度に産業化された今日の社会では、一人前であることについてのくっきりとしたイメージは失われた。社会の成員はすべて、絶え間なく流動し変動する社会に向けて、自分自身を繰り返し形成しなおさなければならない。イニシエーション儀礼は、青年期を超えて生涯全体へと薄く広がっている。「おとなになること」が無限に延期された結果、青年は、かつてその本質的属性とされた境

図3　未来展望

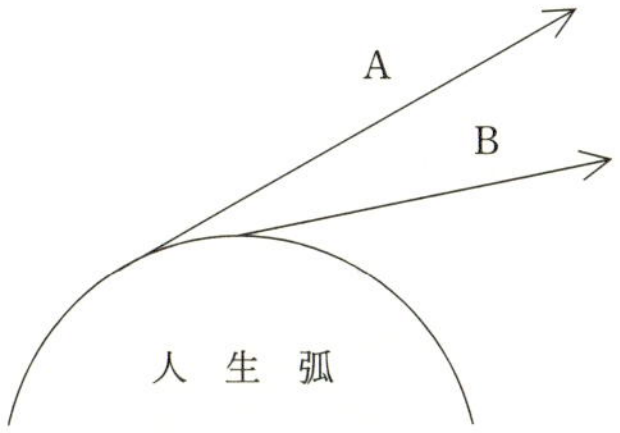

（森昭『人間形成原論』（1971）より）

界性（marginality）をも失った。境界性には、空間的時間的意味がある。空間的意味での境界人（marginal man）とは、少数民族であり、中間的社会階層である。時間的意味での境界人とは、過渡期の時代を生きる人々であり、おとな期と子ども期との狭間で生きる青年である。空間的であれ時間的であれ、境界人は同時に二つの中心に引き寄せられるから動揺きわまりない。しかし境界人は、それぞれの中心をともにもう一方の中心によって距離化する。つまり中心の価値や意味に丸ごと絡み取られることなくこれを相対化するのである。動揺と自立こそが境界人の特性である。しかしおとな期と子ども期がはっきりとした区切り目もなくだらだらと移行するような状況で、青年は境界性を失い、動揺と自律という特性をも失うのである。

　青年の境界性の喪失は、たとえばかれらの未来展望へも質的な変化をもたらす。森昭によれば、各人の自分の未来についての展望（未来展望）は、ライフサイクルの各段階における接線方向に働くという（図3を参照）。とすれば、たとえば死は中年期に達するまでは腹の底から自分のこととしてはうけとられず、自分の生涯は永続的で何度もやり直しのきくものにみえる。しかしこのような展望は、すべての人々の人生がさほどの危機もなく永続するかのようにうけとられている高度産業社会の中では、あまりぴったりとは適合しない。つまり死を排除する青少年の未来展望が中年の人々にもある程度共有され、中高年期の死を見据える未来展望が青少年にもある程度共有されているのである。

青年期におけるイニシエーションや境界性の喪失、そして未来展望の変質は、青年期そのものの消失を意味する。この判断は妥当なのか。そのことを考える前に、もう少し詳しく現代の青年の現象的把握を試みることにしよう。

3 「自律と適応」から「自閉と漂流」へ

視野を近年に限ってみると、私たちの目にする青年像には急速な変容が見られる。これを「自律と適応」から「自閉と漂流」への変容とまとめることができる。かつての青年の疾風怒涛的意味模索、そして職業や恋愛での深刻な自我アイデンティティ模索などは、もはやすっかりリアルではなくなった。今日の青年の行動特性はゲームプレイングといった軽さにある。ところでフロムは前大戦前後の「社会的性格」の変化を、市場競争に向かう内部志向型で自律的な経済主体（収支計算をするロビンソン・クルーソー）から他者志向的な「市場的オリエンテーション」や「ロボット的同調」への変化とまとめている。(3) しかしこの変化ではなお、計算する主体性、他者や同調を志向する主体性は一貫して確保され維持されている。これに対して「自閉と漂流」では、この種の主体性はほとんど欠如している。したがってこれは、フロムの記述する巨大な変化のもう一つ先にある変化であるといえよう。

かつての青年像を特徴づけてきたのは、「自律と適応」という対概念である。これを、他の幾つかの対概念、たとえば人格化と社会化、自立と関係、内面と役割などといいかえることもできる。これらの対概念を両極とする（たとえば自律か適応かといった）葛藤の解決こそが、青年の発達課題であると考えられてきたのである。フロムのいう二つの社会的性格は、この自律と適応問題への二つの解決方式であるから、両者はこの葛藤の範囲内にあるといえよう。しかし今日では、この葛藤に直面して悩む青年はすっかり時代遅れの鈍重な存在である。かつての青年論の必須アイテムであった諸価値（忍耐、努力、苦痛を楽しむことなどのマルクーゼ（1974）のいう「実行原則」）もまた全般的に相対化され、むしろ変化に軽快に追随できない不適応性を象徴するものとなった。

ロビンソン的自律性も他者志向的同調性もともに、変動そのものを内部にビルドインした高度産業社会への適応形式としては、あまりにも鈍重であり軽快さに欠ける。「自閉と漂流」という新たな対概念で把握できる軽快で表層的な新たな青年像は、今日の高度産業社会へのもっとも相応しい適応形式である。この社会は、以下のような変化した生活条件の下にある。

4　生活諸条件の変化

私たちの社会は、高度に組織された資本主義社会であり、各所帯の可処分所得が平均して収入の三分の二以上ある高度な消費社会である。この社会には三つの特徴がある。この社会はまず第一に、生きる上での基礎的な経済条件をほぼすべての成員に与えており、しかも急速な経済変動が一段落してじょじょに停滞した階層的成熟社会へ向かいつつある。さらに第二に、この社会では、情報を通じてすべての成員がさまざまな形で結びつけられており、結果として多重なネットワークに編み込まれている。最後に第三に、この社会では、情報とそれにコントロールされる商品流通サイクルの回転速度が際立っており、開発、商品化、宣伝、流通、廃物化、さらに開発という循環の繰り返されるスピードには目まぐるしいものがある。変化の常態化こそがこの社会の特徴である。

かつての刻苦精励・勤倹節約による蓄積や徹底的合理化による大量生産大量消費には、もはや規範としての威力はない。在来の価値観を構成してきた要件（先の実行原則）はすっかり時代遅れになり、ある場合には変態的とすらみなされかねない。この新たな状況へスムースに適応できるのはまだ柔軟な青年に限られるが、これが世代間対立（おとなの側の羨望や不快、青年の側の抵抗や無視）の原因である。青年の変化はこのような社会変化への適応の産物であり、私たちの社会は、青年のものである。もう少し今日の青年をとりまく基礎的な生活諸条件について考えてみよう。これらの条件を包括するのは、経済的に豊かな社会の成熟社会への移行である。

1） 人口の変化

人口は長い停滞局面にあり、出生率の低下と平均寿命の伸びが目立っている。多産多死から少産少死への変化であるが、この変化は、産業社会における人為的操作が自然の対象的加工という労働の領域を超えて社会的相互行為の領域にまで及び、人間的自然さえもが操作されるに至ったことを示している。出産、病、教育、死などのすべてが操作対象となり、人為的操作は人間の存在と生涯の全体へ及ぶようになった。その結果「子は天からの授かり物」とか「死は順送り」とかの伝統的通念は無力化しほとんど死滅した。子どもや青年への働きかけもまた、家庭でも学校でも合理的効率的マネージメントの色彩を帯びている。そのように扱われることによって彼ら自身もまた自他の生を操作的に扱うことになり、生への畏敬の念を失うことになる。加えて、誕生や死の場面でのからだへの人為的操作の一般化によって、元来不可分であるはずのこころとからだが分離する。このことのもたらす結末については次節で議論する。

出生率の低下は若年人口を減少させるから、先行世代による彼らへの関わりは必然的に手厚くなる。たとえば彼らの欲求は先取され充足させられる。今日では、応答的環境の未整備による青少年の無気力化（学習された無気力、効力感の喪失、ホスピタリズムなど）よりも、むしろ欲求の先取り的充足による無気力化の方がはるかに深刻な問題である。先取り的充足によって彼らの欲求は、フラストレーションやストレスに直面する前にあらかじめ宥められ、くっきりとした輪郭を失い、曖昧で不分明なものになる。しかしこの欲求の不分明化は、消費社会にとって都合の良い欲求を外から人為的操作的に励起することを可能にする。欲求が曖昧で不分明なら、それに外部から形を与えることも比較的容易だからである。養育過程における欲求の先取り的充足は、高度消費社会へ適応するためにはきわめて相応しい予備訓練なのである。

2)　地域社会の変化

子どもたちが育つ地域社会の地域性は、経済水準の全国レベルでの均質化と情報メディアの発展によって国内どこでも大差ない没個性的なものになった。たとえば、七〇年代前半期に巨大なニュータウンでの転勤族を中心とする居住者たちの教育意識調査が実施されことがあるが、その結果によれば（佐藤三郎ほか 1975）、子どもの教育についての親たちの競争意識はすでに全国を射程に組み込んでいた。しかしこの特異な抽象的競争意識は、今日では全国のどこでもごくあたりまえにみられる。校内暴力や子どもたちの自殺やいじめなども、報道によってたちどころに全国に伝播する。この地域性の喪失は子どもたちの生活条件の大きな特徴の一つであるが、これはまた彼らの生活空間がもはや彼らの身体性の自然な延長上にはないことをも示している。これが子どもたちのこころとからだに及ぼす影響を軽く見積もってはならない。

3)　家庭の変化

家族成員数の減少は、晩婚者や単身者の増加によって核家族がさらに解体するという極限的様相にある。家族関係は単純化し、老いや病や出産や死や教育や仕事などは家族外に委託される。生まれること、育つこと、病み苦しむこと、おとなになること、働くこと、おとなであること、老いること、死ぬことなどを、出生家族において十分に学習することはできない。さらに所帯の主な家計維持者の大半は、第一次産業や第二次産業ではなく、情報操作や対人交渉に携わる第三次産業の従事者である。この家庭では、先行世代による幾分強権的な養育の仕方は影を潜め、(情報操作や対人交渉としての) 対話や団欒が規範となる。家庭での養育方式が支配型や放任型から過保護型や民主型へ変化したというデータもあるが、この変化の主因は家計維持者の職業変化にあるとみるべきであろう。

豊かな社会の少人数家庭では、所得の三分の二以上を占める可処分所得の大きな部分を教育費が占める。ここに子どもたちを賢くしたいというゆとりのある親たちの啓蒙的願いをみることもできる。しかし教育費はむしろ、子どもたちを受験戦争に向かわせるいわば軍事費である。このことと、先に述べた子どもたちの欲求の先取り的充足とを思い合わせると、家庭での「民主的対話」の中身がいかに貧相なものか容易に推察される。

4) 学歴競走の変化

今日の学歴競争の特質は、競争への全員参加、早期化、日常化にある。十二年間の義務教育の後、入試をへた後期中等教育への進学率は九五パーセントを超えており、しかも中等教育以後の進学率もまた五〇パーセントをはるかに超えている。この全員参加の受験体制を、進学塾・学習塾や巨大な受験産業が補完している。競争において勝者であるために、競争の開始時期はどんどん早まり、さらに効率よく競争参加を援助するために、成績分布における自分の位置を日常的に測定する技術もまた高度に洗練されてきた。

競争への全員参加、早期化日常化によって、子どもたちが自分の能力に見切りをつける時期もかなり早まってきた。これを示す兆候としては、たとえば小学校の高学年で算数や国語の脱落者が多くあり、中学校で数学や英語で脱落する者の数がもっと激烈に増えていることなどが挙げられる。自分の能力に見切りをつけた子どもたちが、なお分けの分からない授業に自発的に参加するはずがない。学校そのものからずるずると脱落する子どもたちがじょじょに目立っているが、このことは子どもたちがごく早い時期から自分の能力に見切りをつけてしまうことと無関係ではない。

進学競走が激化するのとは裏腹に、たとえば大学進学の経済収益（高卒と大卒の生涯獲得賃金の格差）にあまり期待がもてないことも常識になりつつある。これと、自分に見切りをつける子どもの増加・低年齢化という事態を合わせて考えるなら、いずれ近い将来に、進学競走への全員参加も解体し、競走に参加する集団と参加しない集団とがはっきりと分離することになろう。この場合には、我が国の学校教育の大きな特徴であった全国一律のカリキュラムもまた解体し、選択制の多様なコースが併置されることになる。この教育コースの分離と階層化された成熟社会に向かう全体社会の趨勢とはうまく連動する。こうして日本型の平等教育も、やがてヨーロッパ型の階層教育に近づくことになろう。

5) 学校の変化

教育の大衆化と高度化は、七〇年代までにほぼ完了し、家庭、学校、地域、企業、教育産業、恵まれない子どもたちを収容する養育組織などが互いに拮抗し癒合して、巨大な学校複合体と名付けうる高度大衆教育システムが構築された。私たちは、高度産業社会では青少年を丸ごと収容する「アサイラム」が構築されているとするイリッチの見解には賛同するが、これが全体社会そのものではなく一つの巨大な下位社会システムであると考える点で、「学校化社会」というイリッチの全体的診断には同意しない（田中毎実 1987）。

八〇年代以降、巨大な学校複合体として構築されてきた青少年の隔離養成システムでは、過剰機能による深刻な機能障害が目立っている。すでに学歴競走の項目でみたように、学校複合体は、社会化と人材配分という社会的機能を過剰に働かせているから、過剰適応した青少年たちは早々と分をわきまえて競走から自発的に離脱する。この青少年の離脱が学校の機能障害をまねくのである。もう少し詳しくみてみよう。

まず、人材配分機能について。今日では学歴取得による地位獲得競争へのアスピレーションがあまりにも激しく煽り立てられすぎて、競争が早期化・日常化した結果、子どもたちが早々と自分の能力を見限り、その結果とくに前期中等教育の学校機能が大きく損なわれている。我が国では「激烈な業績競争」（Habermas, 1973）は、職場でも学校でも徐々に過去のものとなりつつある。競争の煽りたてと冷却化がともに効きすぎて、つまり人材配分機能が過剰に機能しすぎて、機能障害を引き起こしているのである。

次に、社会化・文化化について。学校は、第二次産業優位の旧来の産業社会への社会化・文化化機能をあまりにも効率的に達成してきた。そのために学校は、一方では、その効率的運営を支えてきた特殊な前代的文化、つまり個々人が全体の意志を事前に推測しそれに同調して集団を維持するアジアの農村型集団主義文化(「ムラ型集団主義」文化)という自らの存在基盤そのものを自ら掘り崩してきた。その結果学校は深刻な機能障害に直面する。同時に他方で、学校は、旧来の産業社会への社会化にとっては合理的かつ効率的であったが、そうであればあるほど社会構成員の大半が情報操作や対人関係に従事する第三次産業に帰属する高度産業社会への社会化にとってはまことに不適合である。この食い違いもまたさまざまな問題を引き起こす。学校複合体の機能障害は、不登校の爆発的増加、学力不振の増大、授業の不成立、大量の中退者などの形であらわになってきているが、この多くは、今述べた学校複合体内部での(ムラ型集団主義文化、産業社会文化、高度産業社会文化の)文化摩擦の結果である。

以上のような生活状況にあって、我が国の青年たちは、微温的な幸福と不幸のうちで生活している。この微温性は失業率の増加によって脅かされており、とくにここ二、三年は大卒者に加えて高卒者の就職難が注目を集めている。しかし失業率は、相対的に見ればまだまだ高いとはいえない。青年の就業率を高めてきた諸条件(終身雇用や企業別組合や年功序列型賃金体系など)は、たしかに崩れる傾向をみせてはいるが、まだ雇用慣行を大きく規定している。就業はなお構造的には何とか維持されているから、我が国の青年たちは、今日でもなお、現実の社会のなかで自分たちの生活基盤を確立するための試行錯誤をさほど深刻に行う必要がない。青年の社会的逸脱や非行の割合は相対的にみて高くないが、これはあきらかにこの就業様態と強く関連している。私たちの直面する青年問題の多くは、微温的な幸福と不幸のなかでの個人的で内面的な出来事である。

2　自閉と漂流

今日の青年は、流れに「のる」と「おりる」という対概念で把握できる。本節では「のる」、「おりる」、「からだ」、「こころ」の四項目を検討するが、これらは互いに切り離しがたく関連し合っており、これによって微温的な幸福と不幸のさなかで「自閉」と「漂流」との間で揺れつづける今日の青年像があらわになる。

1　「のる」こと

変化の常態化した社会でさまざまな流れへうまく「のる」ためには、あまり変化しない社会の底流に自分を合わせるとともに、表層の目まぐるしい流れにも同調しなければならない。流れに身をまかせることと自分からのることとの使い分けが求められる。どんな人がのりの良い人か。まず、基本的信頼をもつ人（Erikson, 1964）であり、その上で反応のスピードの速い人である。こんな人たちは、自分の存在の根底で安定を保持しながら、そのつどの状況の要請にごく短時間で適切に応える。彼らこそが、出題者の意図を正確に見抜き解答する受験秀才であり、集団主義的倫理に従い適度な創造性を発揮し、低コストで企業を維持して業績競争を勝ち抜く企業戦士であり、巧妙な宣伝による欲求操作にのって適度に浪費する望ましい消費者である。流れにのるという適応方式は、高度な産業社会や消費社会にはもっとも適合的なのである。

のるためには、身体や精神の安定性とともに、鋭敏な状況察知能力や瞬発的反応力が要求される。壮年や老人には保持するのも維持するのもむつかしい能力である。この意味でも私たちの社会は青年のものである。のるためには、緊張を維持し軽度の躁状態を長期間持続しなければならない。しかし無理はそんなには続かない。それればかりではない。のるために不可欠の前提条件は、流れに逆らう主体の側の障害をなるべく除去することである。即座の反応に抵抗するからだ、アイデンティティへの固執などは、のることへの障害なので、抵抗の滅却が求められる。ところが、たんなる受動性ではうまくのることはできない。能動性と受動性が、つまり自我の滅却と保持が、同時に求められる。こんなむつかしいことは誰も簡単にはできない。そこで大半の人は、流れにある程度のると同時にある程度おりて、かろうじてバランスをとる。

このバランスの維持はかなり難しい仕事である。そのため、ここではさまざまな病理的現象が引き起こされる。病的にのる状態（自己喪失・自己解体）から、適応的にのる状態に至るまでのスペクトルを考えることができる。この「のる」ことのスペクトルは、「おりる」ことのスペクトルと微妙に重なり合う。

2 「おりる」こと

「のる」ことの破壊性を免れるためには、上手に「おりる」ことができなければならない。今日の青年は、のることとおりることとのバランスを、幼い時からかなりしつこく学んできている。まず第一に、人為的操作の蔓延する少人数家族での濃密な人間関係への適応訓練、第二に、テレビが送り込んでくる「のりのよさ」という規制力だけが支配的な奇妙にゆがんだ疑似的世界の体験、第三に、地域や学校で人為的に作られた同年齢集団における幾分ニューロティックな集団倫理への同調的適応、そして第四に、進学競走での競走への煽り立てと冷却化へ上手に「のる」体験である。

現代人の生活は、徹底的に人為的操作にさらされており、しかもさまざまな社会的ネットワークにがんじがらめに編み込まれている。逃れようのない錯綜した関係のなかで、高度な適応が求められる。関係の多くには否応なくのるほかないから、せめてその労苦をできるだけ切り詰めようとする。できるだけ立ち入らず浅く淡い関係にとどめるとともに、関係での労苦のカウンターバランスとして、自分だけの小さな世界をつくっておく。青年たちは、成熟社会の成員に特有の将来の見通しの良さ（これとは別の可能性の最小限化）とそこはかとない不安のただなかで、関係への淡い適応でなんとかお茶を濁しつつ、（かつての自律性や内面性の遺物としての）そのつどにカプセル化された自足的自閉的世界を築いては崩して、流れを漂流する。関係の浅薄化と自閉的世界の産出が「おりること」の意味だが、まさにここにこそ疾風怒涛的青年像と現代の青年像との差異がある。

一見するとこれは、日本の青年を特徴づけてきた対人恐怖（赤面恐怖症など）による「ひきこもり」であるようにみえる。しかしそうではない。これは、社会的不適応ではなく、むしろ高度産業社会への適応である。彼らは、外部からの過度な介入や侵入から自分を防衛するが、この防衛は柔らかであり、しかも防衛されるべき世界は、確立された内面性でも自我アイデンティティでもなく、むしろそのつどの関係のこちら側にヴァーチャルに作られる仮の宿りでしかない。こうして彼らはたしかに十分な根はもたないが、そのかわり、そのつどに流れに向き合う拠点を仮設し、漂流の基点を定め、漂流の範囲に枠を嵌めようとする。上手にのることは、上手におりることであり、上手にひきこもることでもある。

「のる」ことに健康から病理性へ至るスペクトルがあるように、「おりる」ことにも同様のスペクトルがある。私たちは、健康なひきこもり、青年の世代的特性とされて久しい無気力・無関心・無感動（いわゆる三無主義）、軽度の対人関係障害、神経症的不登校、病的な閉じこもりといった、スペクトルを考えることができる。このスペクトルでは、健康に「のる」ことと健康に「ひきこもる」ことは、互いに欠くことのできない条件である。そして病的にのることと病的におりることとは、この健康が二つの極へ解体した結果であると考えることができる。この「健康」は、ごくごく脆いバランスであるからいかにも不安定そうである。しかし大半の青年は、のるとおりる、漂流と自閉の間で上手にバランスを取っており、まずまず健康である。それでは青年のからだとこころはどうか。

3　あたらしい「からだ」

今日の青年文化には、肉体主義が認められる。これもまた今日の社会への一つの適応形態である。現代人は、日常生活からの苦、死、激情（怒り、恐怖、喜び）などの疎隔に抵抗し、何とか自分たちの（苦しみ激情する）からだを取り戻そうとする。テレビゲーム、競馬、パチンコなどの比較的衰えない人気が示すような賭けの隆盛、自動車や二輪車でのスピードと自己顕示、遊園地などでの眩暈のするような遊具の流行、いかにも軽快そうな各種ドラッグの浸透などは、すべてこれにあたる。「カッタルイ」とか「ムカツク」とか「キショイ」などの若者言葉が意味するのは、（苦しみ激情する）肉体の次元に引きこもって適応への強制力をなんとか振り解こうとする試みである。この「肉体主義」は、たしかに近代以降の日本にみられる「肉体の復権」の系譜に位置づく。

「肉体の復権」は、強権に抵抗して繰り返し試みられてきた。明治期の与謝野晶子、自然主義文学、白樺派などの肉体讃歌は、強権的なものに抗して自我確立の前提（「私のからだ」）を保持しようとする試みであった。第二次世界大戦の敗戦直後にも、肉体の復権をめざす解放的思潮が現れた。天皇制ファシズム期の精神主義・鍛練主義への反動である。この肉体重視・実感重視は、敗戦期の価値相対主義状況のなかで実存主義の風潮と合体して颯爽と登場し、それ以後も戦後の私生活主義・経済第一主義を一貫して導いてきた。しかしこの讃歌は、高度経済成長期以後こびりついてきた脂肪によってすっかり厚く覆われてしまい、今日では肉体や実感を再び見いだすためにはかなりの手練手管が必要となっている。

この惨めな状況であらためて登場した「肉体主義」は、たしかに「肉体の復権」の系譜に連なってはいる。しかし賭にせよ、暴走にせよ、流行り言葉にせよ、この肉体主義は、肉体の復権や人間の復権であるよりも、むしろ人間存在の肉体レベルへの撤退ないしひきこもりであり、退行である。肉体主義によってみいだされるからだは、かつてのように人間の全存在的自己確立などに結びつくとはとうてい思われない。

肉体への退行ばかりではない。今日の青年は、からだを操作し分離してもいる。この操作や分離の運動を、「新たな鍛練主義」と呼ぶことができる。肉体への退行が社会的同調に対して対抗的抵抗的であるのに対して、ジョギングやウォーキング、神経症的ダイエット、非寛容で排外主義的な禁煙運動などの「新たな鍛練主義」は、生物学的生理学的側面を含む人間存在の全体を操作する高度産業社会に対してきわめて同調的である。高度産業社会は、同調への抵抗を排除するために、肉体にまとわりついている未開の側面を洗い清める「清潔な社会」でもある。この清潔の風潮に適応して、青年もまた自分自身をすみずみまで洗い清め、脱臭し、脱毛し、脱性化する。煙草や贅肉を削ぎ落とす「新たな鍛練主義」は、この清潔主義と癒合している。鍛練主義や清潔主義への同調にはきわめて野蛮でサディスティックな面があるが、それは、青少年がゲーム感覚で行う浮浪者殺しに典型的に認められる。このサディズムは、大半の青年の場合、実は外部に向けられるよりも、彼ら自身へ向けられる。内的な破壊性は、高度産業社会への適応の本質的特質の一つである。先の

「肉体主義」は、肉体操作のもつ破壊性への反動的対抗であるか、さもなければはかない抵抗である。

青年たちのある者は自分たちの肉体を自分で操作し支配し、別の者は肉体へと退行する。いずれの場合にも彼らは、自分から「浮遊し逃れていくからだ」を何とかしてつなぎ止めようとする。からだのつなぎ止めに首尾よく成功する度合いに逆比例して、病理性の深まるスペクトルを想定できる。つまり、からだがうまくつなぎ止められないという特殊な病理性を基準にして、たとえば援助交際、思春期痩せ症、思春期妄想症（自己臭幻想）、離人症などが並ぶのである。それでは遊離するからだのこちら側で、青年の「こころ」はどうなっているのだろうか。

4 あたらしい「こころ」

「遊離していくからだ」のこちら側には、からだから切り離された貧しい「こころ」がある。このからだからの分離は、本来なら、個々人の成長につれてこころが（からだの「自然」な延長である）家族や地域社会や学校などから分離し自立する過程と連動するはずである。残念ながら、今日ではもはやこの「自然な延長」はフィクションでしかなく、ただ分離の過程だけが残存している。そこでたえまなく無秩序に進行する分離のこちら側に取り残されるこころは、ひたすらにその貧しさを累積する。

たしかに、在来の内面性や自律性もまた、からだからの分離の所産である。たとえば、フロイトのいう自我は、からだに直接に根差し快楽原則に従うエスからの原生的疎外に由来する（田中毎実1978）。しかし青年の「あたらしいこころ」は、自我や内面性や自律性などのような自己準拠的な恒常性や安定性や確実性をもたず、そのつどの流れに向かう仮の宿りでしかない。そのつどに仮の宿りとしてのこころを拵えることによって、青年は、流れに向かう自分のスタンスを作り出し、漂い出るからだや家族や地域や学校内集団をなんとか自分につなぎ止めようとするのである。

こころとからだの分離、そして両者の結合を求める漂流は、繰り返し述べてきたように、高度な産業社会への相応しい適応の形式である。どこかに安定したこころとからだの結合の仕方が存在するわけではない。私たちは、そのつどに仮の結合の仕方を打ち立ててはそれを崩すという、徒労感にみちた作業を繰り返さなければならない。結合と解体との間のシジフォス的漂流が辛くなった人たちには、さまざまな病理性や健康さの程度をもつ逃避の仕方が用意されている。この逃避の諸形式もまた、こころを最小限に切り詰める仕方から最大限に増幅させる仕方に至るまでのスペクトルを形作る。つまり、アルコール、ドラッグ、刹那的冒険などによる自己喪失自己解体から、肉体主義・新鍛練主義、さらに哲学的宗教的自己探索を経て、カルト的新宗教への帰依による極限的自我肥大・自我抹殺に至るまでの、スペクトルが存在するのである。

病理性の度合いはともかく、ここに一貫しているのは意味の模索であり生きがいの模索である。我が国の世論調査では、七〇年代に「ものの豊かさ」よりも「こころの豊かさ」を選ぶ人たちが多くなっているが、これ以後、意味を模索する生き方は国民の多数派を占めてきた。わけても三十五歳前後の女性や六十歳以後の高齢者にこの傾向は強く認められる（田中毎実 1996A）。受験と学校で消耗している青年たちにはこの模索はあまり目立たないが、たとえば神戸地震の際などの彼らの活発なボランティア活動はまさにこのような意味模索である。スペクトルの病理性に偏った部分（自己喪失・自己解体や自我肥大）、さらには学校でのさまざまな不適応現象（競走からの離脱、不登校、高校中退、大学生のアパシーなど）を含めて彼らのすべての活動性は、一面では彼らなりの意味模索であるとも考えられるのである。

3　青年の人間形成論

青年たちは、そのつどに「からだ」・「こころ」、「のる」・「おりる」の二つの軸からなる平面上のどこかに自分を位置づけて生活を営む。この平面で「健康」の成立する領域はいかにも狭く不安定だが、大半の青年は「のる」・「おりる」、「からだ」・「こころ」の間で上手にバランスを取りまずま健康である。つまり彼らは、微温的な幸福に支えられながら青年期を外見上穏やかに通過する。この穏やかさは場合によっては根性も自律性もない畜群の特性でもあるかのようにすらみえるが、もちろんそうではない。青年たちは、高度産業社会・高度消費社会への適応という苛酷な仕事を、このような仕方で辛うじて達成しているのである。

「のる」と「おりる」には、それぞれに固有の生産性と破壊性がある。自閉と漂流とは、「のる」

と「おりる」という相反する方向へ向かう活動性の間でバランスをとることであり、つきつめていえば社会的トレンドへの同調を強制する随所に充満する力のもとでなお自分自身であることを求めることである。これは今日の青年にとっては不可避の切実な課題であるが、その達成は容易ではない。そのつどにみいだされる解決は、もろく流動的ではかなく、しかも個人の次元に制約されたささやかな営みであるにすぎない。しかしこれこそが高度産業社会へのほとんど唯一の相応しい適応形式なのである。もちろんこの苛酷な適応の仕事がうまく達成できなくて脱落する青年も多い。これについてはさまざまな病理性としてすでに述べてきたとおりである。

1）フリーターとパラサイト・シングル

もろもろの社会的トレンドへの同調とは、旧来の用語法を用いるなら「社会化」である。この社会化という面で、今日の青年にとってきわめて重大な問題がある。就職である。青年たちは先にもみたように、長期的な不況下での就職難という問題に直面している。にもかかわらず青年の間では、自発的離職者やフリーターもまた増加している。このことをどう考えるべきだろうか。

フリーターという言葉は九〇年前後から用いられてきたが、当初これには「自分なりの人生目標を達成するためにあえて定職に就かない」という確信的自己選択のニュアンスがあった。しかし今日では自己選択の色彩は失われ、「何となく」とか「とりあえず」とか「やむをえず」とかいった非自発的色彩が増している。フリーターの多数派は女性であり、年齢層は二十歳代前半までが中心である。多くは親と同居しており、非熟練的職業に就き、賃金も労働時間の割に低い。不況が深まる現状ではフリーターは、正規雇用従業員よりも比較的容易に使い捨てできる便利な労働力である。しかし非自発的フリーター群の多くは、このような扱いに主体的に対抗することができない。このフリーターの生活実態や職業意識と直結しているのが、「パラサイト・シングル」という生き方である。この言葉は、山田昌弘の幾分センセーショナルな著作（1999）によって一挙に市民権を獲得した。たとえば『平成十三年度国民生活白書』は、次のように述べている。

「近年、親と同居し、基礎的生活条件を親に依存している、二十代後半から三十代の未婚者が増えているといわれる（〈パラサイト・シングル〉ともいわれている）。国立社会保障・人口問題研究所〈第二回全国家庭動向調査〉（一九九八年）によると、二十五歳から四十九歳の未婚者で親から経済的援助を受けている人の割合は、男性で三〇%、女性で四〇%となっており、さらに、親に身の回りの世話をしてもらっている人の割合は、男性で五二%、女性で七三%にのぼっている。」

山田は、パラサイト・シングルの増加が経済全体へ及ぼす否定的結果を憂慮して、親同居税や自立支援金などの構想を示している。しかしこの具体的提案は、多少とも実現の方向へと足を踏み出すや否や日本型の家族意識によって、さらにはその頑迷な支持者によって、あっさりと足をすくわれるだろう。パラサイト・シングルは、経済的に合理的な選好の結果であるよりも、我が国の特殊な家族意識や家族形態や職業意識など社会的文化的経済的条件への適応の所産である。フリーターもまた、このような現状への適応の所産である。一般的にいえば青年の失業はまずは経済問題であるが、同時に失業者には社会的同一性がうまくみいだせないという意味では、深刻な実存問題でもある。フリーターやパラサイトシングルは、今日の青年にみられる「自閉と漂流」という行動様式の社会化面での現象形態である。それらは現状への適応形態であるとともに、青年の実存的問題への主体的解答でもある。つまり成熟の一つの様式なのである。

2) 青年とおとな――相互形成と境界の消滅

青年の成熟とは、社会的な一人立ちにむけて自分自身の実存的問題へ自分なりに応えることである。出生家族からの自立と婚姻による新たな家族生成との狭間にあって、青年は、仕事の場と新たな家族において自分が自分自身であることのできるようになる道を模索する。この模索は、高度産業社会の高速度の変動に敏感に反応し、(子ども期の保護された依存を継承する)「自閉」と(冒険を継承する)「漂流」との間でバランスをとり、そのつどに自分のポジションと自分自身を作り出すことを通じて遂行される。この定まりのなさを生きることが、現代の青年の一人立ちである。おとながこの一人立ちを助成することは、必ずしも容易ではない。直接的な保護や指導はもはや不適切であり、相互性による対話こそがふさわしい。しかし社会の側の相応の援助もなく社会的自立という難しい仕事に直面している青年には、往々にして十分な余裕がない。そこでかれらがこのような対話に応答しない(あるいは応答できない)ことも多い。そんな場合にかろうじて可能であるのは、保護にまわったり、立ちはだかったり、懸命にアピールしたりすることだけである。対応を適切に使い分けることが求められるが、これに応えるためにおとなは自分の力を深部のそれを含めて動員せざるをえず、それによって自分たち自身を深く耕さざるをえない。異世代間の相互形成が進行するのである。

ところで、青年とおとなとは同じ社会的文化的状況で生活している。したがって青年の労苦に関わるおとな自身もまた、青年の直面している労苦を避けることはできない。実は、古典的な青年像が妥当性を失うと同時に、古典的なおとな像も確定性と安定性を失う。のる・おりる、自閉・漂流の間でバランスをとることは、青年の課題であるばかりではなく、おとな自身の課題でもある。しかもこの青年の労苦は、おとな自身が自分の労苦に立ち向かう場合に参照することのできる格好のモデルである。と同時に青年の労苦を受け止めるおとな自身の労苦が、青年の労苦に突破の道筋を開く。ここにもまた、伝統的な教育関係ではなく、異世代間の相互形成の機制が働く。しかし自分の問題を抱えた半端な存在が、今ひとつの自分の問題を抱えた半端な存在に関わるとすれば、その関係そのものは、在来の教育関係のようにすっきりとした構図にはならず、中途半端であるほかはない。しかし、第5章で論ずるように、むしろこの中途半端さによってこそ、異世代間の相互形成は可能になるのである。(3)

本章では今日の青年を象徴するさまざまな関連事例をまとめてみてきた。これらをみると、今日の青年を、これまでのように「自律と適応」のコンフリクトからとらえることができないことがわかる。高度産業社会のうちでの高速度で回転する諸生起に適応するためには、「自律と適応」との間ではなく、「自閉と漂流」との間で適切なバランスをとらなければならない。青年期以降の自立への冒険は、おとな期や老人期をも含めて、このようなバランスをとりつつ自分自身であろうとする努力という形で生涯をかけて達成される。幼児期以来の「冒険による意味模索と成熟」は、自閉と漂流との間でバランスをとり自分であろうとする苦闘として、青年期以降の人生に引き継がれる。今日ではもはや青年論は、固有の自立的研究領域としては成立しえないのである。

第3章　児童虐待
——おとなの人間形成論

本章では、成長する子どもへかかわるおとなの側に焦点づけて、おとなのかたちづくる相互形成関係とこの関係でのかれら自身の成熟について考えてみよう。ここでも第1章と同じように共同研究者である鷹尾雅裕の報告する児童虐待事例をてがかりにする。

児童虐待をめぐる社会的環境は、今日では、鷹尾らがこの事例に直面した時点とは大きく様変わりしている。事態を一変させたのは、「児童虐待の防止等に関する法律」の制定と施行（二〇〇〇年）である。新たなバックアップ体制の出現によって児童福祉法関連条項などの適用や運用もかなり柔軟でタイムリーなものになり、たとえば児童相談所への一時保護なども手続き上も実施上もごく簡便かつ容易になった。このために（おそらく虐待の実態とは別に、みかけのうえで）公的に把握される虐待の数は激増した。統計上の激増、マスコミ報道の過熱などに対応して、幾分極端にいえば関連施設は本章で検討する事例と酷似する児童であふれかえっている。関係者たちは膨大な数への即時的対応に追われ、関連研究報告も激増した。本事例はこの統計上の爆発が引き起こされる以前のものであり、今日の報告や研究に比べればいささかプリミティブで原型的な形を保っている。私たち自身もまたこの事例からある程度冷静な距離をとれるようになった。

児童虐待は、先のホスピタリズムと同様に相互性の欠如を原因とし帰結ともする悲惨な出来事である。しかしここではおとなは、ホスピタリズムの場合のように相互性を全面的に放棄しているわけではなく、虐待という逸脱した相互性を生きている。そこで、虐待するおとなに、とくにその成熟問題にこそ議論の焦点をあてなければならない。おとな期とは、これまでのイメージにしたがえば、ライフサイクルという放物線の頂点を中心に青年期と老年期とのあいだに挟まれて左右に幅広く広がる期間である。(1) この時期の成熟問題については、たとえば第1章では施設児などをケアする立場のおとなたちの問題として、第4章では老い死につつある人々をケアするおとなたちの問題として、本書でもたびたび触れる。本章では、家庭での児童虐待というネガティヴな事例を取り上げて、逆に、おとな期の人間形成の基本的機序についてまとめて議論する。

ところで、私たちは本書で二度にわたって病的事例の検討を手がかりにして議論を展開する。これは先にも述べたように、ネガティヴな事例こそが一見ポジティヴで自明な日常性の構造を可視化するという「病者の光学」の方法論的根拠から正当化できる。理論は、私たちの日常生活での貧困で薄っぺらなしかもしばしば固着して動きのとれないほどにかたくなな意味理解を突破して、豊かな意味生成の次元を開かなければならない。どうすれば理論は、実践や日常性での意味の制約や固定化から抜け出せるのか。どうすれば意味の多層で豊穣な次元へ回帰できるのか。この問いは、今日の教育理論にとってヴァイタルな意義をもっている。求められているのは、実践や現実へ参加する臨床タイプの理論であるが、これを私たちは本書では、病的事例の共同研究などによる臨床的人間形成論の構築という形で実現しようと試みるのである。以下の第1節は鷹尾の報告である。

1 事例の概要

本事例は、以下のような経過をたどっている。まず、互いに再婚者である夫婦が連れ子を虐待して施設に預け、やがて法律上の離婚に至るなど家庭崩壊状態に陥った。しかし離婚したまま同居を続ける両親は、施設に預けた被虐待児を再び引き取り、また同じ虐待行為を繰り返し、現在もなお十分な家庭生活を築くことができないでいる。以下、もう少し詳細に報告する。

1 対象事例／Y市に居住するN家

児童相談所とN家とのかかわりは、兄(以下A男とする)を被虐待児として保護したことにはじまる。A男は一年間で養護施設から家庭に引き取られたが、その後も両親からの虐待はおさまらず、やむをえず親族が引き取り中学卒業まで養育した。ところがA男が成長するにしたがって、今度は義弟(以下B男)に被害が及ぶようになり、B男を養護施設に収容した。まもなく両親は戸籍上の離婚はしたもののこれまで通り同居し、やがてB男を施設から引き取った。さらに妹が生まれたが、これと前後するようにB男への虐待が再燃し、再度施設へ入所させたが、またもや家族に引き取るなどの経過をたどって、現在ではB男は学校にほとんど行かず弟や妹の面倒をみる毎日である。以上が事例の概要である。

2　家族構成と家族歴

父は五人兄弟の次男としてY市で生まれた。家計を助けるために中学卒業と同時に祖父の農業を手伝い、十八歳から鉄筋工になった。二十歳の時に先妻と恋愛結婚して長男が生まれ、その後長女とA男が誕生した。結婚六年目から母が市内の酒場で働くようになり、やがて母の家出が繰り返され、子どもたちの親権者を父と定めて離婚した。両親の離婚によって子どもたちは親族に預けられたが、やがて父が同棲をはじめ子どもたちを引き取った。同時に父は、多額の借金をして食堂を開業したものの経営が成り立たず同棲中の女性とも別れたため、子どもたちは養護施設で生活することになった。

子どもたちが施設に入って二年後、関東地区にいる父が児童相談所に対して子どもたちの家庭引き取りを申し出た。児童相談所は、これまで親族が毎月定期的に施設を訪問して子どもたちに面会し、長期休暇にともなう家庭実習もかならず同親族宅でなされているうえ、施設から家庭引き取りが適当であるとの意見が出されたことにより、親族宅への引き取りを決定した。半年後、父は現在の母と偶然に職場で知り合い同棲するようになり、長男を除いて長女とA男の二人を親族宅から関東地方に連れ帰った。

現在の母の生育歴については、ほとんどのことが分かっていない。関東地方のある有名私立高校を卒業したとはいうものの、まだ高校在学中と思われる年齢で先夫と結婚し十八歳で長女を出産している。母が父と同棲するようになったのは、先夫とのあいだにできたB男を出産して三月後のことである。先夫とは、父と同棲生活をはじめた半年後に離婚している。

再婚どうしで一緒になったこの夫婦は、婚姻届を出さないまま女児二人を出産し父が認知した。夫婦の婚姻届は、父の出身地であるY市に家族全員が転居した時点で提出された。夫婦はこのあとも女児、男児、女児と続けて出産し、子どもは先に認知した二人を合わせると計五人となった。したがって当時は、夫婦と父の連れ子二人（A男を含む）、母の連れ子(B男)、夫婦の子ども五人の総計十人が、三Kの公営住宅で生活していた。A男の虐待に関する警察通告から、B男が再度養護施設へ措置されるまでの相談・処遇の経過は、以下のとおりである。

3 A男の虐待事実と処遇経過

1) 虐待の事実関係

A男が小学校五年生（十一歳）時、警察から次のような通告があった。「児童は本年五月頃から、父に教科書を無くしたなどと言いがかりを付けられ、度々暴行を加えられていたが、本年十二月某日にはベルトで左背中、左腰付近を殴打された。さらに酷寒の十二月某日、午後六時頃から翌朝五時頃にかけ、普段着のまま戸外に出され、全く食事も与えられない等の虐待行為が判明したので、緊急に保護を要する児童と認められる。なお、A男に対しては、それまで預けられていた施設から両親が引き取って以来、継母がつらくあたっていたが、父の郷里へ引っ越してからさらにこの関係が悪化したものである。」

継母はこれについて、「A男との生活をはじめて二年になるが、初めからこの子には問題があると思っていた。夫に聞くわけにもいかないので、以前に養育してくれていた親族に確認してみたら、当時から忘れ物がひどかったようで、今でも教科書を良く無くす。また嘘が多く、今いったことが一、二分後には変わる。子どもらしさがないうえに、一言謝れば済むことでも謝ろうとせず、物をもらっても礼もいわない。」といい、身体の傷に関しては、「何度いっても分からないので、父がベルトで叩いた。」という。母は、A男が謝らないからと言って外に出し、教科書が見つかるまで探せと指示して食事をさせない事実は認めた。

A男に聞くと、「教科書をなくすのは、学校でもその途中でもない。継母には怖くていえなかったが、家のなかの小物入れに無くしたはずの八～九冊の教科書・学習帳・ドリル等が入っているのをみたこともあり、その時はどうしてここにあるのか不思議に思った」という。学校からは以下のような報告があった。

「一応の転校手続きはすませたが、父の仕事の都合でまた変わるかもしれないと、全校でただ一人、私服で通学している。決められた集団登校をせず、怠惰とは思えない遅刻や欠席が多い。とくに遅刻は毎日のように三〇分から一時間あまり繰り返している。顔色が悪くて生気に欠け、運動はほとんどできない状態。忘れ物が多く、宿題はまったくしてこない。学習に取り組むだけの心身の余裕が感じられず、学業成績は主要科目のすべてが五段階評価の1である。性格は優しく何に対しても良く気がつく反面、根気がなく服装の乱れが著しいうえに、整理整頓ができない。友人はまったくできず、一人で行動することが多い。地域でのあそび友達もなく、ほとんど家のなかで過ごしている。A男と継母の了解のもと、学習の遅れを取り戻すために、夏休みに五日間だけ登校し、個別指導を受ける約束をしていたが、継母はA男に子守などの家事を手伝わせて、登校させなかった。親の学業への関心は薄く、教科書などをなくしてもまったく無関心である。学校での必需品をもたせるように継母に繰り返し依頼するがもたせたことはなく、体操服すら買っていない。運動会には弁当をもたせないまま遅れて登校させ、宿泊学習には参加させない。A男には非行や暴力的な行為はないが、お使い帰りの釣り銭を親に無断で食べ物に使うことがあり、父や母に知られると折檻されるようだ。また、継母はA男に家事をさせ、はかどらないと感情的・暴力的になる。継母は多弁で人前では上手に対応し、ことばと行動には大きな差がある。A男の身体に生傷が絶えず、目の周囲が内出血で腫れているのを何度もみるので理由を聞くと、家で転んだとか柱にぶつけたなどという。継母から学校に対して〔A男が嘘をいったので今日の給食は食べさせないようにしてほしい〕とか〔ものをなくして見つからないので給食を半分だけ食べさせるように〕などの電話が良く入る。本人に任せて黙ってみていると、継母の指示通りにしている。転校時に比べて身体が次第に衰弱し、打ち身や傷が頻繁にしかも酷くなってきており、遅刻や欠席も増加してきた。なお、同居している姉は、A男とちがって服装はしっかりし、しいたげられている様子はない。」

2) 処遇経過

登校したA男の心身の様子があまりにも悲惨なために、驚いた学校が警察へその状況を報告し相談した。A男の身体には、父が皮ベルトで殴打した内出血が全身いたる所にみられた。診断書は、「左足関節捻挫および打撲による全治一週間の負傷」となっていた。さっそくA男を児童相談所で一時保護し心身の回復を図ると同時に、A男をとりまく諸条件について調査した。

一時保護所でのA男は、内出血が次第に回復するのと並行して、来所時の極度の恐怖心も薄れたようで、しゃべりたがらなかった事実関係を口にするようになった。また体重も増加し表情も穏やかになった。そして「父よりも継母の方がまだ良いが、継母も怖い。家には帰りたくない。施設で生活させてほしい。」と訴えた。一時保護中に「児童相談所に来るまで」と題して書かせた作文は次の通りである。

「ぼくは家がとてもいやだった。ぼくが教科書をなくすと、お母さんがお父さんにいって、お父さんがさがせといいます。あちこち全部さがしても見つからないと、お父さんはスリッパやベルトでぼくをたたき、さがせさがせとおこります。ぼくはたたかれるのがいやで一生懸命さがしているんだけど、お父さんやお母さんからみるとなまけているようにみえるらしく、たたいたり、けったりするのです。

お父さんはものすごくせいけつ好きで、せいりして部屋をきれいにしていないと、〔ちょっとでもちらかしているから物をなくすんだ〕とおこります。

お母さんは、校長先生と学級の先生が来て、ぼくをあまりたたかないように注意しますが、その時は〔はい〕といっていたのに、先生が帰ったら〔校長先生が何をいっても私はたたく〕と言って、なべでぼくの頭をたたきました。

お父さんとお母さんは、一度いったらかならずそのようにするといつもいっていますが、ぼくは十二月の寒い日のごご五時ごろからつぎの日の四時ごろまで外に出されました。お父さんとお母さんは口でいうだけでなく本当にするんだなと思いました。」

なお、児童相談所の一時保護中に実施した心理判定所見は次のようである。鈴木ビネー式知能検査の結果は、暦年齢が十一歳六ヵ月時の精神発達年齢は十歳九ヵ月から十一歳八ヵ月であり、知能指数は九三から一〇一である。課題に対する早とちりや勘違いが目立つ。また、理論的に推理・思考する能力がやや劣る。性格テストはP－Fスタディ、CCP、描画（家族画、バウムテスト）を実施した。それによると、欲求不満場面では相手の解決に依存的であったり、みずから援助・助力を求めることが多い一方、自己保身的な言い訳をしてその場を繕う傾向がある。家族画は用紙の右下に小さく書き、心理的には脆弱で不健全な状態であることがわかる。バウムテストは用紙の下から上に突き抜けるまっすぐで平行な幹を描き、その幹のかなり上部から枝が左右に二本づつ出ている。筆圧はさほど強くなく、幹の幅も狭いことから家族画同様の印象に加え、融通がきかないみせかけだけの良さがみられる。

当時の父は定職がなく毎日パチンコにいきそれなりに稼ぐという。継母は四人の幼児を近くの保育所に預けると近くのスーパーでパート勤めをし、夜間にも別のところで働いて生活のやり繰りにあてているといった。

児童相談所に保護した翌日、両親が来所して面接したが、「学校と警察が親の承諾もなく一方的に児童相談所に入れた」といい、話し合いには応じない。父は正月を過ぎると働くようになり、児童相談所には継母が執拗に電話をかけてきてA男の引き取りを迫った。しかし児童福祉司の度重なる説得により、一時保護開始以来一ヵ月後に、両親はA男の養護施設入所を承諾し、身の回りの品と必要書類を持参した。A男は「家に帰るのはもちろん親戚へ行くのもいや。施設で生活したい。」との希望がかない、喜んで養護施設へ入所した。

ところが一年後両親が、A男を兄弟と一緒に生活させ中学は地元に行かせたいと強く家庭引き取りを希望してきた。両親ともに反省しており、今後は虐待行為はしないと約束もした。入所している施設や学校の意見は、「家庭の状況は改善されたとは思われず、引き取られた場合再びひどい扱いに耐えきれなくなり、家出などの問題行動を起こす可能性が高い」というものであった。しかし家族の強い意志があり本人も希望したところから、結局児童福祉司がおりにふれ指導していくことで措置を解除し、家庭に引き取られた。

A男は家庭に帰って地元中学校へ入学したが、日ごとに活気が失われ、登校時の服装に乱れが目立つようになり、やがて煙草の火を押しあてられた痕が手足に見受けられるようになった。三ヵ月後、同級生に教室から締め出され、そのドアを叩いているうちに窓ガラスが割れたことを家庭に連絡されると両親に叱られると思い、その夜から家出した。三日目に保護され、警察で事情を聞かれるうちに非行の事実が判明した。警察は、次の内容の調書を児童相談所に送付してきた。

「児童は家出し、神社境内に身を寄せていたあいだ、犯人不詳が窃取し放置していた自転車および酒屋前の路上で現金二千円を拾得しながら、いずれも警察に届けず、現金はすでにパンやジュースの代金にあてたもので、横領行為にあたる。なお、児童は過去、両親からの虐待により身動きできない程に衰弱し、要保護児童として通告した経緯があるが、今回家庭へ引き取られたあとも継母からの折檻がひどく、腕や足には煙草の火による火傷痕などが認められる。児童は家庭におけるこれらの虐待の恐怖から家出したものであり、施設への収容が必要な要保護児童と認められる。」

A男は、警察での事情聴取の段階では、「家に帰ると継母が怖いので施設に行きたい」と主張していたが、いったん警察から両親に引き取られると「もう家で生活したい」といい、児童相談所がいくら説得しても応じようとしなかった。さらに継母が、「今後はこのようなことがないようにするので家庭においてほしい」と頑強に主張したため、施設収容などの親子を分離するまでには至らなかった。

A男はそのあとも十分な家庭養育がなされないため、家庭で落ちつかず街を徘徊したり夜遅くまで家に帰らないことが度重なった。A男は、このため結局同じ市内に住む親族が見かねて引き取り、中学卒業までの二年間をここで生活した。A男が中学を卒業すると同時に、父は再びA男を家庭に引き取り父と同じ職場で働かせ、現在に至っている。

4　B男の虐待事実と処遇経過

1）　虐待の事実関係

A男の最初の被虐待児通告から四年四ヵ月後、すなわちA男が中学を卒業して自宅に戻るのとほぼ同時期に、今度は小学三年になったB男について警察から次のような二度にわたる通告を受けた。一度目の通告は以下の通りである。

「児童は、通学する小学校長からの通報により、保護者から虐待を受けていたことが判明したものである。学校関係者は、登校してきた児童の沈痛な様子と顔色が青ざめ頭痛を訴えるさまはただごとではないと感じ外科を受診させた。その結果、骨には異常はないものの、頭部の皮下血腫がひどいため安静にしておくように指示された。同日校長が家庭訪問して保護者と面接した結果、虐待の事実を認めたものである。児童はこれ以前にも校医による内科検診の際、栄養障害と身体に多発している火傷や負傷痕から、被虐待児の疑いを指摘されつづけていた。なお、本児は本年三月には窃盗行為（ベビー服二着を万引き）により、施設へ入所させるべき児童としての意見を付してすでに児童相談所には通告をしている。」

これに対して、母親は次のように述べた。

「顔面の傷は自宅で本人の不注意で転んだ時に打ったものであり、他の体の傷は親としての子どもに対するしつけの一環であるので、周囲からとやかくいわれる筋合いのものではない。わが家のしつけは親のいうことを聞かないと食事を抜いたりお仕置きをするというやり方で、これは長男の時からもそうであってなにもこの子にだけつらくあたっているのではない。施設入所などについて継父が知ると離婚されるので、いわないでほしい。」

二度目の通告はその二ヵ月後のことである。同じ公営住宅に住む自治会長から警察に対し、「B男は学校にも行かず、使い走りなどの家事をさせられているが、最近では親に折檻されて泣き叫ぶ声が日増しに強まり、このまま放置すると生命にまで及ぶ危険を感じる。」との通報があり、警察で身柄を保護したあとで児童相談所へ処遇を依頼してきたものである。

児童相談所はさっそく一時保護したが、当時のB男は、顔面全体が内出血で黒ずんで腫れあがり、前頭部と後頭部には大きなこぶが数カ所にでき、両腕には火傷のあとが点々とみられた。B男は「スーパーで転んだ」といい、両親のことは「怖い」というだけで他のことはなにもしゃべろうとしなかった。

2）処遇経過

B男と児童相談所とのかかわりは前述したように、小学校二年生の三学期、母とスーパーへ買い物に行った際、ベビー服二着を万引きした触法行為により警察から通告があったことに始まる。この時両親は、児童相談所の再三にわたる呼び出しに応じようとしなかったが、学校からの勧めでやっと来所した。母はこの万引き事件について、「私と二階のベビー服売り場に行ったが、私がそこから一階に下りたことを知らずに、B男はベビー服が通路に落ちていたのを私が落としたものと勘違いして、これをもって私のあとを追い、そのまま外に出たものだ」と説明した。関係者のあいだでは、母の教唆によるものか、B男が母の愛情や関心を引きたい一心で起こした行為のいずれかとの見方が強かった。

児童相談所はこの時、B男を在宅のままとし、児童福祉司が月に一度程度、保護者とともに呼び出して面接指導を継続する決定をしていた。一回目の被虐待児としての通告はこの決定の二ヵ月後のことであった。

通告のあったその日のうちに家庭を訪問してB男にも面会した。通告が虐待後三日目であったにもかかわらず、B男の右こめかみから右目周辺は内出血で黒ずみ、前頭部と後頭部には大きなたんこぶが残っていた。当初母は、そっとしておいてくれたらよいものを児童相談所が訪問したため大げさになったと不機嫌であった。いろいろと話し合った末に、「施設入所は絶対させたくない。今後はしつけといえども限度をわきまえる。また、児童福祉司の呼び出しにはかならず応じて指導を受ける。」と約束した。そこで施設入所はさせず、児童福祉司の指導を続けることにした。この第一回の被虐待児通告のあと、学校とも連携をとり、B男の変化に気を配ることにした。母は、児童福祉司の呼び出しに対し、B男を同伴してこれに応じていた。ただ、医師から指示されていたB男の怪我の通院はそのあともまったく行っていなかった。

二度目の被虐待の通告は、学校が夏休み中の出来事であり近隣の住民が見かねて相談した結果、警察へ届け出たものである。警察は、B男に対する虐待が二度目であるうえ、外傷があまりにもひどいことから、両親の意見を聞かずにB男を保護して身柄ごと児童相談所へ送致してきた。警察が両親にB男の行き先を告げていなかったために、両親はB男の所在をあちこち探し、母が児童相談所にも電話をしてきた。そして興奮した口調で、「警察と校長が来て、嫌がる本人をまるで罪人扱いして連れ出した。B男をすぐに自宅に送り届けるように」と訴えた。

児童相談所は一時保護したB男を総合病院で受診させたが、頭部レントゲン写真には異常はないものの外傷がひどく、消炎鎮痛剤などの処方を受けた。なお、この際の身体測定は身長一一九cm、体重二三kgであり、同年齢の平均に比べると一～二歳小さめであることがわかった。

その後三日間にわたって、三七・五度の発熱が続いた。B男は、やがて身体が回復するにしたがってことば数も増えて活気も出はじめて、次の食事内容を嬉しそうに何度も確かめたりした。また、あまり話したがらなかった家庭の様子を口にするようになり、母を「鬼婆」とか父を「あいつ」とよんで次のようなことを述べた。

「こんなにひどいことをするのだからぼくを生んだ人じゃないはずだ。ぼくが居ないから鬼婆は家事をするのにさぞ忙しかろう。」

「学校給食でご飯が出た時は全部食べる。パンとミルクの時は、もって帰ると鬼婆が食べる。もって帰らないと叱られる。」

時々継父が母を苛めることについても、次のように述べている。

「あいつは、良く酒を飲む。飲むと思い出したように急におこりだす。外で飲んで帰るととくにひどい。鬼婆の髪をあいつが引っ張って二人で大騒ぎになる。すると、姉がなかに入って止める。」

同じ一時保護中の他児が、テレビの子ども番組やアニメをみて楽しんでいても、B男はそれには関心を示さず、職員の仕事をかってでて、掃除や洗濯や食事の準備やあとかたづけなど何でもきわめて手際よくしかもうまくすすめた。B男は時々夜尿することがあったが、職員がそれに気付く前の朝早く起きて下着とシーツを洗って干したりした。

一時保護所での生活が長引くにつれて、他人の親切に丁寧すぎるお礼をいったかと思えば、同じ人に対して粗暴きわまりのないことばを使った。甘えてきたかと思えば、暴力的になったりした。素直と頑固、威圧と萎縮など、いずれかに偏った言動をする。一時保護中の中学生と同等に渡り合い、中学生がおこるとそれをさらに挑発する。このようなしたたかさを示し、さらに年齢以上の生意気と取られる言動をとるため、他の保護児からは嫌われた。一方、職員のおんぶ、抱っこ、くすぐりなどの皮膚接触やダイナミックなあそびを好んだ。B男の身体にはいたる所につねられたような白く細長い痕があり、それが何なのかを聞いてもB男は答えなかったが、ある日小川に出て魚取りをしていた時、他児のちょっとした悪戯に対して「ライターで焼くぞ」と怒鳴ったのでB男に確認したところ、やっとそれが母からライターで折檻されたものと判明した。一時保護中に面会に来たB男の学級担任は、B男の家族状況について次のように語った。

「B男は小学一年の十一月、母の出産（女児）が間近になった頃から、学校を休んで買い物などの使い走りをさせられている姿を良くみるようになった。しかし、これ以外は、外出させてもらえなかったようだ。学校を休んだ日に家庭訪問をするといつも元気でいたが、母は〔今から学校に行かせようと思っていた〕とか〔明日登校させます〕などと言い訳ばかりした。B男は母の機嫌を取るためか、自分から〔何かしてあげよう〕と言うようだ。学校の必需品は揃わず、宿題は一度もして来ない。母は学校に対して気に入らないことがあると夜間でも担任宅へ電話してクレームをつける。その際、母と教師との会話が長引くと、電話の向こうから〔もう放っておけ〕などと怒鳴る継父の声が聞こえる。母は担任に〔私自身が厳しくしつけられ、時には殴られもしたが、今でもそれが悪いことだとは思っていない。〕といったことがある。」

なお、一時保護中の観察所見は次のようであった。

①　臨床所見と面接態度

元気良く、活発な振る舞い。表面上は愛想良く接近してくる。入所当初はかなりひどかった両眼周辺の内出血や左額の大きなこぶがすっかりとれ、怯えきった態度から次第に伸び伸びした動きに変化している。いたる所に強くつねったような痕や、あきらかに煙草の火を押しあてたと思われる痕がいくつも認められる。

面接室に誘うと、家族状況について聞き出されることを直観的に察知し、椅子に座ろうともしない。気分を和らげようと試みたフィンガーペインティングも約二〇分でやめた。心理検査は知能検査が何とか可能であったものの、他はまったくやろうとしなかった。

②　鈴木ビネー式知能検査結果

暦年齢は八歳二ヵ月で、精神発達年齢が八歳六ヵ月であり、知能指数は一〇四であった。知能は普通中位であり、なかでも記銘力は優れているが、文字の書き順がでたらめであるなど、学習に対する丁寧な指導は受けていない。

母は、児童相談所に何度か電話をして関係機関を非難し、B男の家庭引き取りを訴えたが、そのうち気分は落ちついた。そこで児童福祉司と心理判定員（鷹尾）が家庭訪問をし、家族状況の把握や実情の調査を試みることになった。しかし母は、いつも約束の時間には留守にしていたので、帰宅を数時間待って面接することが続いた。

母は、身長は平均的でかなり痩せていた。服装はみすぼらしいとはいえない程度で、化粧気がなく、年齢からすれば老けた印象を受けた。神経質そうで落ちつかない雰囲気からは、女性らしい柔らかさや優しさは伝わってこなかった。母の攻撃的態度を覚悟していたが、対応は比較的丁寧であった。母は、担当者が玄関先で待っているのをみると、約束の時間にいなかったことの詫びをいい、自宅内に招き入れた。

玄関を入るとすぐキッチンで、そこには四人掛けのテーブルのほか、茶箪笥や冷蔵庫がみえた。その横が風呂、トイレ、洗面所で、どこもこざっぱりとしていて、とても十人が生活しているとは思えないほどに、きちんと片づいていた。案内された六畳の部屋には、窓の右側の壁に沿って二段ベッドが置かれ、左側には整理箪笥があった。二段ベッドの下段にA男が寝て、上段にB男と弟、さらに二段ベッドと整理箪笥の空きスペースに妹三人が寝る。隣の六畳の間に両親と一番小さい妹が寝るらしい。姉はもう一つの六畳の間を一人で使用しているという。保育園から帰った子どもたちが活発に動き廻るために、母はつねに甲高い声で注意を与えたが、子どもの方はそれにさほど頓着せず、再びふざけあった。

母は、「B男の連れて行かれたやり方には不満はあるが、冷静になると反省する点もあるので、B男のためには施設入所も仕方ない。今夜にでも継父に了解してくれるように話す。」といった。しかし母によると、継父は性格的に曲がったことが嫌いで、一度堪忍袋の緒が切れると今回のように梃でも動かなくなる。普段の夫婦の会話も喧嘩腰の言い方をするとのこと。そのため母は、継父の機嫌の良い時を見計らって話したようだが、「自分の子どもではないから、（母の）好きにしたら良い。ただし施設に入れたら離婚する。」といって母を困らせた。担当者が継父に面会を試みたが、約束した日にはいつも夜遅く帰るため、約束の日に長時間待ってやっと面会できた。

継父は中肉中背で、どちらかというと筋肉質のタイプ。喋り方に荒々しさはないが、一方的な理屈を述べ、関係機関に対する批判と非難を並べた。自分は「男の子は宝」と思って男児を大切に育ててきたのに、それを誰も認めようとしないと強調した。B男を施設に預けるなら児童相談所が実父に了解を取って、措置費も実父が払えば良いなどと続けた。

母は今でも時々実父と電話で連絡を取り合うことがあるらしく、実父の連絡先を電話帳にメモしていた。母は自分が実父に連絡して概要を話しておくので、あとは担当者の方で交渉してほしいといった。児童福祉士としても親権者である実父に何の連絡もしないまま施設へ入所させる訳にはいかず、実父に電話すると、「（実父は現在も再婚せず）B男の姉と二人暮らしであり、B男を引き取って日常の面倒をみることは困難である。離婚の時、子どもを一人づつ養育する約束であったが、あまりひどい仕打ちを受けるなら施設入所も仕方ない。ただし措置費を支払うことはできない。」といった。

その後も家庭訪問により両親と施設入所について話し合いを続けていたが、突然母が姉と妹を同伴し来所した。B男は母の来所を知ると、急に表情をこわばらせ面会を拒否した。鷹尾の説得でやっと会ったものの、母の顔すらみず、ただうつむいて母の話を聞くだけだった。姉や妹が他愛もない会話をしてもそれにはまったく関心を示さず、やがて何が原因かわからないまま泣きだしたので面会を打ち切った。鷹尾は姉にはじめて会ったが、姉は義母よりもやや背が低く、丸顔でぽっちゃりとした体つき。ほとんど表情を変えず、母の話す一方的なことばを聞いていたが、面接終了の頃「私もここにいたことがある」と言って、八歳の頃に養護施設へ入所する直前ここで生活した思い出を少し語った。

母が面会にきた直後、自宅を訪問した際にやっと了解がとれ、B男は一時保護開始以来二八日目で養護施設へ入所することになった。

養護施設でのB男は、上級生に生意気と思われたり無視していると受け取られる態度をとることがあるために、孤立しがちで入所者の集団への適応はなかなか思うようには進まなかった。職員を相手にあそんだり手伝いしたりして、常に職員のそばを離れない。養護施設から通った学校では、「明るい性格で掃除や作業を進んでする子ども」であると評価され、トラブルを起こすようなことはなかった。母は自宅から比較的近かったこともあり、養護施設へ良く来てはB男を家庭へ連れ帰った。また母は、施設からの外泊期間を虚偽の理由によって一方的に引き延ばすなど、無計画な面があった。B男の心理的安定や人間関係の再構築のもくろみも思うようにすすまなかった。

一方、両親は、これまでにもことあるごとに離婚を口にしてきていたが、B男が施設に入所して一ヵ月後、とくに際立った出来事があったわけではないのに突如離婚した。夫婦の子ども五人全員については母が親権者になったが、これほど多くの子ども連れでは行くあてもないということでそのまま同居を続けた。生活保護受給のための偽装離婚ではないかと疑う向きもあった。両親は、施設へ入所して七ヵ月目の時点で、B男を引き取ると申し出た。施設職員や児童相談所は反対したが、申し出が強硬であったうえにB男自身も希望したので、家庭に引き取られることになった。家庭引き取り後、養護施設はアフターケアとして機会を見計らっては担当していた保母が家庭訪問をして、母がこれを受け容れるという関係が成立していた。B男が引き取られて八ヵ月、離婚しているはずの夫婦には、女児が誕生した。この女児は法律上は私生児となるため、父親が認知した。B男が小学三年三学期、警察から被虐待に関する三度目の通告を受けた。この通告について母は、「B男が万引きを繰り返すので注意を与えてきたのだが聞き入れないため、施設に預けたいと学校に相談した。警察へは学校が相談したのだろう。」ととくにこだわった様子もない。学校は、「母が今回出産した頃から、B男が食品を万引きしたり、病院の待合室で寝るようになったため困っていたが、母から施設へ預けたいとの相談があったので、警察に届けた。母もそのことは知ってたはずだ」という。

警察からの通告書は、「児童が通学する小学校長に連れられて来署したので、調査したところ、保護者に虐待されている要保護児であることが判明した。児童は過去にも保護者からの虐待によって施設に収容されていたが、保護者が強引に引き取ったあとも暴力は続き、最近それがさらにひどくなったようだ。保護者は本年一月より、酷寒の深夜十一時ごろ、児童に水を浴びせ、団地五階の自宅ベランダに放り出して内から鍵を掛けるなどの虐待行為を繰り返してきた。締め出された児童は仕方なく、そこに干してある洗濯物で暖をとったり、樋を伝って次々と下のベランダに降りて外出し、近くの病院待合室で夜を過ごすことが多くなっている。またそのほかにも、児童は両親から頭や体をスリッパの角で叩かれたり、タバコの火を押しあてられるなどの傷を負い、さらに栄養失調で顔色が悪い状態である。このように児童の生活環境はきわめて恵まれず、保護者は児童に対する虐待をますます増強させており、この際児童を両親から分離して施設へ入所させるのが適当と認められる。」

外科医の診断書には「全身打撲、擦過傷および熱傷の創痕で、現在は皮下出血は残存しているが、創はかさぶたに覆われ、ほとんどが治癒している。栄養状態はきわめて不良。」とある。

学校の意見書は「児童は夜間に家を出て病院に寝泊まりすることが多く、また空腹を癒すために万引する。親は厳しく注意しているが効き目がない。夜間、自宅で落ちつかず寝ることすら避けている児童の行動は、親から離れた生活を望んでいるようにすら受け取れる。児童の継父と実母は、ともに子どものしつけと称して暴力を振るうことが多い。またとくに母親は、自己を正当化するための虚言がある。なお、児童は学校で友人はいない。」

一時保護中にB男が書いた作文には、次のような内容がある。「お父さんは仕事からかえるとお酒を飲みます。そして、お金があると毎日パチンコに行きます。お母さんは、お父さんとお兄ちゃんやおねえちゃんが仕事に行っているあいだ家の仕事をして、2時に買い物にいきます。買い物から帰ると夜ごはんのよおいをします。おねえちゃんは朝8時に起きて、ふとんを上げて、パンを食べてパーマ屋さんへ仕事にいきます。仕事からかえったら、毎晩友だちの家へあそびに行きます。夜かえってこないことがあるので、お父さんにおこられます。お兄ちゃんは、お父さんと仕事からかえると、毎日マンガ本をよんでいます。ぼくは、学校からかえったら台所をかたづけたり、ろう下をはいたり、ふろばを洗ったり、お母さんと一緒に保育所へむかえに行ったりします。保育所から妹たちをつれてかえったら、きがえをさせ、かばんからべんとうばこを出します。夜は台所のあとかたづけをします。妹は、ぼくがおこられるとすぐにかぼうてくれます。」

心理判定所見には、次のような記述がある。「児童の両手は霜焼けになり、左手中指と薬指の爪は内出血で痛々しい。両手をポケットに突っ込み、肩を揺すって歩く姿は、自我の肥大を想起させる。前回の一時保護時に比べると、職員に対する無条件な甘えが影を潜め、相手の動きを予測して先々に行動し、職員の気を引く言動が増加している。作業は手早いが粗雑である。あれこれと要求を多くする一方、いち早く相手の態度を読み取り、引っ込める場合は引っ込めて、嫌われないようにする要領を心得ている。」

今回は一週間の一時保護のあと、児童相談所の一方的な都合によって、B男は、前回とは別の養護施設へ措置された。

これまでB男を担当してきた鷹尾は、B男が養護施設に入所して一年二ヵ月後、転勤のため担当を外れることになった。養護施設の職員によると、施設では比較的安定した生活をし、特別に指導を要する状況はない。学校生活は、学業の遅れはあるものの教師の指示を良く守り、作業に進んで取り組むなど評価は良い。この間、家族の面会は一度もなく、一時帰宅をすることもなかった。ただ、母は月に一、二度は施設にかならず電話をかけてきて、施設職員にB男の世話や指導に対する謝辞をいい、B男の生活の様子を尋ねた。

5　その後のB男と家族

その後のB男を中心とした家族の動向について、引き続き担当している当時の職場から、次のような情報が寄せられた。

養護施設に入所して一年八ヵ月後、B男が小学五年の二学期開始間もなく、突然施設から児童相談所に対し「B男は先日までの夏休み中、家庭実習で自宅に帰っていたが、その際、家で暮らしたいと両親に強くせがみ両親も可哀相に思って、夫婦で相談した結果、引き取りを決めたようだ。」との連絡が入った。児童相談所は検討した結果、保護者とB男双方の意思が固いために、今後は児童福祉司が必要に応じて指導することで施設措置を解除し家庭引き取りとした。家庭に帰って一ヵ月後に面接した児童福祉司は、「母はB男と一緒に生活できるようになってこんなに嬉しいことはないといい、B男自身も元気そうで笑顔が良く、学校は楽しくて一日も休んでいないという。同伴した学級担任は、B男は施設にいるあいだに心身ともに成長したようだし、現在の母は学校に協力的で、B男の養育に対する意気込みが感じられる。」と報告している。

ところがそれから五ヵ月後、B男が小学五年を終了した春休みに、児童相談所が学校に対して電話で調査したところ、母がＢ男を含めた六人の子どもを連れて関東方面に行き、某小学校に転校手続きをとったとのことである。Ｙ市には継父と継父の実子およびこの夫婦の唯一の男児が残って生活している。残された男児は可哀相だが、父が特別に可愛がっていた子どもであり、手放さなかったのだろうとのことであった。

さらに五ヵ月後、Ｂ男が小学六年の夏休みに、Ｙ市で実施した出張相談会に母が子ども四人を連れて来所し、「夫は自分とのあいだに六人の子どもがありながら、給料をほとんどギャンブルに注ぎ込み、自分の内職のわずかな収入で何とか生活してきた。しかし、もう限界である。夫と話し合った結果、うえから三人の子どもは夫が引き取り、Ｂ男と下の三人を自分が引き取る。今後は関東地方に行き自分は単身で働くので、子どもたちは施設に預けたい。ついては関東の某児童相談所に連絡してほしい。なお、五ヵ月前に七人の子どもを連れて出た際、施設に預かってもらっていたが、住所がＹ市にあるのでそちらの児童相談所に行き十分相談してくるようにいわれて帰っていた。」といい、子どもたちが関東地方の施設にスムーズに入れるように取り計らってほしいと訴えたので、児童福祉司はすぐに某児童相談所の担当福祉司と連絡を取り、相談の受け入れについて了解をえた。しかし母は結局関東地方には行かず、児童相談所にも何ら連絡しないままで経過し、現在に至っているようだ。

Ｂ男が卒業した小学校からは、おおむね次のような情報をえた。

「Ｂ男は、小学六年の二学期から次第に登校する日が減少し、栄養状態も悪化していったために、担任が家庭訪問を繰り返していた。しかし母はそれを嫌って、担任との関係がスムーズに行かなくなって、B男はますます学校と疎遠になって、結局卒業式にも出席しなかった。ただ、B男と母との関係は、以前とは打って変わって仲むつまじくなり、母の車に同乗している姿を良くみる。また、今年の六月から九月にかけて、母は中学一年になったB男と未就学の幼児三人を連れて関東方面に行っていたが、その間、B男がそちらの学校に在籍していたか否かは不明である。現在のB男は、ほとんど登校することなく、幼い妹を自転車に乗せて市内を走り回っており、万引きは今でも続いているという情報を良く耳にする。現在小学校に通っているB男の妹や弟には、親の著しいしつけの行き過ぎとか虐待と推測される状況はなさそうで、その点では安心している。」

2　虐待と家族——家族の生成と凝固

1　虐待問題への多元的アプローチ

児童虐待に関する研究は、「児童虐待防止法」以来公的場面にあらわれる関連事例の激増に比例してこれまた激増している。これは我が国だけではなく、先進各国に共通する傾向である。英国（Corby, 2000）と米国（Putnam, 1997）での文献整理によれば、これらの研究ではさまざまなアプローチがとられる。虐待する側と虐待される側の個々人の行動や性格の特性などを個別的に検討するアトミズム的アプローチ、虐待家族が再生産される過程に着目するシステム論的アプローチ、さらには虐待の文明論的歴史的背景をみるマクロレベルのアプローチなどである。しかし日常で虐待に出会わざるをえない関係者たちは、それとして十分に意識しないままではあれ、いつのまにか性格論的アプローチから文明論的アプローチに至るまでの可能なあらゆるアプローチを同時にとる。どんな手だてを用いても何とかして目にみえる成果をえようとする実践者たちにとっては、至極当然のことである。虐待に関する理論は、狭い部分的アプローチによって自足するのではなく、実践的理解の志向する多面的全体的アプローチを試みなければならない。私たちもまたこのような多面的アプローチを試みる。

第1章では、児童相談所心理判定員の施設措置という限定した視野から事例報告を取り扱った。この限定した視野からみることのできる光景は、たとえば治療的立場からみることのできる密度の高い内的光景とはあきらかに異なっている。しかし緊急時の危機管理的行政行動としての施設措置は、虐待事例の場合、被虐待児の家族からの分離などによって家族の人間関係そのものに対してある程度構成的・治療的作用を及ぼさずにはおかない。その意味できわめてアクティヴな活動である。施設措置についても、心理臨床的な事例検討と同様に、わけても措置にともなう諸々の働きかけやタイミングの妥当性などについて、事例検討的な実践的反省を加える必要がある。そればかりではない。施設措置は虐待をめぐる一連の社会的相互行為過程におけるもっとも重大な契機の一つであるから、このいわば「戦略高地」から関連する出来事の全体を概観すると、虐待を組み込む社会的文脈全体が広くとらえられる。精神医学的事例報告の視野の内在的なしかし狭さとは好対照である。この事例を検討することによって、私たちの現在という歴史的社会的文脈での家族（近代家族）の生成と凝固という二つの過程を概括的に把握することができる。そればかりではない。家族形成過程における異世代間相互形成の基本的機制を、わけてもおとなの成熟問題に焦点づけてとらえることもできるのである。

虐待事例への多面的アプローチに際してわけても必要なのは、Z事例の場合と同様、ミクロな相互行為レベルでの分析をマクロな制度レベルでの分析とうまく結合させることである。この虐待事例では、あとで詳しく論ずるように、これを「虐待」とみるかそれとも「しつけ」とみるかという意味解釈をめぐって、家族システムの内と外とのあいだで、しかも対面的関係レベルから施設どうしの制度レベルに至るまでのさまざまな社会的レベルで、熾烈な「意味」をめぐる争いが展開されている。相互性を前提とするネゴシエーションではなく、異なった立場にあるものの争いである。しかもこの争いには、家族の境界維持が、つまりは家族システムの存続が賭けられている。意味をめぐるこの係争は、親が教育的に配慮する親——近代家族の担い手としての親——でありうるのか否かという、社会的人格的成熟度にかかわる社会的認定／自己認定の争いでもある。こうして虐待事例を扱うことによって子どもの発達問題と親の成熟問題を、異世代間の相互性の問題としてしかも広汎な社会的文脈のもとで議論することができる。以下本節ではこの事例を、①家族の内部、②

家族の境界、③家族の生成、の三つの局面から順次検討しよう。

2　虐待と結合——ブラックボックスとしての家族内部

この家族の内部は、きわめて分かりにくい。分かりにくさはさしあたってはまず、施設措置という限定的かかわりからえられる情報の極端な不足に由来する。しかしそればかりではない。この家族には、私たちの通常の日常的理解からの直接的類推を不可能にするような異様さが少なからず存在する。ここでは、この分かりにくさという困難をおしてなおこの家族の内部過程について判断可能である諸点を順次列挙しておこう。

1）「境界」、「周辺」、「内部」

長女はこの家族の内部できわめて特殊な位置を占めている。

「同居している姉は、A男とちがって服装はしっかりし、しいたげられている様子はない。」

多人数が狭い公共住宅に住むこの家族で、長女は一人で一部屋を占拠している。この家族では長女の存在はきわめて大きく、夫婦喧嘩の際に仲裁に入ったり、義弟であるB男との児童相談所での面接に参加したりしている。それにもかかわらず彼女は、実弟であるA男のひどい虐待に際しては、どんな形であれあまり介入している様子はない。一般的にいって長女の継母とのわずか十歳という年齢差には、夫婦を中心とするこの家族の結合を根底から揺るがしかねない潜在的破壊力がある。

長女が独立した一部屋へ、つまり他の家族メンバーからはあたらず触らずの距離と位置へと祭り上げられているのは、何よりもまずこの意味での破壊力を隔離するためだろう。この祭り上げに対応して、長女自身の家族へのかかわりもまた、A男の虐待への非介入にみられるようにかなり距離化されており、あたらず触らずである。

長女の存在は、たしかに一方では、家族のほかのメンバーからはあたらず触らずの位置にあるが、しかし他方では、仕事や夜遊びや外泊という仕方で、はっきりと外に開かれている。彼女の部屋は外と内との境界であり、彼女はこの境界に住んでいる。彼女は、その存在そのものによって、家族の内と外を結ぶ。媒介する長女の存在は、家族の結合にとって、この家族の外部世界からの自閉的孤立をある程度開くという点では有用であるが、同時に、外気の導入によって家族の脆い——自閉的であり自己完結的であるがゆえにかろうじて維持されている——関係を無造作に損ないかねないという点では、きわめて危険である。この境界的存在は、有用であり同時に危険であるという両価性をもつので、一部屋を与えて隔離され祭り上げられる。そして長女自身が、この祭り上げないし隔離に対して積極的にコミットする。かりにこのように両価的でしかも継母との関係においても破壊的な力をもつ彼女が、血のつながりのあるA男の虐待という事態に直接に介入すれば、その介入はきわめて効果的であるだろう。しかし反面これによって、かろうじて維持されてきた家族の人間関係の危うく脆いバランスはたちまちに崩れ、その結合は解体の危機に瀕するだろう。長女と家族との共犯による長女の存在の「祭り上げ」は、この家族の人間関係の深刻な傷つきやすさへのいささか惨めな防護策であり予防措置なのである。

　これに対してA男は、長い虐待の時期を経て、家族の内にいるものから周辺に住むものへと変身する。虐待、施設措置、家族への復帰、中途半端な家出、親族の養育、今一度家族への復帰という一連の経過は、A男の周辺性への変身の過程である。虐待は小学五年頃から始まり、家出は中学入学直後である。思春期に向けてA男の心身は急速に変化し、家族文化とは異質な学校文化や生徒文化に出会う。この変化が、それまで癒合してきた家族文化とのあいだに緊張をもたらす。虐待は、緊張の高まりと符節を合わせて、加速度的にエスカレートする。癒合から周辺性への移行はけっしてスムーズではなく、虐待、施設収容、親族との同居などを経てかろうじて達成される。こうして周辺へ達したA男もまた、姉と同じく、B男を虐待から防衛したりはしない。A男は、家族と敵対することなく、かといってもはや無理やり癒合させられてもいない。彼は周辺に住まうのである。A男の場合、姉とは異なって、家族の外に広がる彼の世界はきわめて貧困である。

　「友人はまったくなく、一人で行動することが多い。地域でのあそび友達もなく、ほとんど家のなかで過ごしている。」

　「……地元中学へ入学したが、……三ヵ月後、同級生に教室から締め出され、そのドアを叩いているうちに窓ガラスが割れた……」

　「お兄ちゃんは、お父さんと仕事から帰ると、毎日マンガ本を読んでいます。」

A男の世界は、父と同じ職場のほかにはあいかわらずこの家族だけである。B男に家事一般が割り当てられて、A男は、家族の周辺で「マンガ本を読」んでいればよい。長女の場合には、外部世界への複雑な通路を虐待によって全面的に切断することは不可能だから、彼女は境界に祭り上げられる。これに対してA男は、あいかわらず家族に飲み込まれたまま、しかしながら家族の――「境界」ではなく――「周辺」に住むことで、何とか自分自身の所在を見つけたのである。

B男への虐待は、小学三年頃から始まり、家族の奇妙な解体とともに一段落する。この場合にも、思春期へ向かう成長の兆しが認められ、さらに虐待を経て境界性ないし周辺性へ移行しようとする兆候がみられる。しかし移行の前に、家族そのものが変質する。B男は、破綻しかけた家族において母と癒合する形で虐待をくぐり抜け、内部で新たな居場所を見つけるのである。

いずれにしても、この家族の多人数の子どもたちは次々に思春期へ達する。それによってかれらは、危険な「境界」に順次近づくことになる。通常、子どもが思春期に達する時期に、家族周期もまた大きな転換点に達する。しかし家族周期の危機は、この家族にとってはたんなる通過点ではなく爆発的に破壊的な事態である。長女やA男の存在について振り返ってみればあきらかである。子どもたちの成長は、家族システムを次々に爆発的危機に追い込み、ある場合には新たな結合の水準をもたらし、別の場合には結合の解体に導く。かりにこの家族へ家族システム論的治療的アプローチ（Foley, 1986）が試みられるとすれば、虐待側と被虐待側双方の自己受容が可能となるような関係の再編成がめざされるであろうが、これはおそらく思春期に達する危険で両価的な存在を窓口にして家族システムの病的に固着したバランスを転覆し再構築することをめざすはずである。しかしこの破壊の試みは、家族そのものが爆砕される危険性と裏腹の命懸けの綱渡りになる。

この家族が、次々に思春期に達する子どもたちのすべてを虐待や祭り上げによってコントロールすることはおそらくは不可能である。いずれ遅かれ早かれ破綻が訪れざるをえない。前節末尾に示された現在の家族の奇妙な有り様は、家族システムの全面的破綻の前駆状態を示しているのかもしれない。つまりB男を、虐待によっても祭り上げによってもうまく処理しきれないこの家族は、爆発力を身につけつつあるB男と、あえて家族の人間関係の解体の危険を冒しつつ奇妙な和解を試みているとも考えられるのである。

2）　家族の人間関係の離人性と虐待

「境界」の内側に住むこの家族メンバーどうしの人間関係は、疎遠さという際立った特徴をもっている。離人性こそが、家族の人間関係の基本的特質である。そしてほかならぬこの関係の離人性が、虐待という過剰に身体的な関係性を招いている。離人性は、おそろしく几帳面に整理された居住空間に認められる。この家族の整序された清潔な空間では、生身がそこに必然的かつ不可避的にもちこむ乱れや汚れは過敏に排除されている。この排除からは、両親の生きた肉体を介してのかかわりの幾分強迫的な回避という根本的態度を感じ取ることができる。この回避は、強い存在不安のもたらすものである。生身の深いかかわりは、存在不安からの堅い防衛をやすやすと突破しかねない激烈な力をもっているから、極力回避されるのである。

この生身の回避からあきらかなように、離人性は、この家族の居住空間の特質であるとともに人間関係の特質でもある。出産が相次いでいることから、この夫婦に恒常的な性関係があることはたしかだが、これを除けば、家族メンバーがお互いどうしでスキンシップ的な生身の親密なつながりをもっているようにはみえない。さらに、言語による意思疎通という点をみても、親子のあいだでも夫婦のあいだでも、何らかの突っ込んだ疎通があるようにはみえない。

「A男は嘘が多く、一～二分後にはいうことが変わる。…一言謝れば済むことでも謝らないし、物をもらってもお礼もいわない。」

「何度いっても分からないので…」

「…継父が知ると離婚されるので、いわないでほしい。」

スキンシップと対話の代わりに家族に疎通されるのは、虐待という暴力である。虐待が身体的・言語的な疎通の代替物であるとすれば、私たちは、虐待を意思疎通の文脈に組み入れ、そこで伝達される意味を何とか読み込まなければならない。虐待は、どんな家族メンバーを相手に何を伝えているのだろうか。私たちの考えでは虐待は、子どもたちに対して血縁の無視と男性性の排除という二つの意味を伝達している。

3) 血縁の無視と男性性の排除――虐待の意味の内部伝達

この家族の子どもたちは、父の連れ子、母の連れ子、父と母の実子という三つの血縁集団からなる。虐待は、年齢の高い男児の連れ子から順番に加えられる。虐待が伝達するのは、この家族では連れ子か否かに意味があるということなのか。それとも逆に、どんな血縁の差異も無意味だということなのか。虐待が今のところB男でとどまっていることからすれば、一見して連れ子が虐待されるようにみえる。しかし連れ子としての長女が境界的存在として安定した所在をもっていることなどからすれば、ここで伝達されているのは血縁の無意味さという意味である。

血縁の複雑に絡み合ったこの家族では、何らかの仕方で血の差異をあからさまにすれば、家族の結合は解体しかねない。家族が家族であろうとする限り、虐待を受ける――両親の主観的意図としては「しつけ」として教育的配慮を加える――確率ないし機会は、血の差異にかかわらず平等であるべきである。血の差異を無視した虐待は、子どもたちに血縁というつながりが特別の意味をもたないことを伝達する。こうして両親は、ともすればこの家族の統合性をばらばらに破壊しかねない血縁という統合原理を何とか押さえ込む。しかしその対価として、親の子への関係は血縁という具体的契機を失い、より一層抽象的で離人的になる。虐待は、「血縁」の無意味さを、さらには「男性性」は排除されるということを伝達する。この私たちの解釈は、この家族がこれまでの力動から解放されない限り虐待は次の男児に向かうはずだという予測を含んでいる。

血縁という意味での子どもたちへの親のかかわりの薄さは、多産とも関連している。この夫婦の場合、多産は宗教などで正当化されてはおらず、むしろ性関係のルーズさや無計画性を示している。しかし今少し踏み込んでいえば、多産は子宝イデオロギー（「男の子は宝」）によって正当化され、家族を統合する役割を果している。歴史的にみれば、近代家族は多産多死から少産少死へ家族形態やそれを支えるマンタリテが大きく変化する過程で誕生した。少産少死には、計画的出産——つまり計画的子殺し——による少数の子どもへの教育的配慮の集中という新たな事態が含まれている。家族は徹底的に人為的な構築物となる。後でヘーゲルの議論でみるように、近代家族では、「愛と財産」に加えて、出産の計画性や教育的配慮など子どもの「養育と教育」もまた重大な結合契機である。この家族の多産は、ここでの親子関係が放任的で粗放的で前近代的であることを示している。この家族の外部との関係が「しつけか虐待か」という仕方で、「教育的配慮」の有無をめぐる意味の係争という形を取るのは、まさにこの家族の前近代性のためでもある。

それにしてもなぜ男児だけが虐待の対象なのか。これには、自律性の暴力的抑圧と夫婦——とくに父親——のもつ不安の攻撃性への転化という二つの理由が考えられる。

まず、この家族では、子どもたちの男性的自己主張ないし自律性要求は、家族的結合を崩しかねないものとして徹底的に排除される。親子関係は、長女の祭り上げにみられるように、子どもの自律性への成長に合わせて再調整を繰り返すだけの度量をもたない。度量のなさと脆弱さが、親子関係の特質である。出生家族を脱して新たな家族を構築する力としての自律性は、A男の場合のように徹底的に抑圧されるか、B男の場合のように徹底的に矯められて、家事全般を担う（劣位とみなされる）「女性性」へと矯正される。

「みずから職員の仕事を買って出て、掃除・洗濯・食事の準備にあとかたづけと何でもきわめて手際よくしかも上手に進めた。夜尿があったが、朝早く起きて、下着とシーツを洗って干したりもした。」

「進んで掃除などの作業をする子ども」

Ｂ男の母との過剰な同一化である。両親の許容するのは、Ａ男の場合のように思春期に至ってなお居住空間においても職業においても父親と癒合的に同一化する去勢された男性性か、あるいはＢ男の場合のように（劣位とみなされる）女性性に矯められた男性性かのいずれかである。男性性への両親の過剰な反応の背後には、おそらく家族の人間関係を維持する自分たちの力への根本的な自信の無さが存在する。

不安は、わけても「男の子は宝」という男性優位的発言を繰り返す父に認められる。なぜ男は宝なのか。これは、つらい経済的社会的体験を経て合理化ないし反動形成として身に着けられた信念であるかのようにみえる。つまりここには、父親のそこなわれた自負を補償しようとするメカニズムや自己正当化のメカニズムなどが働いている。実際に、父親の日常的振る舞いは、男性性を不自然なほど過剰に押し出すものである。

「…継父は性格的に曲がったことが嫌いで、一度堪忍袋の緒が切れると今回のように梃でも動かなくなる。普段の夫婦の会話も喧嘩腰の言い方をする。」

しかしながら実情は、父親の未成熟性を示している。

「…夫は自分とのあいだに六人の子どもがありながら、給料をほとんどギャンブルに注ぎ込み、自分の内職のわずかな収入で何とか生活してきた。しかしもう限界である。」

母のこの証言がそのまま父の実態を示しているともにわかには断定しがたい。しかし少なくとも、父が母に対して——わけても社会的・経済的意味での——「自律性」を上手に演出できていないことはたしかである。父の男性優位主義は、「男児のくせに不当に振る舞うことへの処罰」という形で、男児への虐待を正当化する。しかしこの男性性への攻撃は、本来ならば男性として思うに任せぬ自分の人生への悔恨という形で、父親が自分自身に向けるはずのものである。父の男児への攻撃は、自他に男性優位のイデオロギーを承認させる自己正当化の暴力的試みであり、さらに自分自身の男性性への過酷な攻撃性の他人への投射である。ここで大切なことは、父の男性優位主義的発想と行動が、母の存在不安を宥めるのにちょうど見合っているということである。

「鬼婆の髪をあいつが引っ張って二人で大騒ぎになる。」

父と母は、はなばなしい夫婦喧嘩を繰り返しながらもなおすっきりとは別れない。夫婦の結合の強さには、母の側の暴力的で強い男性性への依存という、自分の子どもの時代を強迫的に反復する力が大きく作用している。

「私自身が厳しくしつけられ、時には殴られもしたが、今でもそれが悪いことだとは思っていない。」

母は、時には客体として時には主体として暴力的男性性の支配とそれへの依存を反復し、それによって不安定な自分の存在状態を安定させる。母の暴力的男性性への反復強迫的依存は、父の虐待にみられる反復強迫性ときわめて良く見合う。A男は、父がそうしたように、中学を卒業する前に父と同じ仕事に就く。このような結果をもたらした父の暴力は、父の父のそれを強迫的に反復するものである。父と母は、反復強迫性を共有することによって一層強固に結合する。虐待において夫婦はあきらかに共犯である。

「父より継母の方がまだ良いが、継母も怖い。」

この家族は男性性を標的に虐待を繰り返し、家族関係を自律するものの連帯や相互性に変える契機を次々と破壊しながら、あとで述べる「犠牲の羊」戦略を用いて、家族の脆いつながりを繰り返し再生産する。それではA男とB男とのあいだには虐待の意義について何らかの差異があるのだろうか。

4）　自律的同一性の否認と退行――A男とB男の同一性形成――

A男とB男には、虐待のもたらすパーソナリティ変化に際立った違いがある。A男は父親と同一化し、B男は母親と同一化する。A男の場合、父は、能動的主体的自律性を暴力的に抑圧し、その後も自分と同じ職業に就けさせ、居住面での家族からの自立も許容しない。A男の父親同一化は、自分の存在を丸ごと飲み込んでしまう――まるでユング派のいうグレートマザーの否定面（Jung et al., 1964）を体現するかのような――父との癒合である。A男が自律し虐待された自分を含めて自分自身を全存在的に統合する自我同一性を獲得するためには、虐待し存在を飲み込む父との戦いを彼自身の内部と外部で同時に戦い抜かなければならない。この困難な戦いがまっとうされるとすれば、それはどんな場合か。たとえば仕事での成功であり、男性的同一性を確証してくれる相手の登場である。しかしこのままではA男の異性関係は、父親の男性同一性への病的こだわりを強迫的に反復するものになりかねない。

B男の場合母への同一化は、かれ自身の強い動機づけによって駆動されているようにみえる。B男自身によって、家族の人間関係への最後の拠り所として「血縁であること」という意味づけが選び取られ、同一化対象として母が措定されているようにみえるのである。この同一化は、母自身によって強化される。

「(B男のベビー服の万引きは) 関係者のあいだでは、母の教唆によるものか、B男が母の愛情や関心を引きたい一心で起こした行為のいずれかとの見方が強かった。」

この同一化は、首尾よく達成されたようにも思われる。

「進んで掃除などの作業をする子ども」

「ただ、B男と母との関係は、以前とは打って変わって仲むつまじくなり、母の車に同乗している姿を良くみる。」

先にも述べたように、家事専念への強制は、能動的自律性が徹底的に矯められてステレオタイプな劣位としての「女性性」へとグロテスクに矯正された帰結である。男性同一性の獲得は、フロイト流にいえば幼児的な母への愛着と父への両価感情からの成熟した距離化を前提とする。B男がこのような同一性を獲得するためには、加虐的な父への同一化や、母へ迎合する女性性へのグロテスクな同一化を脱して、自己像を虐待による変形から救済し再建しなければならない。しかしB男の場合には自律化は、父の病的男性性への同一化か母の卑しめられた女性性への同一化かのいずれかである可能性が高い。この択一で選ばれた母への同一化をさらに否定しようとすれば、かろうじて得られた同一性の基盤そのものを掘崩すことになる。父同一化、母同一化、脱同一化のいずれを選択しても、自身の存在そのものに根本的な打撃を蒙らざるをえない。三者いずれにも陥らない隘路をたどり、自律的同一性を確立するためにはどうすれば良いか。異性や友人との相互性こそが、損なわれた成長に対して補償的・治療的でありうるはずである。しかし虐待によって矯められたのは、まさにこのような相互性に向かう自律的関係能力である。B男の同一性の確立もまた、きわめて難しい仕事である。

5）退行と癒合――凝固家族の成立

両親の反復強迫と男児たちの病的同一化とは、相互補完的に癒合している。この癒合にみられるように、虐待によって結合させられた家族の人間関係は全体として退行的である。ここでは、両親と二人の男児に限らず家族の全メンバーの成長や成熟が大きく損なわれている。そしてこの退行ないし成熟阻止によって、家族の統合性はかろうじて確保されている。統合性は、メンバーの成熟と相互性がそのつどに構築する流動的かつダイナミックな所産などではない。統合性は、主体的状況構成力の発現が暴力的に阻止され、所与の関係が凝固させられた帰結である。流動や生成が暴力的に阻止され癒合的退行的に統合された家族の様態を「凝固家族」とよぶとすれば、この家族はまさにその典型である。

家族が凝固家族であることを突き抜けて全成員が互いに流動的生成的に相互性を確立する可能性や方途は、なお存在するのだろうか。そのためには何よりもまず、家族は内部へも外部へも開かれたダイナミックな意思疎通に向かわなければならない。この関係の力動的再構築の可能性について考えるためには、凝固家族の病的癒合が繰り返し再生産されるメカニズムを深くたどり、再生産の強迫性から解放される可能性を検討しなければならない。凝固家族は、家族の内と外との争いそして家族成員どうしの交渉によって再生産される。以下では、この二つの再生産メカニズムについて順次考察しよう。

3　ラベリングと境界維持——凝固家族再生産の外的メカニズム

この家族をとりまいているのは、姉の比較的多彩な世界を除けば、ひどく偏った狭くまずしい世界であり、居住地域の近隣関係、父やA男や母の職場、保育所、学校、パチンコ屋などに限られる。これらに加えて、児童相談所、養護施設、警察、少数の親族も登場する。しかしこれらすべてに対して、この家族はよそよそしく疎遠であり、場合によっては鋭く敵対する。この家族は、近隣、学校、警察、施設などに対して、自分たちに虐待家族という否定的ラベルを貼るものとしての強い不信感と被害者意識をもって対立する。「これは虐待かそれとも教育的配慮か」という意味づけないしラベリングをめぐって、家族内外で熾烈な争いが展開されるのである。この争いでは、家族が「家族」として社会的に認定される基準——認定基準となる規範意識については次節で検討するが——に則って、「家族であるか否か」という根本的規定そのものが問われる。虐待家族というラベリング(2)は、家族が「家族」としての認定を社会的に取り下げられることを意味する。

ところが逆にこの否定的ラベリングが家族を統合させる。一方では「虐待家族」という社会的非家族認定は、この家族を通常の社会的相互作用の文脈からはずし孤立させるが、他方ではほかならぬこの孤立こそが、家族の外と内とのあいだに緊張にみちた境界をくっきりと浮かび上がらせ、境界のこちら側を独立の領域にする。ラベリングの争いを通して凝固家族が成立する。この家族は、強いられた孤立を逆手にとって、環境を自分たちにとって「敵対的なもの」として締め出す。こうして凝固した家族（凝固家族）は外部との生産的交流から疎隔される。この自閉的孤立のなかで家族内では多くの出来事がただ無意味に反復され空転し、関係は新たなものを生み出すことなくただひたすら貧困化する。緊張を失った内部関係は疎遠になり、しかもつねに解体の不安につきまとわれる。この疎遠さや解体不安を、次項で述べる「犠牲の羊」戦略としての「虐待」がかろうじてつなぎとめる。しかし今度はこの限りない虐待の反復が、虐待がはじめにもっていた爆発的非日常性を次第に宥めすかし日常化してしまう。虐待のエスカレーションが不可避である。エスカレーションの極限に展望されるのは、家族の死による家族そのものの解体である。

本項では、内外のラベリングをめぐる意味の争いに焦点をあてて、凝固家族成立のメカニズムをみることにする。意味をめぐる紛糾は、家族と外とのあいだにばかりではなく、実は、家族内の諸関係においても認められる。まずこのことから考察を始めよう。

1）現実構成の抑圧的一元化

家族内での「現実」の意味解釈をめぐる争いは、たとえばA男の「教科書の紛失」をめぐるやりとりに典型的な仕方で示されている。まず継母の証言。

「以前に養育してくれていた親族に聞いてみたが、当時から忘れ物がひどかったようで、今でも教科書を良くなくす。」

この継母の発言を、A男は全面的に否認する。

「継母には怖くていえなかったが、家のなかの小物入れに八～九冊の教科書・学習帳・ドリル等が入っているのを見つけたこともあり、その時はどうしてここにあるのか不思議に思った。」

この二つの証言は、まったく異なった二つの現実を構成している。これに関連する学校という第三者の証言は、以下のとおりである。

「決められた集団登校をせず、怠惰とは思えない遅刻や欠席が多い。…顔色が悪くて生気に欠け、運動はほとんどできない状態。忘れ物が多く、宿題はまったくやってこない。…性格は優しく何に対しても良く気がつく反面、根気がなく、服装の乱れが著しいうえに、整理整頓ができない。」

学校側は、虐待による心身の余裕の無さという事情を十分に斟酌しながら、A男の「忘れ物」を認める。一見すると、この証言こそが「客観的な」現実であるかのようである。しかし本来、近代学校における教師集団が、生徒一人一人の個人的状況をその内面にまで分け入って理解することは、原理的にみてあまり可能ではなく要求されるべきでもない。近代学校は、教師と生徒との集団的なかかわりのなかで生徒個々人をできるだけ成長させようとする社会的装置である。したがって生徒個々人については、多くの場合その生徒の特定部分が集団の一般的標準からの偏差として把握されるにすぎず、教師のいわゆる「内面的」理解なるものの大半は、その実、偏差にもとづく幾分ステレオタイプなラベリングにとどまる。たとえばキング（1978）は、英国の「幼児学校」(infants' school）の教師たちが児童の変調を一般に健康状態や家族の人間関係の変化から説明しようとし、自分たちのせいであるとはあまり考えないと述べ、この偏った児童認識枠組を「家族背景理論」とよんでいる。学力不振に関する原因帰属意識の調査によっても、教師が児童の成績の悪さの原因として教師要因をあげることはあまりない（田中毎実 1983）。教師の生徒理解枠組の偏向や自省性の欠如は、集団的なかかわりのなかでの形成を本旨とする近代学校ではある程度やむをえない事態である（田中毎実 1993A）。A男についての学校側の判断は、内面的理解や客観的理解などではなく、むしろ「家族背景理論」にもとづくステレオタイプなラベリングである。

現実は「薮のなか」であり、三つの立場からの現実構成が拮抗している。しかしここで注意しなければならないのは、継母の証言と対立するA男の証言は、親の影響力を遮断する一時保護や施設収容という事態のもとでのみ出現することである。通常なら、同一の生活空間で暮らすメンバーの現実構成は、多様な意思疎通や交渉によってある程度共有のものに書き換えられる。しかしこの家族では、父母の現実構成が二人の男児の現実構成を暴力的に抑圧する。この現実構成の抑圧によって子どもたちの現実は一元的に凝固し、かれらは自己関与できない現実構成に従属させられる。この抑圧的一元化のもとに、凝固家族の現実は構成される。抑圧的現実構成は、家族の境界を超えて威力を及ぼす。

「継母から学校に対して〔A男が嘘をいったので今日の給食は食べさせないようにしてほしい〕とか〔ものをなくして見つからないので給食を半分だけ食べさせるように〕などの電話が良く入るが、本人に任せて黙ってみていると、継母の指示通りにしている。」

しかし施設に収容されて親の現実構成力が弱められると、ただちにこれとは別の現実構成が露出する。

「学校給食でご飯が出た時は全部食べる。パンとミルクの時は、もって帰ると鬼婆が食べる。もって帰らないと叱られる。」

子どもたちの現実構成は、交渉によって書き換えられるのではなく抑圧されるのだから、抑圧が弱まればこれとは異なった現実構成が露呈する。被虐待児の一般的な「変わり身の早さ」がどんな心理的メカニズムによるのかについては、具体的で細かな詮索が必要である。さらに両親による抑圧がかれらに受け容れられる心理的メカニズムについても、きめ細かな詮索が必要である。これについては次項で検討する。ともあれこの家族の現実構成は、抑圧的権力関係の下にあり、ダイナミックで相互的な交渉のうちにはない。「薮のなか」は、凝固家族の現実構成の特質がもたらす必然的帰結である。抑圧する力は、子どもたちが思春期に近づき、かれら自身が相対的にみてより強力な現実構成力をもつにつれて、必然的に強化されざるをえない。虐待のエスカレーションである。

教科書の紛失をめぐる意味の紛糾は、外から介入するもの、内で抑圧するもの、抑圧されるものの三者の争いである。つまり凝固家族での現実構成は、家族の内部と外部との現実構成の争いというより大きな文脈に編み込まれており、この大きな争いのいわば局地戦である。内外の現実構成の争いの焦点は、親たちが教育的配慮を担う家族構築主体でありうるか否かにある。ここでは家族そのものの存続を賭けて、深刻な争いが展開されるのである。

2）ラベリングの争いと相互性の欠如

家族と外部は、虐待かしつけかという意味づけないしラベリングをめぐる争いのうちにある。まず注意しなければならないのは、この争いは規範意識の共有なしには成立しえないということである。特定の規範の妥当性が争われているわけではない。家族と外部は、「家族は子どもを保護し養育し社会化する」という家族規範を共有している。これを前提として、両者は、一方の側（家族）のこの規範からの逸脱という他方の側（外部環境）の認定をめぐって争う。この争いは規範そのものの妥当性には向けられず、規範を自明の前提としたうえで、家族が家族として認定されるか否かに向けられるのである。

「お母さんは、校長先生と学級の先生が来て、ぼくをあまりたたかないように注意しますが、その時は〈はい〉といっていたのに、先生が帰ったら〈校長先生が何をいっても私はたたく〉と言って、なべでぼくの頭をたたきました。」

「学校と警察が親の承諾もなく、一方的に児童相談所に入れた。」

「…児童相談所には継母が執拗に電話を掛けてきて、A男の引き取りを迫った。しかし、児童福祉司の度重なる説得により、…両親はA男の養護施設入所を承諾し…」

「両親から……強く家庭引き取りを希望してきた。両親とも反省しており、今後は虐待行為はしないと約束もした。」

「さらに継母が、〈今後はこのようなことがないようにするので家庭においてほしい〉と頑強に主張したため、施設収容などの親子を分離するまでには至らなかった。」

「他の体の傷は親としての子どもに対するしつけの一環であるので、周囲からとやかくいわれる筋合いのものではない。」

「同日校長が家庭訪問をし、保護者と面接した結果、虐待の事実を認めたものである」

「同じ公営住宅に住む自治会長から警察に対して…通報があり、警察で身柄を保護したあとで、児童相談所へ処遇を依頼してきた…」

「施設入所は絶対させたくない。今後はしつけといえども限度をわきまえる。」

「…学校が夏休み中の出来事であり、近隣の住民が見かねて相談した結果、警察へ届け出たものである。」

「母が、……興奮した口調で、〔警察と校長が来て、嫌がる本人をまるで罪人扱いして連れ出した…〕と訴えた。」

「母は、児童相談所に何度か電話をして関係機関を非難し、B男の家庭引き取りを訴えたが、そのうち気分は落ちついた。そこで…家庭訪問をし、家族状況の把握や実情の調査を試みることになった。しかし、母は、いつも約束の時間には留守であり、…」

「冷静になると反省する点もある…」

「担当者が継父に会うため、母を通じて約束した日には、いつも夜遅く帰宅して、会おうとはしなかった。」

「〔男の子は宝〕と思って男児を大切に育ててきたのに、それを誰も認めようとしないと強調し……」

しかし虐待というラベリングをめぐるやりとりは、相互行為や交渉ではない。家族外の世界では、この家族への虐待家族というラベリングは、関係者たちが互いの認知を補完しあい補強しあう仕方で、ほとんど疑問の余地のない自明な共通理解として成立している。両親の言動がラベリングを懸命に否認したりある程度承認したりして状況に応じて異なっているのに対して、家族外部のラベリングは、家族の言動の差異にはお構いなしにかたくなに一貫しており一様である。父母の言動に苛立ちが認められるのは、この外部のかたくなさや相互性の欠如のためでもある。外部と家族とのかかわりが、ラベルを貼る側と貼られる側として固定化せず、両者に相互性や協同性があれば事態の進展は幾分異なっていたかもしれない。相互性の欠如は、外部からこの家族への介入のもっとも基本的で一貫した特性である。

外部からの直接的介入は、学校や警察や児童相談所によるものに限られる。収容施設では、子どもたちの受入れや心身の回復・養育のために、一定の組織的努力が払われる。しかし父母を含む家族全体への援助体制はまったく組織されていない。わずかな例外は、「児童福祉司が折に触れ指導」することであり、「機会を見計らっては担当していた保母が家庭訪問」することであり、「児童福祉司が必要に応じて指導する」ことであるが、これらはいずれも組織性や計画性を欠いた暫定的緊急避難的措置にすぎず、したがっていずれもいつのまにか消え入るようにして途絶える。

学校の家族との連携、被虐待児の家族分離・復帰のタイミング、施設での虐待児への治療的措置、児童福祉司の指導などの在り方については、それぞれに具体的に検討されるべきである。家族からの分離や復帰のタイミングは、事態の進行に対して遅すぎたり早すぎたりしているが、これは関連諸施設の連携の欠如や官僚制的硬化や状況適応性の欠如を示している。しかし、手持ちの制度資源で対応できる限度を見極めることはそんなに難しくはない。学校であれ施設であれ、今日の組織化の水準で被虐待児とその家族を全面的に抱え込み治療や形成に取り組むことには大きな限界がある。

虐待を専門に扱いうる組織と連携が、たとえ相互性と背反するシステム的制度化のみをより一層進めるものであるにせよ、まずは手始めに創りだされるべきである。

家族の内部関係の基本的特質もまた、相互性の欠如にある。今一度虐待される子どもの現実構成に着目してみよう。すでに、この家族における現実構成では親による抑圧的一元化が支配的であることを指摘した。しかし親の抑圧的構成が子どもたちに受け入れられる心理的メカニズムはけっして単純ではない。たしかに出来事の外見はきわめて単純である。子どもたちはまず、否認する親に同調して虐待という現実構成を否認する。しかしひとたび家族の影響力を脱して保護されると、かれらはただちにこの否認を取り下げ、虐待という現実構成を受け容れる。ところが家族の影響力が甦ると、もう一度頑固に否認が繰り返される。

「…理由を聞くと、家で転んだとか柱にぶつけたという。」

「来所時の極度の恐怖心も薄れたようで、しゃべりたがらなかった事実関係を口にするようになった。」

「父より継母の方がまだ良いが、継母も怖い。家には帰りたくない。施設で生活させてほしい。」

「…本人も希望したことから、…措置を解除し、家庭に引き取られた。」

「…警察から両親に引き取られると〔もう家で生活したい〕といい…」

「中学卒業と同時に、父は再びA男を家庭に引き取り、父と同じ職場で働かせ、現在に至っている。」

「B男は〈スーパーでころんだ〉といい、両親のことは〈怖い〉というだけで、他のことはなにもしゃべろうとしなかった。」

「あまり話したがらなかった家庭の様子を、口にするようになり、母を〈鬼婆〉とか父を〈あいつ〉とよんで…」

子どもたちは、状況の変化につれて虐待の事実の否認と肯定とのあいだを実にたやすく行き来する。なぜだろうか。ここでまず問われなければならないのは、虐待という現実構成が被虐待児自身によって否認される心理的メカニズムである。これを四つに分けて考えることができる。

・虚偽のメカニズム――虐待の事実を認めた場合の両親からの暴力的報復を恐れて嘘をつく。

・同調のメカニズム――父母の現実構成（虐待の否認）が唯一のモデルとして受け入れられて、その線に沿った証言がなされる。

・無関心のメカニズム――肉体的精神的暴力が集中的に加えられる苛酷な現実への防衛反応として、自己状況への無関心（現実からの“detachment”）が支配的であり、証言はそのつどの周りのおとなの意向に同調してたやすく色付けられる。

・実存的利害のメカニズム――自分の存在に意味と価値を付与する家族という唯一の居場所を守るために、虐待という現実を否認することが自分自身の実存的利害である。

否認が、この四つのどれか一つだけに由来するとは思われない。むしろ、そのつどに四つのすべてがそれぞれに規定力を及ぼしているとみるべきだろう。問題は、状況の変化に応じて否認から肯定へさらに今一度否認へという移行がやすやすとなされていることにある。この奇妙にスムーズな移行は、どう説明できるのだろうか。

子どもたちを吸引する家族の力はかなり強いから、説得力があるのは虚偽と同調のメカニズムであり、さらには実存的利害のメカニズムである。しかし否認と肯定との往復がひどくスムーズであることや一時保護時の子どもたちの様子を考えあわせるなら、説明根拠としては無関心のメカニズムがもっとも適切である。実際に関連研究の多くが指摘しているように、自己状況への無関心こそが、被虐待児のもっとも目立つパーソナリティ特性の一つである（Putnam, 1997）。さらに否認と肯定の振幅が大きいわりに移行がスムーズであることからすれば、個々の言明はあまり大きな根拠も決断もなしにただまき散らされているとみるべきかもしれない。この点でも無関心のメカニズムがうまく事態を説明する。

しかし、今一つのメカニズムがある。子どもたちがコミュニケーションによって状況を変えるなど相互性にもとづく自己統御の感覚を体験したことは、ほとんどないと推察される。ことばにはあまり意味も力もなく、たやすく言明されてはたやすく翻される。ことばの軽さは、両親の約束の軽さにも示されている。

「継母は多弁で人前では上手に対応し、ことばと行動には大きな差がある。」

「校長先生と学級の先生が来て、ぼくをあまりたたかないように注意しますが、その時は（はい」といっていたのに、……」

「両親ともに反省しており、今後は虐待行為はしないと約束もした。」

「今後はこのようなことがないようにするので…」

「今後はしつけといえども限度をわきまえる。」

「しかし、母は、いつも約束の時間には留守であり…」

「担当者が継父に会うため、母を通じて約束した日には、いつも夜遅く帰宅して…」

「…無計画で施設の信用を損ねる行動を多く取るために、施設職員の信用がなく…」

「またとくに母親は、自己を正当化するための虚言がある。」

「…離婚しているはずの夫婦には、女児が誕生した。」


この家族では誰も、相互性によるコミュニケーションをほとんど経験しない。ことばも約束もきわめて軽い。ここには先に述べた離人性もかかわっているとみるべきであろう。子どもたちの現実構成の浮動性もまた、このことばの軽さに由来するとも考えられるのである。虐待というラベリングをめぐっても、家族の内外でも家族内部でも（一方的な言明はあっても）およそ相互交渉はない。一方的なラベリングの過程を通して、家族は社会的文脈から孤立し、硬化した統合性を獲得し、凝固家族となるのである。

3）ラベリングの作用――制度化と凝固家族の成立

ラベリングをめぐる争いのもつ意味を、家族の外部と内部それぞれについて検討してみよう。まず外部について。この争いは関連諸組織の制度化を進める契機である。諸組織は、虐待家族のラベリングによって家族認定を取り下げると同時に、当の家族に代わって自ら養育機能を引き受けさせられ、実務的な力の限界に直面し、新たな制度化へのきっかけを与えられる。たとえば家族に継続的に治療的にかかわる制度はまだほとんどなく、できることは緊急避難的措置に限られる。この不備は、関係者たちの胸を刺のように刺し続ける。この事例を含めて関連事例のすべては、私たちに制度的組織化の不備を告知する。多方面から懸命にいくどとなく繰り返し求められるものは、いずれ制度化されるだろう。たしかにこの制度化は、家族とのあいだに相互性の欠如した一方的権力関係を前提として進められるのであり、その制度化の帰結はさしあたっては学校複合体のより洗練されたシステム化であるだろうが。

次いで家族にもたらす作用について。家族に介入するのは、近隣、警察、学校、病院、児童相談所、施設などである。いつも「善意」にみちたこれらの社会的な力と対抗して、両親は家族境界を創出し、家族は凝固家族になる。虐待という一次的逸脱は、善意の諸力によって二次的逸脱判定を受け、虐待家族というラベリングとなる。ラベルを貼る側と貼られる側には相互性はない。しかも両者の社会的な力や権威の面での力関係は貼る側の圧倒的優位のもとにあるから、虐待家族という非家族認定は、逃れようもなく成功裏に貼りつけられる。こうして家族は、通常の社会的相互作用の文脈から一方的にはずされる。家族の側は、ラベリング（二次的逸脱認定）を拒否して外部との境界をより一層強固にし、境界内部を統合する。典型的場面を今一度引用しよう。

「お母さんは、校長先生と学級の先生が来て、ぼくをあまりたたかないように注意しますが、その時は〔はい〕といっていたのに、先生が帰ったら〔校長先生が何をいっても私はたたく〕と言って、なべでぼくの頭をたたきました。／…お父さんとお母さんは口でいうだけではなく本当にするんだなと思いました。」

境界が強化され、内外の分裂が固定化される。外部からの切断と孤立によって、家族は凝固する。この凝固性は、ほかならぬ虐待によって家族の内側からも繰り返し補強される。凝固家族は、ラベリングをめぐる家族と外部との抗争によって、さらには家族内部における虐待の繰り返しによって、再生産され確立される。次には後者の内的メカニズムをみてみよう。

4　祭儀としての虐待――凝固家族再生産の内的メカニズム

虐待家族という社会的非家族認定をきっかけとして境界を創出し外部を敵対的なものとして締め出した凝固家族は、外部との生産的交流から疎隔される。この自閉的孤立のなかで緊張を失った家族の人間関係は緊密さを失い、解体への歯止めをもたなくなる。この疎遠さや解体の危機を、「犠牲の羊」戦略としての虐待がかろうじてつなぎとめる。本項ではこの内部過程を検討しよう。

1）祭儀としての虐待——「犠牲の羊」戦略

ジラール（1982）は、共同体構築のための「犠牲の羊」戦略について論じている。つまり「その内部で差異が消失して危機に陥った社会は、無実の人間を犠牲者に仕立てあげ、これに全員一致の集合暴力を加えることによって、秩序を回復する」。この定式化における「差異の消失」や「危機」については、次のように説明されている。

「社会制度の解体は、階層や機能におけるさまざまな差異を消失させたり押しつぶしたりするので、そこではあらゆる事物が単調であるとともに醜悪でもある様相を呈することになる。危機に瀕していない社会においては、現実の多様性と一定の交換体系とがともに、差異の存在を印象づけている。この交換の体系は、かならず互酬性の要素を含んでいるが、互酬が社会の表面に現れるのを遅らせ、したがって隠蔽している。そうでなければ交換の体系、いいかえれば文化を構成することはできないのである。」（織田年和他訳）

差異は、役割関係の分化や役割分化を担う個性差に認められる。差異が消失する危機は、この事例の場合には外と内の双方からもたらされる。外からもたらされる危機とは、虐待家族というラベリング（つまり家族認定の取り下げ）による役割正当化根拠の剝奪である。内から発生する危機とは、人間関係の疎遠さによる役割分化の意味喪失であり、さらに子どもたちが次々と思春期に達することによる家族周期上の危機である。以下では、この二つの内部危機、全員一致の暴力、秩序の回復など、ジラールのいう犠牲の羊戦略を構成する諸要件について順次検討することにしよう。

(1) 疎遠さの危機と虐待

この家族の人間関係の特質は、離人症的ともいうべき疎遠さにある。肉親らしい暖かさや親しみはなく、互酬性ないし相互性の成立する余地もなく、したがって差異と交換の成立する基盤そのものがきわめてもろい。この意味でこの家族は、つねに解体の危機に瀕している。疎遠さの発生機序を正確にたどることはできないが、その起源へと精一杯遡行するなら、おそらくは両親の幼時体験に行き当たるだろう。疎遠さの世代間連鎖である。もう少し踏み込んでいえば、両親には、人間関係が深まりそれぞれの内的世界にまで深く食い込めば、かろうじて統合されている内的世界がもろくも破壊されかねないという、深刻な不安ないし恐怖があるとも推察される。疎遠さはこの不安ないし恐怖への防衛反応である。疎遠さが日常化すれば、家族の全成員は対人関係能力に傷を受ける。家族の役割関係などの差異は、相互性によって十分に支えられず、相互性を生み出す契機ともなっていない。差異は関係の疎遠さのなかでかろうじて外形だけ維持されており、互いに差異を承認しあい生かしあう生産的相互形成的機会はおよそすべて失われている。硬化し凝固した差異は維持されるが、相互性と互いに支え合う豊かな差異には存在の余地はない。このことは神田橋條治(1984)の次の議論と関連する。

「何時、何の本であったかは定かではないが、次のような考えを読み、面白いと思ったことがあった。精神病理学の範疇の考えであった。健常人にあっては、自己の心身の活動は自己に所属し自己によって統御されているものである。そうした調和が崩れ、心身の活動の自己所属感が失われた状態が離人症であり、自己統御感が失われたのが恐怖症・強迫症である、という考えである。この図式の〔心身の活動〕のかわりに〔人生〕を置いてみると、所属感と統御感に不可分の関係があることが判る。ごく実務的にいうと、自己の人生の自己所属感を増大するには統御感を増すのが有効である。そして、人生の岐路における決断作業は統御感に耽るための近道である。さまざまな賭事の核心は人の実存のテーマに連なっているのである。」(238-9頁)

この家族では、成員たちの行動の自己所属感や自己統御感はきわめて乏しい。離人性や整理整頓・清潔への強迫性などは、この欠如の原因であり結果である。神田橋はこの惨めさを突破する方途を、統御感に耽る決断作業や賭事（父親のパチンコ！）による自己所属感の回復にみる。虐待は、親たちが自己統御感を増大させる手段でもある。虐待による親のフィクショナルな自己統御感は、虐待される子どもたちの側にも確実に伝達される。

「お父さんとお母さんは、一度いったらかならずそのようにするといつもいっていますが、……口でいうだけでなく本当にするんだなと思いました。」

しかし人生の所属感を獲得するためには、なにも自己統御感を回復するという迂路をたどる必要はない。もっと直接的な方途もある。前章で青年に関連して述べたように、目眩や極度の苦痛などを体験することによって、宙空に浮いている自分の身体を地上に取り戻して離人性を脱し、直接に自己所属感を獲得することも可能である。賭事は目眩の意義をもつ。虐待もまた非日常的な目眩と苦痛を引き起こして、虐待する側にもされる側にも一挙に自己所属感を回復させる。虐待は、家族が自己所属感と自己統御感をえて自分たちを今一度まとめあげる（イニシエーションの擬制的再現としての）非日常的祭儀である。

②　家族周期の変遷と虐待

疎遠さによる差異の消滅という日常的危機に加えて、今一つの家族周期上の危機がある。通常なら子どもたちが思春期へ到達するとともに、親たちも中年危機を経て安定期に至り家族構成の仕事から徐々に手を引き始める。いくぶんともこれと同じ機制が働くなら、この家族の疎遠でスタティックな関係には、深い亀裂が走ることになる。この危機に対処する方途としては、第一に家族成員の変化を受け入れて、家族の人間関係を相互性による意思疎通へと再構築すること、第二に自立する子どもたちを順次境界ないし周辺に祭り上げ隔離すること、第三に自立性を徹底的に抑圧すること、この三つがある。この家族は後の二つの方途を取る。それにしてもこの虐待は、家族の人間関係にどんな作用を及ぼすのだろうか。それは自立性の抑圧による危機回避に限られるのだろうか。

親たちは、疎遠な関係が惰性化して差異の消滅に瀕した家族の人間関係を、今一度虐待というカンフル剤を打つことによってまとめあげる。虐待は、日常性（ケ／気）の惰性的持続による頽落や衰退（ケガレ／気枯れ）を癒す非日常的祭儀（ハレ／ケガレオトシ／気の充塡）なのである。祭儀は、〔…ケ…ケガレ…ハレ…ケガレオトシ…ケ…〕という無限循環を駆動する。この循環は、日々の生活のなかで年中行事をけじめとして繰り返されるとともに、ライフサイクルにおいても幾つかの結節点をけじめとして繰り返される（波平恵美子 1992）。後者のライフサイクルの観点からみれば、この事例での虐待は男児たちにとっては無際限に引き延ばされたイニシエーション儀礼でもある。イニシエーションの基本的機制は、（儀礼を受ける者の苦痛と血を介する）子どもとしての死とおとなとしての再生である。虐待は、実存的再生に結びつくこともなしにただ際限もなく繰り返される苦痛と血であり、死である。

③　全員一致の虐待と凝固家族の成立

この家族では虐待について全員一致の共犯性が認められる。父母は、自分たちの反復強迫によって互いに癒合し、虐待に向けて強固な共犯関係にある。長女や虐待後のA男に典型的にみられるように、虐待をとりまく子どもたちにもまた消極的容認という共犯関係がある。それればかりではない。たとえば虐待の否認をもたらす四つのメカニズム――虚偽・同調・無関心・実存的利害――にみられるように、虐待する側と虐待される側の意思さえも、奇妙なことにたびたび一致し共犯関係をかたちづくる。全員一致の共犯性を前提にして、犠牲の羊戦略による秩序の回復というメカニズムが作動する。この家族は、離人性と家族周期上の危機を免れるために虐待を繰り返し、さらに外部からの否定的ラベリングによる家族解体の危機をも虐待による境界構築によってのりこえる。こうして虐待によって人為的に人間関係を固定化する凝固家族が成立する。

この家族には、虐待の際限のないエスカレーションを不可避にする仕組みがある。まず、家族周期の変遷と外部からのラベリングは、虐待の持続へ刺激を与え続ける強力なモメントである。虐待は制度化される。しかし虐待の際限のない反復は、その爆発的な日常性の突破力を次第になだめすかす。制度化された虐待は日常化し無力化されるのである。無力化に対抗するために、虐待の頻度と強度がエスカレートする。制度化されエスカレートする虐待の極限に展望されるのは、被虐待児の死かあるいは家族そのものの死である。

2) 凝固と生成のあいだ——暴力としての虐待

家族のあり方は、家族周期の変遷や外部との相互作用によって不断に流動し生成する。その人間関係は、流動や生成の基盤であるとともに、流動や生成によって再編成される。家族の役割関係は、その人間関係を繰り返し編成し直すという力仕事をかなりの程度に負担免除する。役割関係は一定程度固定化されて流動的生成的変化を統御するが、少し大きくみるならこの変化によってその内容を徐々に変えていく。家族は、流動的生成的にその姿を変えつづけるが、そのつどの具体的な存在様態は、一方の極である生成する相互性と他方の極である制度化された役割関係とのあいだのどこかにある。凝固家族は、相互性と役割関係のこの力動的相補的なかかわりを暴力的にせきとめて成立する。凝固家族がダイナミックな生成過程にいたりつくためには、どんな条件が必要なのか。これについて考えるために、まず虐待という暴力のもつ力についてまとめて考えてみよう。

ある行動が暴力と規定されるのは、その行動に妥当性がないとみなされるからである。妥当性には二つのレベルがある。目的の正当性（正義）という自然法のレベル、手段の妥当性（合法性ないし適法性）という実定法のレベルである。ただし前者の「自然法」の内実は、そのつどの社会的合意である。たとえば学校での「体罰」には、現行法では合法性がない。したがって目的の正当性（体罰か教育的指導か）について判断が下されれば、合法性について争う余地はない。合法性のある体罰、合法性のない教育的指導などはありえない。虐待も同様である。虐待認定においても目的の正当性（しつけか虐待か）について判断が下されれば、合法性について争う余地はない。虐待のラベリングは、自然法的正義に名を借りた社会的合意によって、抗弁の余地なく貼りつけられるのである。

虐待には正義も合法性もない。ベンヤミン（1965）によれば暴力は、ある場合には法維持的（rechterhaltend）であり集団を維持し再生産するが、別の場合には法制定的（rechtsetzend）であり集団を再構築し制度化する。前者は通常は体制を維持する側の暴力であり、これを適用すれば虐待は家族にとって法維持的である。さらに、犯罪の存在そのものが法秩序を維持するというデュルケーム（1973）的な意味では、虐待は家族の外部にとっても、（家族を基礎とする）社会秩序の存在を逆照射しそれを維持するから、法維持的である。しかしそれだけではない。第１章でみたように相互性の欠如に反応するＺの爆発的活動性は、相互性かシステムかのいずれかを生み出させる仕方で学校複合体を再編する。虐待もまた、このような意味で法制定的でありうる。虐待に向けて関連制度が総動員され、防止法が制定される。虐待にはこれだけの力がある。それでは虐待が家族そのものにとって法制定的であり得るチャンスは存在するのだろうか。

家族にとってこのように機能するチャンスは、虐待事例を詳細に見直してもあまり定かにはみいだせない。ただ虐待を生み出す力が家族生成を可能にする力に転化する可能性はある。たとえば、両親は反復強迫的に癒合し時には否定的な元型的力に憑かれているが、現実へ全面的に不適応であるわけではない。二人は、ある程度こみいったラベリングをめぐる抗争にさまざまな術策を用いて参加できる。この適応力は、場合によっては虐待からの解放力として働くかもしれない。両親以外の家族は、虐待を消極的にではあれ承認している。凝固システムを変えるためには、家族メンバーすべてとのある程度恒常的で組織的な治療的付き合いが必要である。そしてこのような治療的接近を可能にする希望もないわけではない。まず家族周期の変化が、家族の人間関係を相互性に向けるきっかけになりうる。思春期に達した子どもたちの爆発的な力、中年危機を脱した両親の力などである。さらに新生の希望は、たとえば母の叱責にもめげず「走り回っている幼い子どもたち」に、そしてB男を「かばう妹」にも認められる。否定的なものの反復強迫に屈しない新しい力である。家族を援助しようとすれば、これらの力と結合しなければならない。このような力との結合によって、虐待する力が、法制定的に家族生成へと転化しうるかもしれない。

虐待を呼び起こす力、虐待する力にはつねに、家族成員の共有する「状況を生み出す力」が働いている。家族の凝固からの離脱もまた、この状況構成力を生かしてはじめて可能になる。こうして虐待事例を検討することによって私たちは、家族の生成と危機と解体の基本的メカニズムをとらえ、近代家族の静態学と動態学とを同時に展開することができる。虐待事例は、家族の相互性とおとなの生成問題を議論することを可能にするのである。

3　家族の生成とおとなの人間形成

第1章でのZ事例という家族解体による「漂流事例」に対比していえば、本章の事例は、家族凝固による「定着事例」である。私たちがとくに焦点づけたのは、凝固家族の発生する基本的メカニズムである。家族がどんなメカニズムで生成するのかについては、凝固メカニズムに関する議論の向こう側に、ぼんやりとではあるが徐々にイメージが結ばれつつある。以下では、この家族生成のイメージの概念的把握を試みてみよう。

1　家族の生成と相互性

1）家族の自己規定と生成

家族とは何かについて正面から考えるとすぐに、この問いに答えることがきわめて難しいことがわかる。この難しさこそが、むしろ今日の家族に固有の存在様態をあらわすと考えるべきである。家族規定の典型例は、以下のようなヘーゲル（1970）の論である。(3)

「家族は、精神の〈直接的な実体〉であるから、ここには、自覚する精神の統一、つまり〈愛〉がある。これが家族の規定になる。この結果、統一において一個の人格として対自的に存在するのではなく〈成員〉として存在するために、家族の心情は、精神の個別性の自己意識を――〈ま

さにこの家族の統一において〕即自的かつ対自的に存在する本質として――もつことができる。」（一五八項）

「〔レヒト〕は、家族の統一にもとづいて〔個人〕に与えられるものであり、さしあたっては統一そのものにおける個人の生であるが、この〔レヒト〕が、〔特定の個人〕という抽象的局面の〔形式〕、つまり〔適法性〕という〔形式〕をとって現れるのは、家族が変化して解散に向かい、成員であるべき人々が心情と実生活において独立した人格になり、かれらが特定の時に家族のなかで形成したものが今や分離し、それゆえただ外面的諸側面（財産、扶養、教育費など）からだけ維持されるようになった場合に限られる。」（一五九項）

「家族は、三つの面――①その直接的概念である〔結婚〕という外形面、②家族の〔所有〕と〔財産〕およびその管理という外面的な生活面、③子どもの〔教育〕と家族の解散という面――で、自分自身を完成させる。」（一六〇項）

この引用で列挙されている項目をみると、家族の外枠（結婚、所有・財産、教育・解散）と内容（愛）について今日さまざまに語られる項目が、家族周期の力動面を含めて実に包括的によくまとめて述べられていることがわかる。近代以前、家族は生産を含めた諸機能をもつ自立的な生活単位であり、しかも私たちの知るようなプライヴァシーをもたなかった。家族のもつ多数の機能は、近代以降、基本的な情緒的つながり、成員の再生産、基礎的社会化などに切り詰められてきた（Parsons and Bales, 1956）。この変化の大きさからすれば、近代家族は、前近代家族の機能的縮小の所産というよりも、むしろ質的にまったく異なった集団とみるべきかもしれない。この観点からヘーゲルの引用を読み返してみると、これは機能的に縮小した近代家族についての包括的規定であることがわかる。

「相互性」というタームを用いた本書での家族をめぐる考察はすべて、ヘーゲルのいう「自覚する精神の統一」としての「愛」とかかわっている。つまりこの愛は、自立する限りで結び合う個人たちからなる相互性のありかたと考えられるのである。家族においては相互性の統一する愛においてこそ、私は私でありうる。この統一を離れ新しい統一のもとで私が私でありうるとすれば、家族は解散する。漂流家族、定着家族の基本的特性は、この相互性ないし愛の欠如にある。これを私たちはしっかりと共有しているのだろうか。残念ながら今日では、家族の内外を区切る消極的な意味での愛——つまり内にはあって外にはないものとしての愛——についてさえ、ほとんど何の共通理解もない。これを典型的に示しているのが、教育的配慮の有無をめぐるラベリングの抗争である。ラベリングの抗争では、愛や教育的配慮という空虚な言葉がただ空虚に振りかざされ、その有無が権力関係のもとで判別される。たしかに、たとえ教育的配慮という限定された意味においてであれ愛を排除すれば、家族の実質はただ結婚、財産、教育といった外形だけになる。しかし虐待家族にみられるように、ここで語られる肝心の愛なるものは、外から有無の判別されるごくつまらないモノでしかない。愛についての私たちの共通理解には、相互性の実質をなすような具体性と内容が欠けている。私たちは何が家族かという定義について、教育的配慮といった無意味で空虚な判定基準しかもってはいないのである。

しかし何が家族かという問題のみではなく、どこまでが家族かという問題についてさえも一般的な了解はない（上野千鶴子 1986）。わが国では、「長期間一緒に生活しているが婚姻の届けをしていない男女」や「単身赴任していてほとんど行き来のない夫婦」や「娘が結婚し夫の親と住んでいる場合の親と娘」や「愛情を込めて育てているペット」などが家族であるか否かについては、意見が鋭く分立している。家族についての一般的了解は成立しておらず、きわめて多義的な了解が競合しているのである。

この状況のもとでは、たとえば父役割や母役割などを規定する一般的役割期待もまた存在しない。私たちはこれらの役割を演じながらしかも同時に自分たち自身で不断にその役割の定義を試みるほかはない。家族について一般的に定義することはできず、むしろ家族を定義することそれ自体が課題としてそれぞれの家族の成員にゆだねられている。家族は一定の規定の下で安定して存在しているのではなく、それぞれの成員の自己規定という限りのない生成と流動のプロセスのうちにある。自己規定が可能でありしかも実効的であるためには、家族のなかに互いの主体的な状況構成を可能にし支え合う相互性がある程度存在していなければならない。役割行動の確立とともに、それを支える相互性そのものもまた確実なものとなるのである。家族の役割関係と相互性はつねに生成的流動的連関にある。

それでは家族成員の行動を規制する一般的規範は、まったく存在しないのか。そうではないことは、これもまた虐待をめぐるラベリング抗争ですでにみたとおりである。この争いは、家族の成立要件に関して一定の規範的合意（教育的配慮の保持など）が共有されていない限り生じえない。家族成員の役割の自己定義という生成過程は、既存の役割規範との拮抗によって進行するのである。

2）家族の規範と相互性

中沢新一（1994）は宮松浩憲の議論（1993）を援用して、「〔ブルジョア〕の語源である〔ブルグス〕や〔ブルゲンシス〕は、いずれも外からの影響力を防いで、城壁の内部に快適な均質空間を作り上げようとする、初期ブルジョアの精神構造を反映している」という。しかしアリエス（1973）のいう「大きな家」における私的空間の創造は、公私の区別のない無規定な空間のうちにその私的空間から排除される公的空間を産出しながらすすめられる。ハーバーマス（1990）やデュルケーム（1986）が論じているように、私的空間の成立は、居住空間内部での公的空間（応接間／客間）の成立と同時的かつ並行的な出来事である。

近代家族を構成する要件として比較的良く挙げられるのは、公的領域からの私的領域の分離である。しかし完全な分離は生じない。居住空間内部での私性と公性との同時発生という歴史が象徴しているが、家族という私的自由の場には、公的必要性が深く侵入している。これこそがむしろ近代家族の特質である。たとえば「シャドウ・ワーク」（Illich, 1980）が含意しているように、近代家族では、家事労働の負担が公的強制力をもって特定の家族成員（多くは女性）へ要求される。このことは新来の成員の社会化という仕事をみるともっとはっきりする。社会化とは、「社会の心理学的代理店」(Fromm, 1980) である家族が、日常的相互行為によって新たな成員にその社会で適切なものの見方や感じ方、感情や思考や行動の仕方などを学ばせ、所与の世代連関に組み込むことである。社会化を支えるのは、ショーター流にいえば「ロマンティック・ラヴ」、「母性愛」、「家庭愛」などの情緒的つながりであり (Shorter, 1975)、アリエス流にいえば「教育的配慮」をもたらす「家族感情」である (Ariès, 1973)。こうして情緒的結合という内奥深くまで公的なものに浸潤された「私的」な近代家族は、「公的」な学校複合体のうちに不可欠の下位システムとして組み込まれるのである。

家族における公性と私性との分離と癒合もまた、否定的ラベリングをめぐる争いに示されている。ヘーゲルやパーソンズの家族規定にみられる〈教育的配慮をもって基礎的社会化を達成すべきだ〉とする一般的規範ないしレヒトは、今日ではどんな家族にも共有されている。外部環境によってこのレヒトからの逸脱認定をこうむると、家族は学校複合体の下位システムからはずされる。この否定的ラベリングは、家族を外部環境から切断し孤立させ、内部から公的なものを引き上げて、その内的統合を危うくする。一般的な家族は、公的世界への「従属者／主体」(sujet/Foucault) であり、公的レヒトによってまとめあげられる。これに対して虐待家族は、公的世界への「敵対者／主体」として病理的逸脱的にしか統合されない。虐待家族という自閉する私的世界は、放置すればただひたすらに貧困化するほかはないのである。

今日の家族では、親役割などの個別役割に関する細かなレヒトは、あまりはっきりとは共有されていない。これに対して「教育的配慮をもつ家族」といった公的レヒトは、強固に共有されている。同じようにわが国で暗黙のレヒトとして共有されているのは、結婚すべきだとか、子どもを生むべきだとか、離婚は避けるべきだとか、老親は扶養すべきだとかの世間的規範である。これらの暗黙のレヒトの統制力は若干は衰えながらもなお強力である。家族の全員に、暗黙のレヒトへ応答する役割遂行が求められ、同時に、役割遂行を支え補完する相互性の賦活が求められる。このような家族の養育は、今日の教育システム全体のうちでどのような位置にあるのか。

2　近代教育としての家族の養育機能と相互性

巨大な学校複合体の下位システムである家族の養育活動は、この複合体の教育機能の枠内にある。学校複合体の教育（近代教育）は、「賢くする」という啓蒙主義的理念の下で、子どもの受動性・客体性から能動性・主体性へ向かう自律化の過程――「発達」――を助成する営為である。自律化とは、操作されるものから操作するものへの変化である。ここには、教育的配慮にもとづく操作性の有無を基準として、教育主体と学習主体とのあいだに非対称性がある。つまり教育主体と学習主体という役割分化は教育的配慮の有無によるのであり、学習主体は、教育主体の助成する学習を通して教育主体へと発達するのである。しかしカントのいう自律性が自然的傾向性の自発的抑圧を含むように、教育主体の自律性には、実のところ自分自身への操作的支配と従属が不可欠の契機として組み込まれている。自律する操作主体は、普遍的なるものの代行者であり、一般意志や良心や集合表象に従う者である。教育主体への自律化主体化は、何らかの普遍性への内的隷属である。この教育主体・学習主体の内的隷属は、家族や学校や施設などの学校複合体への隷属という事態にうまく適合する。

非対称性は、教える者と学ぶ者、おとなと子どもにばかりではなく、意識と無意識、男性性と女性性、健康と病、文明と野蛮、西欧と非西欧などにもみられる。いずれの場合にも受動的後者から能動的前者への変容が、“Entwicklung”や“development”(「開発」ないし「発達」)とよばれる。しかし非対称的分離によって貶められているのは、後者(子ども、無意識、女性性、病、野蛮、非西欧)ばかりではない。非対称性は、たとえば主人と奴隷や植民地と本国の関係などのように、サディズム／マゾヒズムの絶対的相互依存をもたらす。前者(おとな、意識、男性性、健康、文明、西欧)もまた後者への依存状態に貶められているのである。

養育や教育において学習者の主体性は、たとえば(好きでもないのに好きにならされる)誘惑術などによって、人為的操作的に作り上げられる。教育者の主体性もまた、(「私がこの子を立派にする」といった)教育的配慮をもたされて、学校複合体という全体へ自発的に従属する被操作者のそれである。それればかりではなく、相互依存の問題がある。教育的配慮は学習主体を隔離し統制するが、教育主体もまたその外見上の主体性とは裏腹に、学習主体による権威の承認なしには主体として存立しえない。各家庭での子ども世代の自立にともなうもっともありふれた家庭劇が示しているとおりである。もっと端的には、対教師暴力などにみられるとおりである。一般的にいえば、先の二つのグループのうち後者（子ども、無意識、女性性、病、野蛮、非西欧）から分離されて存在の実り豊かな全体性から疎隔される前者（おとな、意識、男性性、健康、文明、西欧）は、存在可能性のうちあまりにも多くを惨めにスポイルされている。この貧困な発達や開発から脱却し、全体性への生成を回復するためには、非対称性が無効にされる地点、すなわち相互性に焦点をあてる必要がある。おとなの人間形成は、この全体性への生成ないし相互性に関連する。

ホスピタリズム事例と虐待事例にともに認められるのは相互性の欠如であるが、この二つはその極端さによってかえって標準や平均の実質的内容を浮き彫りにし、わけても私たちにとって自明な家族がどのように再生産されるのかを見事に示している。この二つの事例でまず問われるのは、親がいるかどうか、さらにかれらが教育的配慮を担うかどうかではない。先立ってあるのは、学校複合体という巨大システムであり、これに逃れようもなく組み込まれた家族において先行世代は、役割規範として後続世代への教育的配慮をもたされる。家族は親となり子となる。学校複合体のうちでは誰も、この意味で教育主体であり学習主体であることを免れることはできない。学校複合体は、もっとも根本的な理念である教育的配慮によって、子どもばかりではなくおとなをも作りだし、しかも場合によっては両者の分裂を固定化しその流動性を堰き止め、生成力の発現を妨げる。その否定的な作用の極端な例が、漂流家族であり凝固家族である。虐待事例での両親は、必然性に促されて虐待を繰り返しながら、それを自分たちの教育的配慮の表現と意味づけて「教育主体」であることによって、何とか家族を維持しようとする。他方、Z事例が示すように、親がいない場合にはシステムそのものが、教育的配慮によって構成される場を何とかして創出しようと痙攣的に努力する。学校複合体のすべての場面において教育主体と学習主体の非対称的役割分離が生み出され、近代教育の基本的構図が繰り返し再生産されるのである。

しかし二つの事例の細部をみると、役割分裂の固定化によるシステム化は、けっして日常生活の隅々までを浸食しているわけではないことがわかる。凝固家族の場合のように役割分化が病的に固定化され関係者が身動きとれなくなるのは、きわめて稀な例外でしかない。むしろどんなシステムにあっても、そこはいつでも相互性への志向性でいわば「虫食い」だらけになっている。日常生活ではどんな場面においても、システム化への動きと相互性への志向性がダイナミックに入り混じりあう。凝固家族においてすら、虐待を教育的配慮と読み替えようとする両親の切実な志向性は、システム化と相互性との二つの方向に引き裂かれたかれらの存在状況へのかれらなりの懸命なリアクションである。養育と教育における配慮や主体形成は総じて、このダイナミックな日常的生起において把握されなければならない。

3　おとなの人間形成論

以上の考察を前提にして、おとなの人間形成について論ずることが可能になる。しかしおとなの成熟は、異世代間の相互形成だけによるわけではない。おとなはこれを超えて孤独な自己実現を達成するという課題にも直面するのである。

1) おとなの異世代間相互形成と事実的規範としての成熟

教育的配慮の保持を強いる規制力が確実に存在するのにひきかえ、親役割をきめ細かく具体的に規定する規範は、一般的な形では存在していない。親は教育的配慮を引き受けさせられ教育主体としての親になるが、しかしこの規制力は、親の行動の隅々まで細かく規定しはしない。親は、子どもたちに向き合いつつ、細かな役割の解釈や交渉をおこない、いくぶんかは自分たち自身で親役割を創造していく。かれらは、未成熟な子どもの存在に応えるために、子ども自身が責任の主体へと成熟することを可能にするような代理の責任を引き受け、それによって自分たち自身が責任の主体へと成熟する。

親の親としての成熟の成果を、エリクソンは、ケアとかジェネラティヴィティとかとよんでいる。しかしケアやジェネラティヴィティは、規範と事実とを混同するものとして非難を浴びかねない。かりに大半のおとなが親であるという事実からおとなは親としてのケアやジェネラティビティをもつべきだという規範を導出するとすれば、それはたしかに自然主義的誤謬である。しかもこの誤謬には、生物学的に母であることが母性的ケアやジェネラティヴィティの担い手でありうる根拠でもあるかのような悪辣な謬論も含まれうる。この議論は実は、私たちにとっても大きな関心事である。それというのも、本書で用いてきた相互性という中心概念もまた、エリクソンの用語やハーバーマスの「理想的意思疎通」に関する立言と同様に、規範ともつかず事実ともつかないきわめて曖昧な概念として同様の非難を浴びかねないからである。

まずハーバーマスの議論（1973）を取り上げてみよう。彼は、「強制のない、治療的でゆがめられていない意思疎通という考え方」、「自律する自我と解放された社会」、「強制されることなく自分と同一化する自我という理念」などの規範的立言を繰り返している。そしてこれらの規範設定は、次のような論理で正当化されている。

「意思疎通に向けて社会化された諸個人の社会的文化的な生活形式は、〔どのような〕相互行為連関においても、純粋な意思疎通行動という〔超越論的仮象〕（der transzendentaler Schein）を生み出す。同時にこの生活形式は、〔どのような〕相互行為連関に対しても、その相互行為そのもののうちにうけいれられている妥当性要求が談論を通して検証されるような理想的言語状況の可能性を、その構造のうちにくみこんでいることがわかる。」（S. 153）

具体的に遂行される意思疎通においては、参加するもののメタレベルの了解のうちにすでにあらかじめ、理想的意思疎通という理念が先取りされている。だから、理想的意思疎通という「理性への党派性」は、私たちの日常生活のうちに正当化の根拠をもつ。こうしてハーバーマスによれば、公共的談論への参加は、私たちの生そのものによって必然づけられる。同様のことは、エリクソンのいう八つの基本的「徳」（virture）についてもいうことができる。それぞれの徳とは、日常生活のなかでライフサイクルの八つの危機に直面する私たちのうちに否応なく結像する超越論的仮象としての事実／規範である。

おとなの成熟という規範を、生活現実を無視して生活の外側からもちこまれる超越的規範として語ることはできない。そのようにして語られる規範がどんな妥当性も実現可能性ももちえないことは断るまでもなくあきらかである。おとなの成熟は、外在的超越的規範ではなく、生活現実に自生的に根差す規範（事実／規範）でなければならない。事実性と規範性との混在は、規範がこのようにして生活に密接に関連した形で語られる結果であるとすれば、誤謬であるというよりも、むしろ不可避のパラドックスであるといわなければならない。ハーバーマスのいう理想的意思疎通とエリクソンのいう徳はともに、このような意味での事実／規範である。

エリクソン（1959）によれば、胎児ですら妊婦への夫の配慮を呼び起こすパワーをもっている。教育的配慮も、教育と学習の主体も、このような力動的生成的な異世代間の相互性のうちにある。この相互性をジラールのように日常的交換の根底にある互酬性といっても良いし、ヘーゲルのように家族の自覚する精神の統一としての愛といっても良い。本書では二つの事例を手がかりにして相互性とその破綻について考えてきた。ここにはほぼ同型的な人間形成の構造が認められる。それは、不断に自己超越し全体化する全体としての人間、そしてこれを支える信頼の連関、最後に、支えることへの成熟などである。相互性は、どんなに高度にシステム化された制度にあってもつねに、日常的な役割行動場面において相互行為を導く規範として結像し、状況を構成する力として実効的に機能する。相互性もまた、日常生活においてつねに所与の規範であり、いわば事実的規範（事実／規範）なのである。

家族は不断に流動し絶え間なく生成する。流動や生成の契機は、第一に、家族の内外にある公性と私性とのあいだの不断に変化する緊張にみちた拮抗であり、第二に、家族成員の生物生理学的なからだの変化がもたらす危機である。両者の交わるところで、家族周期にそったさまざまな危機が発生する。この危機に際して家族は、システム役割を再編成し、相互性をあらためて賦活しなければならない。このような再編成が繰り返されることによって家族は不断に生成し、家族メンバーすべての成熟が可能となる。成熟や発達や開発は、この不断の生成のうちにある。成熟や発達や開発を、はっきりと分離できる何らかの「実体」から「実体」への変化と考えるわけにはいかない。それはさまざまな規定をこうむりつつ生成し流動する人々が、これらの規定へリアクトを繰り返すことによって徐々に生成していく過程そのものなのである。

2) おとなの自己実現と相互形成

しかしそれだけではない。おとな期にライフサイクルの頂点に近づくにつれて、未来展望は否応なく死を射程に含んでくる。残された時間は限られてくるが、かといって人生をやり直す余力もまた徐々に失われてくる。中年危機症候群の中核には、「やり直したいけれどやり直せない」というジレンマがある。おとなは、自分のまきこまれた関係へのリアクトを超えて、自分を意義づけるものへリアクトを試みる。これをユング流に自己実現と呼ぶことができる。この自己実現と異世代間の相互形成を通してのケアやジェネラティビティへの成熟はどのように関わるのだろうか。

子どもは、おとなの代理責任の防壁のうちで冒険を通じて徐々に主体へと成熟する。おとなはこの関係のこちら側で、子どもにリアクトする「責任」の主体へと成熟する。これと同様の相互性における成熟の機制は、おとなと青年、さらに次章でみるようなおとなと先行する老人世代との間にも認められる。おとなは先行世代や後続世代からのリアクトを促す呼びかけにリアクトすることによって成熟する。しかし同時におとなは、自分の生を意義づけるものへのリアクトをも試みる。異世代間相互形成のリアクトが水平方向になされるのに対して、自己実現のリアクトは自分の内奥に向かって、あるいは自分を超越し包摂するものに向かって、垂直方向になされる。ただしおとなの生の意義づけが、子どもや青年や同僚や老人や死にゆく人々との関わりを通して、すなわち養育や教育や仕事や介護などとしてなされるとすれば、水平方向と垂直方向とは一致する。しかも虐待家族の親の強迫性を振り返ってみればあきらかなように、垂直方向へのリアクトによって自分の存在と生に確実な意義づけを与えられたおとなだけが、十全な意味で水平方向へのリアクトをなしうる。逆もまた真実である。とすれば異世代間の相互形成と自己実現は、互いに一致することもあれば支え合うこともあり、互いに拮抗することもある。(4) 異世代間の相互形成におけるケアやジェネラティヴィティの獲得も、自己実現への成熟も、おとなの生活世界では、つねにかれら自身によって同時にたどられる。ケアの獲得と自己実現の試みとのあいだに時間的な先後関係があるわけではない。

さて、一般的にいって中年期は、一方では、社会的諸責任が一身に集中するために、数多くの相互形成連関に積極的に参入してジェネラティビティを発揮し、モノやヒトを生み出すべく努めなければならない時期である。他方では、中年期は、それまでの社会的な役割取得のための自己制約をある程度離脱して、いくぶんわがままな自己実現に向かわざるをえない時期でもある。この「参入」と「離脱」は、人間形成の基本的構図（自己実現と異世代間の相互性、ひとりだちの冒険とその助成）の中年期的変奏であり、前章で考察した青年期の「自閉」と「漂流」に引き続くものでもある。参入と離脱という調停の難しい作業は、おとなが異世代間の相互形成を自分なりに生きることによって、さまざまな仕方で達成される。

本章の事例を振り返ってみると、ここでの虐待は、外部からの虐待家族というラベリングを招き寄せることによって家族の内外を区切る境界を構築し、「犠牲の羊」戦略を用いて内の結束を生み出すという仕方で、ともすれば崩壊しかねない家族をかろうじて凝固させている。これは、家族成員全員の生成による解体再編の危機に耐えられない弱いおとながなお家族を維持しようとする、自己防衛のメカニズムである。この暴力的自己防衛は、弱いおとなの反復強迫のメカニズムによるものともいえる。別の局面からいえば、この虐待は、中年期にある親の子どもへの関係における過剰な離脱を過剰に補償する過剰な参入ともみえる。親にはこの過剰さや反復強迫を脱して適切な参入と離脱のバランスを獲得し、家族メンバー全員の生成とそれを支える相互性を確立することが求められる。当然ながらそれへの援助も必要とされる。一般化していえば、おとなの成熟は、家族や職場や地域などのあらゆる場面で異世代間の相互形成へ適切な仕方で参入し離脱するという面倒な過程をとおして、はじめて達成可能なのである。

おとなが成熟することと生成家族が成立することは、本章での否定的事例の検討から逆にあきらかなように、かなり複雑でむつかしい事態であるものと考えられる。しかし実際にはこれを、多くの人々や家族がごくやすやすと達成している。これもたしかである。たとえば一部の人々が強調する「虐待の世代間連鎖」について、考えてみよう。その実際の頻度と可能性についての詳細な検討（Corby, 2000）は別として、ごくおおざっぱに考えてみても、もしかりにそれがかなりの確度で存在するとすれば、今日、虐待は人類の存続そのものを脅かしかねないほどに頻発しているはずであろうし、少なくとも現状よりもはるかにありふれた日常的な出来事であるはずである。そうでないことはことわるまでもなくあきらかである。つまり私たちのうちには、虐待の連鎖を生み出す力よりも、連鎖を断ち切る力の方がはるかに強く働いているのである。このごく普通の人々の成熟や家族生成について、私たちは「日常性の奇跡」をみるべきである。それはまた、私たちの日常性に希望をみいだすことでもある。この点については第5章で論ずることになる。

第4章　老いと死の受容
——老人の人間形成論

ライフサイクルの末端にある老いと死においても、これまでみてきたのと同じような成熟と相互性という人間形成の基本的構図が読み取れる。近代以降、人為的操作が外的自然から人間の存在（人間的自然）そのものにまで及んだ結果、老いや死もまたかなりの部分が地域や家族などの日常性から隔離され操作されている。老いと死の受容は、一人一人の個人に課せられる厄介な問題になり、受容への成熟が個人的努力の課題となる。この成熟とは、各人が、ままならぬ事態を受け容れるまでに自我を——放棄する強さも含めて——強化することであり[1]、さらには「自分はどこから来て、今どこにおり、どこへ行くのか」という実存的問いに全存在的に（頭ではなくむしろ体で）応える自分なりのコスモロジーを創り上げることでもある。老いて死を迎えつつある人の成熟は、まわりの人々の介護や看取りによって支えられるが、ほかならぬこの支えの経験によって支える周りの人々もまたそれぞれの人生段階で成熟する。老いと死の受容というこの世とは別の世への「一人発ち」への成熟は、多様な世代間の相互形成を可能にする有力な契機である。本章では、老いと死をめぐる異世代間の相互性と自己実現について考える。

1　「老いと死」における相互形成

今日では老いの期間はかなり長期に及んでいるので、老いのイメージには、なお精力的に社会に参加しつづける老人から、すっかり生気を失って自閉的世界に閉じこもる痴呆老人に至るまでの幅がある。しかし自然の淘汰が支配する世界では、老いは死に直結する。かなりの期間持続する老いは、人間だけに固有のいわば文化的所産である。これに対して死は、人間を含むすべての生物にとって不可避の必然的宿命である。しかし自然の存在にとって死は、私たちにとって問題であるような意味で問題であるわけではない。つねに意識につきまとわれる私たちは、何かの逃避手段を案出しない限り老いと死を自分自身の深刻な実存的危機として受けとめるほかはない。人は、この存在様式の激烈な変容を何とか受容するために、自分の存在と生の全体を再編成し、新たに成熟しなければならないのである。老いと死を受容することは、誰にとっても避けることのできないむつかしい課題であるが、これを何とか受容しようと努力することによって、人生の最後の段階で成熟を達成することになる。各人の存在の全体とかかわるこの成熟は、日常的諸関係のうちで達成される。本章ではまず、老いと死をとりまく日常的諸関係での成熟への形成についてさまざまな角度からまとめて考えてみたい。

ところで、老いと死をとりまく対人関係の特徴を一言でまとめれば、「関係からの離隔」である。

老いは引退期であり、死は現世の諸関係からの最終的離脱である。老いから死への過程は、諸関係からの離隔が極限に達する過程である。すでに前章で触れたようにユング（1930）によれば、人生の前半期は、各人が自分に課せられる社会的諸課題の達成に向けて自分自身の可能性を切り詰める外向きの自己限定の時期である。これに対して人生の後半期は、各人が社会的諸課題から徐々に身を引き離し、個性化というきわめて個人的な課題にエゴイスティックにかかわることのできる――あるいはかかわらざるをえなくなる――内向きの自己実現の時期である。老いにおける関係からの離隔は、たんに外面的な出来事であるにとどまらず内面の深部での自己実現と連動しており、その意味で老いた人の全存在にかかわる本質的な出来事である。

もっとも、離隔という老いの対人関係の特質は、今日では産業社会の文化によってよりいっそう増幅されている。老いと死は、これを自明のものとして日常に組み込んでいたこれまでの家族や共同体が無力化し崩壊するのにともなって、社会保障制度のうちに取り込まれたり、病院や葬儀屋などの分業化され商業化されたシステムに組み込まれたりしてきた。社会心理的レベルでは、産業社会の担い手である若者中心の文化が、老人たちを社会や文化の周辺に心理的にも実際的にも追いやった。さらに、かなり徹底的な既成宗教の脱宗教化のあげく、死は誰にとっても直面することがきわめて難しくなってきた。そこで死はあらゆる手だてを用いて日常生活から巧妙に――ある場合には暴力的に――隠蔽される。こうして老いと死は、今日の状況では通常の日常生活からは極端に離隔された特異な出来事となっている。

この「関係からの離隔」のさなかで、老いと死の受容は、今日どのように達成されるのだろうか。これは他者たちとのかかわりとは無縁な、孤独な冒険なのだろうか。それとも日常的相互行為のうちでごく自然に達成されるのだろうか。たしかに老いや死の進行にともなって、日常的対人関係は徐々にしかも着実に切り詰められる。しかし対人的制度的諸関係への依存なしに老いと死を通過できないこともたしかである。老いや死に際しても関係が消失することはありえず、むしろそれは老人にとって死活的に大切な不可欠の条件である。老いと死もまた当事者たちにとっては、複雑な対人諸関係のうちで展開される日常的出来事である。本節では「老いと死の受容」と「関係からの離隔」と「相互的形成連関」の三者のつながりについて総括的に議論しよう。

老いと死をめぐる形成連関のありようを理解するためには、比較的長期にわたって緩慢に進行する「老い」をみるよりも、まずは関係者のすべてに短期間にそして鋭角的に凝縮された濃密な体験を強いる「死にゆく過程」の方をみるべきだろう。死にゆく過程において骨太に示される諸々の出来事の基本構造は、同じように困難な「受容」の課題に直面する「老い」の過程の基本構造をもあきらかにするからである。死にゆく過程について徹底した理論的実践的追求を行っているのは、キュブラー‐ロスである。

1　「死の受容」への成熟と相互形成

ロスのいう「死にゆく過程」とは、致命的な疾患に冒されていることに気づかせられるという衝撃から出発して死の直前のデカセクシス（情動の引き上げによる無感動）状態に至るまでに各人がたどる心の旅路である（Kübler-Ross, 1969)。彼女はこの旅を、否認、取引、怒り、抑鬱、受容の五段階に定式化している。この五つは、死への不安と恐怖へ常時さらされるというきわめて異常な状況へのそれぞれに異なった適応の仕方であり、これが並べられる順序は、死を受け容れることへのきわめて硬い防衛から緩い防衛へ至る変化を示している。つまりこの旅路は、徐々に自分の死に直面する内的力を獲得して、当初の硬い防衛機制を少しずつ開放してゆく過程である。この意味で死にゆく過程は、人がその人生の最後のステージで成熟を達成する過程である。

1) 死の受容の五段階

死の受容は、死という異界へ参入するためのイニシエーション儀礼の遂行である。これについて語り援助するロスは、死と生の境界に住み、両者を媒介し、イニシエーションを統括する、いわばシャーマンである。ロスの協力のもとで書かれた彼女自身の伝記（Gill, 1980）は、彼女にとって人生がそのようにみえる（あるいはみえてほしい）物語を紡いでいるが、ここでは、彼女がシャーマン的力を獲得するいきさつがさまざまに語られている。三つ子であること、父との深刻な軋轢と和解など、彼女に安定した同化力を与えなかった特異な家族体験。軽々と時間や空間をこえる既視感覚や予感や共時性体験。インディアンの土地やポーランドやアフリカやインドなど、空間的異界への強い憧憬。大戦直後のフランスやベルギーやポーランドなどでの、傷ついた世界の救済者としてのヴォランティア活動体験。最後に、ドイツ語圏のスイス人としての出生、ユダヤ系アメリカ人医師との結婚、渡米、医療システム内部での逸脱した位置など、執拗にいくどもくりかえされる境界性の体験。こうして伝記では、彼女が此岸と彼岸を媒介するシャーマン的特性をいかにして身につけたのかが、根太い一つの筋立てとして力強く語られているのである。

ロスによれば五段階が実際にどのように生きられるのかは、死にゆく人が人生をどのように過ごしてきたのかによってあるていど決定される（Kübler-Ross, 1969）。つらい事態をおもに怒りによって乗り越えてきた人は、怒りの機制を中心にして生き、おもに抑鬱によって乗り越えてきた人は、抑鬱の機制を中心に生きる。ロスによれば、死によっても失うものはあまりないと感じている人、懸命に生きてきて自分はもう十分に働いたという達成感・成就感のある人、穀物の植え付けから刈り取りまでをくりかえし経験してきた農民、そして家畜の飼育から屠殺までを体験した牧畜民などは、自分自身の死をも比較的容易に受容することができる。逆に、教育歴や世間的な地位が相対的に高い人、達成感や成就感の低い人、総じて死によって失うものが多いと感じる人は、自分の死を受容することが比較的困難であるという。各人の死に方は人生経験によってあるていど決定される。しかし経験の蓄積が死に方を直接に全面的に規定するわけではない。経験は、「自分の死にどう直面するか」というむつかしい課題の解決の仕方を間接的に制約するだけである。具体的な解決の仕方は、そのつどに各人が自分なりの仕方で創出するほかはない。この意味で死にゆく過程は、課題解決を通して各人が成熟する自己形成過程である。しかしそればかりではない。ある人の死にゆく過程は、関係する人々すべての相互的形成的なつながりのうちに編み込まれている。

五つの段階がたしかに存在することは、ロスや彼女の協力者たちの膨大な経験によって裏付けられている。これによれば各段階は、時には重なりあうが、この順序が崩れることはなく、ある段階が飛び越えられることもありえない。五段階は一般的に言えば、死の受容に限らずどんなものであれ避けがたい苦痛に直面した時に人が不可避的にたどらざるをえない段階である（Kübler-Ross, 1974）。したがって死にゆく人たちばかりではなく、この大切な人を失う周りの人々、とくに家族もまた死の受容に向けてこの段階を経験する。ただし死にゆく当の人に比べれば家族の受容過程の進行は往々にして遅れがちであり、この時間的齟齬が、患者の受容そのものを妨げる場合もある（Kübler-Ross, 1969）。ともあれ、とりまく人々はすべて死という耐えがたい喪失を受容するために同じ五段階をたどり成熟する。ロスの著作で死にゆく人は、受容に向かう捨て身の自己投企によってとりまく人々のすべてに対して受容が何であるのかを教える「教育者」である（ibid.）。ここには、受容と成熟に向けて相互形成連関が編まれる。

2）死の受容における相互形成

相互形成はどう達成されるのか。わけても医療スタッフや家族は、死にゆく人の受容への成熟に対してどんな手助けができるのか。そしてこの手助けを通してこれらの人々自身が成熟するといわれるが、これはどのように達成されるのか。この問題に関して折々にロスの記していることをたどれば、可能な手助けがきわめて限られることがわかる。まずなによりも周りの人々が臨死患者自身の受容の進行の妨げにならないような成熟を遂げていることが望まれる。しかしこのかなり消極的な条件を除けば、患者が各段階を十分に経過することを尊重するといった、いたって抽象的な心構えが指摘されるにとどまる。もっとも、この心構えを具体的行為に結実させるのはそんなに容易ではない。たとえば関係者は、怒りの段階にいる患者から自分に向けられる激情が、自分個人に向けられているというよりも、むしろ患者自身のやむにやまれぬ内的発動によるものであることを理解し、患者がこの怒りの段階を十分に体験することを援助すべきである。しかしこの場合、関係者は、理不尽な怒りの発作に耐えるだけの内的成熟を遂げていなければならない（ibid.）。

しかし他者を共感できるまでに内的に成熟することは、たとえば医療関係者などの場合、きわめてむつかしい。今日の医療関係者は典型的な専門職従事者なので、職務遂行にあたっては――よく知られているパーソンズ（Parsons et al., 1954）の枠組を援用すれば――まず、そのつどの感情によって行為を直接に規定される「感情性」ではなく、事象から距離を取り冷静な判断のできる「感情中立性」が求められ、次いで認識の標準としては鑑賞的なものにもとづく「個別主義」ではなく、道徳的なものにもとづく「普遍主義」が求められ、最後に、集団的伝統に価値基準を置く「集合体中心的志向」ではなく、自己決定的自己責任的な「自己中心的志向」が求められる。かれらにとっては、ひとりひとりユニークな個々の患者のそのつどの感情に共感しこれを受容することは、本来の職務遂行にはほとんどなじまない。あえてこのような共感を試みれば、養成期間以来馴れ親しんできた職業倫理との内的齟齬に苦しまなければならなくなるのである (Kübler-Ross, 1969)。

極度に合理化された今日の医療システムの枠内で細分化した分業に従事する医療関係者たちにとっては、全体的人格的存在としての患者と全存在的に出会うことは、ほとんど不可能といって良いほどにむつかしい。かれらはただ、システムの機能要件として他の機能要件と折々に交錯するにすぎず、いいかえれば医療行為を差し向ける物象化された身体として、物象化された別の生理的身体に物象化的に向き合うだけなのである。

たとえばホスピス・ムーブメントは、病院での臨死患者への対応を、在来のやり方を踏襲する「検査、診断、治療、延命」から「緩和」(苦痛からの解放、環境整備、適切な看護、患者と家族への精神的援助) へ、つまり一言でいえば治療 (cure) から世話 (care) へ転換しようとする (Cohen, 1979)。この劇的な転換の試みが直面する最大の障害は、医療の偏った専門職性であり、物象化的操作的に切り詰められた医療行為であり、職務遂行をそのような通念に自己限定する医療関係者の狭い自己把握である。受容を助けるためには医療関係者は、偏りや切り詰めを突破して、患者に全存在的に出会うことができなければならない。ロスによれば出会いの能力は、かれらが「末期患者や老人患者と出会う」ことによってのみ獲得される。患者の受容を促進することによって医療関係者自身が成熟するというわけである。ここではあきらかなように、他者の成熟を助けることによって自分自身の成熟の遅れを取り戻すという「成長の縦断的・横断的補償」の機制 (Erikson, 1964) が考えられており、この意味での成熟の相互性を構築することが期待されている。

医療関係者が成熟することとかれらがキュアの専門職からケアの専門家へ転身することとは、同一の事態である。ケアの専門家であるということは、出会いが可能であるほどに成熟することだからである。成熟と転身をもたらすためには、医療関係者は患者と相互的形成連関を築かなければならない。一見すると奇妙なことである。エリクソンの理論的枠組を用いるなら、私たちは、他者と出会い他者の成熟を助成する生産的な力を、青年期のアイデンティティの力の獲得、成人前期での親密性の力の獲得、成人後期でのジェネラティヴィティの力の獲得などを通して徐々に確実に身につけてゆく。正常な成熟を遂げつつある成人であれば本来誰でも格別な機会を用意しなくとも十分にケアの専門家でありうるのである。しかし今日の医療関係者の場合には、この成熟が専門職としての奇妙に歪んだ職務遂行によって妨げられる。病院などでは成熟を補償し補完する相互的形成的連関が意識的に作りだされなければならないのである。

それではキュアの専門職であることとケアの専門家であることとは、どう相関するのか。医療関係者は、一方であくまで専門職的職務遂行者としてキュアの専門家であるほかはなく、同時に他方で患者たちと相互的形成的連関で出会うことのできるケアの専門家でもなければならない。実際の職務は一方だけに偏っては遂行できない。臨死患者を前にしてケアの専門家であることが必要であることはすでにくりかえし述べた。しかし逆もまた真実である。たとえばロスによれば臨死患者も最後まで治癒への微かな希望を保持しつづけており、最後の局面では希望の残存と死の受容の進行とが同時に生起する（Kübler-Ross, 1969, 74）。とすれば、医療関係者は、臨死患者の受容を援助するケアの専門家であると同時に、残された微かな希望を肯定するためにキュアの専門職でもあり続けなければならない。患者の希望を支え同時に死の受容への成熟を促進するためには、医療関係者には、たとえ中途半端にであろうとも、この両面がともに不可欠である。こんな場合にのみかれらは臨死患者と深く出会うことができるのである。これは、本書で述べてきた相互性とシステム役割の相関論、そして次章で詳しく述べる「半身の構え」論の変奏である。

医療関係者はつねに、一方では専門職としてキュアを担うシステム役割演技者であり、しかも同時にケアの担い手として患者や家族と出会う相互性の主体でもなければならない。実際の職務で両者はどう遂行されるのか。キュアが土台でケアが遂行されるのか。それともケアが土台でキュアが遂行されるのか。ふつうの成熟を遂げた人が医療行為を担う場合には、両者の相関はあきらかに後者である。しかし専門職の特異性によって成熟に制約をこうむった場合には、前者の相関が意図的に作りだされなければならない。望みのない末期患者になお苦しい延命治療を実施して患者の――感謝ではなく――呪詛を招くような医者がいる。かれは、キュアの専門職という自己規定から踏み出すことへの強い不安ないし恐怖から、平和と尊厳のうちに死を迎えたいという患者の本源的欲求を踏みにじる。このきわめて迷惑な未成熟状態にある人には、老いた人や臨死患者とあえて直面して傾聴や出会いなど相互性の能力を回復し成熟することが強く望まれる。この場合にはキュアが土台でケアが遂行される形が意図的かつ人為的に作りだされなければならない。しかし、どんな人であれ、あらかじめ十分に成熟していることを望むのはおよそ非現実的である。すべての人はそれぞれに未成熟であり、これを日常的相互行為を通じて是正する。大切なのは、ロスが強調するように老いた人や臨死患者を中心にして関係者のすべてがあらゆる場面と機会をとらえて生産的相互的成熟の関係を編むことなのである。

さて、死の受容とそれをめぐって編まれる形成連関についてのロスの議論には、粗密のバラつきがある。たとえば彼女の理論では――次節で詳しく述べるように――死の受容の具体的内実に関する議論はきわめて不十分であるが、その反面で、死をめぐる相互的形成的連関についてはかなり突っ込んだ議論が展開されている。それでは死の受容に関して彼女の指摘するような相互形成の連関は、老いの受容をめぐっても成立するのだろうか。

2　「老いの受容」と日常的対人関係

今日多くの場合、死にゆく過程は、家族や地域の日常生活から切り離されて、病院へ隔離されている。しかし、この病院という特殊な世界においてすら、臨死患者ととりまく人々とのあいだに患者にとって不可欠な関係が作り上げられ、しかもこの関係が死の受容への相互成熟を可能ならしめる相互形成連関を編んでいる。臨死患者と医療関係者たちとの相互形成を主題としてロスが述べているとおりである。それでは老いの受容をめざす老人たちの生活もまた、同じような相互形成連関を編んでいるのだろうか。老いの受容もまた、死の受容のように、超俗的な時空間での孤独で奇矯な振る舞いではなく、日常生活での目立たない相互的諸活動である。老いをとりまく日常性もまた、対人関係の錯綜する複合的構造をなしている。老いの受容もまた、死の受容と同様に、日常的対人関係において進行する。

もっとも、老いと死に直面する人々の対人関係は、それまでのひたすらな拡大に対して、喪失や衰退や引退や別れという、まったく新たな特質を与えられる。子どもたちの巣立ち、両親の死、退職、老いた配偶者の死などは、老いにおける対人関係・社会関係の縮小や関係からの離隔を象徴する出来事である。老いの深まりとともに、日常生活ではさまざまな別れがくりかえされ、ゆっくりと累積されてゆく。これらの別れは、ただ無意味な苦痛であるわけではない。死という究極の別れへのゆるやかな着地を可能にし、自分の死の受容というむつかしい仕事を強力に支えるからである。ただし、関係は縮小するが消滅しはしない。不可避にそして不可逆に増大する依存性が、関係の消滅を許容しないからである。老いた人には、徐々に縮小される（しかし死活的に重要な）関係をくりかえし受容しなおすことが課題づけられる。老いの受容は、新たな対人関係の受容を含んでおり、しかもこの関係の再編を土台としてはじめて達成される。

老いと別れとはたしかに不可分だが、別れの累積に対応して関係への欲求が機械的に失われてゆくわけではない。老いの深まりとともに、職業や次世代の養育に関連する在来の社会的家族的関係はますます縮小され、同時に、生活のあらゆる場面で他者の助力が必要となる。生活はつねに複雑な相互依存の網の目に組み入れられているが、出生と老いという人生の両端に近づくにつれて、この依存関係において相互性の色彩が薄れ、かわりに一方的な依存の割合が増大する。しかし老いにおける依存の根底には、生活維持の必要性を超えて、対人関係への根源的欲求が認められる。このことは、老いの性に着目すればすぐにわかる（横山治夕雄 1983／玉貫寛 1981, 85）。老いの性は、もはや生殖などの生理的生物的過程には直接には結びつかないが、とはいえ自己目的的自己完結的快楽でもない。それはむしろ、異性と全存在的に結合することによって社会的実存的自己確認を達成しようとする、癒しがたい関係欲求である。老いの性は、生理的身体的な過程に根ざす不可抗の衝迫でありながら、精神性とも根底で深く結びつく。つまるところそれは身体と精神という人間存在のすべての面をあげて相手とかかわろうとする根源的駆動力である。老人の生活でこの意味での性がいかに重要な役割を果たしているのかについては、数多くの文献が夥しい実例を示しているとおりである。

老人の性は、全存在を挙げて結び合う相互的対面的関係への欲求が私たちにとって切実で本源的であることを示している。この相互性では、ブーバーのいう「我と汝」（Ich-Du）の「汝」が母であり友でありパートナーであり共同体であり神であり自己であるように（Buber, 1923）、さまざまな相手を考えることができる。性は、相互性の典型的局面であり、その基本的特性を凝縮した形で示すが、そのすべてではない。老人にとって根源的であるのは、性に代表される相互性への欲求である。相互性にもとづく生き生きとした全存在的交流への衝迫は、老いにおいてもいささかも失われることはない。老いに不可避の別れや関係の縮小は、何らかの形で相互性が充足されるときにのみ受容可能である。つまりこの衝迫に駆動され構築される新たな相互関係のうちでこそ、老いの受容に向けての自己形成が達成されるのである。老いた人を結節点とするこの相互的形成連関をも相互性でとらえることができる。

異世代間の相互規制がもっとも主体的能動的であるのは中年期である。一方の当事者が出生と老いという人生の両端に接近すればするだけ、規制に力の均衡という意味での相互性は認められず、かわりに一方的な依存の色彩が増す。人生の両端に認められる依存は、それぞれに異なった人間形成的意味をもつ。幼い時期の依存性は、成長を可能にする積極的力であり、おとなへの形成力でもある。第1章や第3章ですでにみたとおりである。しかしこの成長力も形成力もともに、子どもにとっての所与であるに過ぎず、努力の末に獲得されたものではない。これに対して生活経験の蓄積の果てにある老いの依存性は、ある場合には本人にとっても周りの人々にとってもひたすら厄介で煩わしく否定的なものであるに過ぎないが、別の場合には高度に成熟した生き方を可能にする。これについては次節で論ずるが、ここでは以下の点だけに注意を向けておきたい。

人生経験を通して獲得されてきた依存性のありようは、老人の日常的対人関係での相互依存経験を通して徐々に変容させられる。ある場合には安定した応答による充足を基礎にして鍛えられ高度化するし、別の場合には抑圧され萎縮して退行する。依存の成熟ないし退行の過程は日常的対人関係のうちにあり、日常的関係は一定の文化空間のうちにあるから、結局、依存性の変化過程は、所与の文化によって直接的間接的に制約される。たとえば次節で詳しくみるが、依存性を成熟させるためには、人格的自律性が過度に強調される欧米では〈硬化した自律のもたらす孤独から、自我開放をへて、高度な依存性に至る〕という経験がたどられるべきだが、人間関係の粘着性が強すぎる我が国では〔自我の埋没した相互依存から自我強化をへて自律的依存へ至る〕という欧米とは別の経路がたどられるべきである。ともあれ、どんな文化も恒常的ではありえず変化を免れることはできないから、特定の文化で一般的な依存性のありようもまた必然的に変化する。新たな社会経済的条件がもたらされると、集団がその条件に適応して新たな質の依存性が出現する。これによって在来のそれは必然的に修正を加えられる。今日私たちが激烈な社会経済的変動に直面していることは誰の目にもあきらかである。ごく自然で普通と思われてきた依存性のありようにも、深刻な変化がもたらされようとしている。これもまた次節で述べるように、我が国の粘着的な人間関係の在り方もまた一般性を失いつつあり、かわりに高度産業社会に共通の人間関係の在り方が、たとえば老人の徹底的疎外といったかたちで問題となってきている。この巨大な変化の下で、老人世代を中心として異世代間の受容と成熟を可能にする相互形成連関は、どのように編まれているのだろうか。この関係はどのように変わりつつあるのだろうか。そしてどのように変えられるべきなのだろうか。

3　老いをめぐる異世代間の相互形成

1）　老いと相互形成

老人世代を軸とする相互形成は、どのように展開されるのか。この世代の対人関係は、離隔という基本的特徴によって徐々にしかも確実に切り詰められるが、なお残存する諸関係はきわめて高密度である。老人世代にあっては、対人関係一般からの離隔が徐々に累積されて、最終的な死別への着地の衝撃が和らげられる。しかし老いという存在様式の激変を何とか受け容れるためにも、そして「死への一人発ち」という苦しい仕事を達成するためにも、家族をはじめとする周りの人々の支えは不可欠である。しかも逆に、死にゆく人へ随伴することが人々の成熟を促すように、老いを支えることが支える人々自身の人間的成熟を可能にする。老人世代を軸とする相互形成もまた、他の世代のそれと同様に類型的経過をたどり、相互形成連関を構築する。相互形成がうまく機能しない場合も多くある。エリクソン（1965）によれば相互形成がうまくいかない場合、おとなと子どもは、互いに自閉的領域に閉じこもり、互いの存在を萎縮させる。老人世代を軸とする関係においてもこれと同じ萎縮という惨めな事態が生じる可能性がある。(2) それでは相互形成が肯定的に作用する場合についてはどうか。はじめに老人世代の側から、次いで後続する世代の側からそれぞれに考察しよう。

まず老人世代の側。老人の多くは、後続世代への援助や助成を死に至るまで何らかの仕方で担いつづける。家族や地域などへの積極的貢献によって、老人たちは自分の存在意義を社会的に確認する。孫の養育に関与する老人たちの場合には、幼いものたちの初々しい命の輝きが、老人たち自身の生を賦活し再生させ、しかも自分たちの有限な命が限りない世代連鎖に編み込まれていることを深く実感させて、深い安息をえさせる。しかし主体的能動的活動の余地は徐々に切り詰められる。老いの深まりとともに表立ってくるのは、生活のあらゆる面での依存であり、相互性への根源的欲求である。依存や相互性への欲求を充たそうとして、老人世代は後続世代の生の展開や挫折に立ち合う。この出会いが老人世代の生をくりかえし賦活し幾度も再生させ、依存性の成熟を可能にし、老いと死の受容へ向かわせる。次に後続世代の側。先行世代と後続世代との関係は、先行世代の老いが深まるにつれて大きく変化する。先行世代が老いて自立性を失い依存性を増すのに対応して、後続世代は自分たちに先行する世代や後続する世代の切実な依存欲求に真剣に応えなければならなくなる。このレスポンスによってかれらは他の世代を生み出し世話し成熟させるという責任の能力――エリクソンのいうジェネラティヴィティの力――を身につけ、自分たち自身が成熟する。しかし相互形成は、この本質的レベルばかりではなく、きわめて時代的で状況的なレベルでも作動している。

第2章で論じたように今日の高度な産業社会では老人世代の生活は、社会的経済的な生活全体の高速度な回転や変化にうまくのることのできないブザマな不適応を示している。老人の生活そのものが産業社会的な価値からの逸脱であるから、この世代と生活をともにすることはこれまでとは別の価値に出会うことであり、老いの生活を認めることは物象化され一元化された価値への囚われから解放されて価値の多元性を承認することでもある。たとえば高度産業社会ではひどく時代遅れなのろさとのりのわるさを特徴とする老人の生活は、全体への同調を維持するための軽躁状態からおりていることとの深い安息を示してもいる。この安息は、私たちの文明にとって死活的な重要性をもつ。

近代以降の産業社会では人間は、自分たちをあたかも世界と向き合いこれを恣意的に加工する透明な主体であるかのようにみなし、この尊大な自己規定にもとづいて生産と消費の循環をくりかえし両者をひたすら拡大してきた。拡大を駆動する貪欲にはどんな歯止めも準備されてはおらず、その結果私たちは内外の自然を食い尽くし環境と内面の破壊に直面している。人間は本来、世界に向き合う透明な主体などではありえず、むしろ世界という全体の——おそらくは意識や自覚をもつという その固有の性能からして全体にとってまったく無意味で無価値だというわけでもない——部分として生かされているに過ぎない。のろさやのりのわるさやおりていることなどの老人の特性は、産業社会に固有の人間の分の忘却や傲慢、そしてこれと裏腹にある基盤喪失・故郷喪失の不安を克服するためのいわば解毒剤である。次節で論ずるタームを用いてもっとポジティヴに言うとすれば、のりのわるさやおりていることなどの特性は、体得され身体化された一つの生き方にまで結実した「コスモロジー」であり、老いの受容の所産としての「プロセスへの聴従」の具現化である。これについては次節で論ずる。ともあれ、まさにこのような生き方にこそ、今日の「老いの英知」の在り方が示されている。これが、内外の自然の破壊に依存する産業社会にとって重要であることはあきらかである。

2) 老いの英知の伝達と相互形成

しかし今日の「英知」は、伝統的なそれとは似ても似つかない。文化変動が最小限である伝統的社会では、老人の生活経験の豊かさは貴重な財産であった。さらに老人の特徴である現世的諸関係からの離隔によって、豊かな経験をもつ老人には直接の利害に煩わされない冷静で的確な判断が期待できた。老人の英知はこのような文脈で語られてきたのである。しかし高速度に変化する豊かな社会では、停滞と貧しさを前提とするかつての英知にはもはや生き残る余地はない。かろうじて残存するのは、手作りとかお袋の味とかおばあさんの知恵袋とかの巧妙に商品化された戯画でしかない。伝統的英知が、共同体の維持や運営にとって不可欠な知識や技術の在庫という具体的内容をもっていたのに対して、老いの受容の所産である今日の英知は、一定の人格特性であり行動特性である。この急速な変化と現状の過渡性を考慮にいれるなら、今日の英知が伝統的用語法を継承するものとしてはすっかり色褪せ中途半端なものでしかないのは無理からぬことである。次節で詳しく議論するエリクソンの英知の規定（1982. p.61）——「死そのものに直面しながらなお臆しない、生そのものへの——広い見聞に裏づけられしかも超然とした——かかわり」(informed and detached concern with life in the faced of death itself）——そのものが、伝達可能な知識技術のシステムや成員の多くがあてにする判断力という伝統的規定の踏襲ともつかず、あるいは特殊な人格特性ないし生活態度という規定ともつかず、きわめて中途半端なのである。

高度な産業社会では、在来の英知の多くが無力化し、その伝達も無意味になった。日常的機能的教育やイニシエーション儀礼によって老人の英知が譲り渡されるという構図は、今日ではおよそ成立しない。それでは人格特性、行動特性としての英知、あるいは体得されたコスモロジーとしての英知は、伝達できるのか。すっかり衰えて日常的意志疎通にも事欠く老人を思い浮かべてみよう。もろもろの能力を徐々にしかも不可抗的に喪失する老人世代との意志疎通は、さまざまの障害に直面し、最終的には成立さえできなくなる。たとえこの最終局面には至らなくても、伝えあい分かりあうといった通常の意志疎通は徐々に働かなくなる。しかしこんな場合にもかろうじて成立する意志疎通は、後続世代にとってきわめて貴重な形成的意味をもつ。老いと死に直面する世代は、きわめてつらく困難な受容を課題づけられる。受容という困難な仕事に対して後続世代が手助けできることは限られる。できることといえば、老人の生活を維持する条件整備を除けば、ただ立ち会うことだけである。しかし人は互いに言葉を交わすことなく共に在るだけで、深くかかわりあい、ともに深く変わる場合がある（Kübler-Ross, 1969）。端的にいえば相互形成の大半は、はっきりした言語的意志疎通抜きの「共にいること」（Mit-sein）である。

老いと死の受容とは、正面から受けとめようとすれば途方もなく困難な全存在的な冒険である。しかもこの受容は、日常性のうちで具体的生活遂行の形で結実しなければならない。老人の大半がこの課題をやすやすとこなしているかのようにみえるにしても、この平穏な外見の底では、途方もなく巨大なエネルギーを消費する壮大な内面のドラマが進行しているものとみてよい。日常生活でこの深く真剣な自己投企に随伴することそれ自体が、後続世代の自己形成を深い層で方向づけるのである。

老いた人と共にあることによって私たちは、虚飾の一切を否応なしに剝奪された裸の存在者そのものに出会うことになる。のみならず、その人による捨て身の意味模索に立ち会うことができる。むつかしい局面に立つ人の根源的な出来事に立ち会うことが、立ち会うもの自身にとって根源的な力となる。私たちは、老いゆく人の諸能力の不可避的喪失を前提としながら、なお実存的としか呼びようのない出会いに遭遇する。さらにいえばここでは、伝統的教育理論が実存的人格的と規定してきたレベルの英知の伝達という出来事に遭遇している(3)。今日では老いの英知の伝達とは、深い人格的呼応としての相互形成の達成であり、深い位相での教育ないし人間形成である。

ところで、この英知の伝達という角度からみても、人生の始めと終わりには類似した人間形成の構造がある。第1章のホスピタリズム論であきらかなように、幼い子どもが母親への依存を断ち切り「独り立ち」という子どもなりに命懸けの冒険に旅立つとき、これを支えるのは、世界が最後にはきっと自分の側にたつことを信じ自分自身の存在に価値があることを信じる基本的信頼の力であり、すべての望みが絶たれてもなお立ち上がることを可能にする希望の力であり、自分の存在がいつでもしっかりと守られ支えられていると感得する被包感という存在肯定的な根源的気分である。これと同じように、現世からの離別という孤独な「一人発ち」へ向かうべく老いと死を受容しようとするとき、老人を支えるものもまた、基本的信頼の力であり希望の力であり被包感という根源的気分なのである。しかも相互形成が含意しているように、子どもへの基本的信頼や希望や被包感を確実に与えようと努めることによって、おとなたち自身がジェネラティヴィティの力を身につけ成熟する。これと同様の機制が、老いと死の受容に立ち会う人たちにも働く。どちらの場合にも、子どもないし老人の「ひとりだち」――前者では「独り立ち」、後者では「一人発ち」――というきわめて困難な冒険を結節点として互いに結び合う人々のあいだに、異世代間の相互形成連関が編まれるのである。

とはいえ、類似した相互形成の構造は、初めと終わりだけに限らず人生のあらゆる時点で認められる。老いの時期に限らず、有限な存在である人間の生涯の全体が実は「ひきのばされた死にゆく過程」である。しかも人生はどの時期でも不断の変化過程であり、そこでは小さな死と再生が果てしなく繰り返される。この二重の意味で、人生の初めと終わりに認められる相互形成の構造は、人間の生涯の全体を通していつでも認められる。人生のどの時点でも、小さな死の受容と再生の達成を目指して飛躍の冒険が試みられ、これを助けようとする人々とのあいだに相互形成の連関が構築される。私たちは、老いと死を主題化することによって、人生の全体にかかわる人間形成の基本構造をあきらかにすることができる。こうして老人たちの「老いと死の受容」をめざすドラマを軸として、さまざまな相互形成連関が編まれる。それにしてもこのドラマを私たちはどんな出来事と理解すべきか。つまり受容による成熟とは、どんな内容をもつ、どんな出来事なのか。次節ではこのことについて主題的に検討しよう。

2　「老いと死」の受容と成熟

私たちはつねに意識につきまとわれる特殊な存在であるから、老いや死は避けようのない自分自身の問題である。老いと死の受容は元来きわめて困難な課題であるから、人類はこれを何とか達成するためにさまざまな手だてを案出してきた。その所産がそれぞれの社会のもつ独特の老いと死の文化である。しかしすでに指摘したとおり、多くの国々でこの文化は失われてきた。わけても高度に産業化された社会では、青年中心の文化が老いや死を日常生活の周辺部においやり、受容はより困難になった。老いと死の受容への成熟は、老いと死の離隔のさなかで、そして老人になお残された貴重な日常的諸関係において、一人一人の個人的努力の所産であるほかはない。この受容は、老人をとりまく狭くしかし錯綜した日常的な関係のうちで相互的成熟として達成される。前節では、老いと死の受容と関係からの離隔と相互的形成的連関の三者の相関について、おもに異世代間の相互形成に焦点づけて議論した。

それにしても、老いと死の受容とは一体どんな出来事なのか。さらに、受容にともなう成熟は、どんな内容をもつのか。本節ではこれについて考える。その際まず前節でも検討したロスの理論を、今一度異なった角度から検討することからはじめたい。すでにみたように、彼女の理論は臨死患者の「死」という（すべての事態が集中的にしかも凝集した形で一挙に進行する）きわめて特権的な出来事について、比較的首尾一貫した議論を展開している。しかし受容による成熟についての本節での検討にとって大切なのは、彼女の理論における不備である。ここにあえて焦点をあてることによって、私たちは受容を主題化するのに有効な理論的手掛かりをえることができるからである。

1 「死の受容」の形成的意味――ロス理論の限界

前節で見たように、ロスは、臨死患者とその人を取りまく人々の相互的な成熟についてかなり具体的に論じており、老いと死における形成の問題を考える上できわめて貴重な示唆を与えてくれる。しかし形成という角度からみれば、彼女の理論には少なくとも二つの大きな欠陥がある。まず第一に、死の受容に至る心の旅路のとらえかたが一面的で制約されており、第二に、死の受容という出来事そのものの具体的内容的把握もまたきわめて不十分である。この二つの欠陥はお互いに密接に関連するが、ここではまず前者の欠陥からみていこう。

ロスのいう五つの段階はすでに指摘したように、死という異様な事態を受け容れることへのきわめて硬い抵抗と防衛が徐々に解除される行程である。この抵抗の克服と防衛の解除は、死にもあえて直面できるほどの内的な強さが獲得されるという限定された意味で、成熟である（Kübler-Ross, 1969)。しかしこの成熟は、つらい事態にもあえて直面できる強さの獲得という以上の意味をもたず、ロス自身が記述している数多くの具体的事例の豊かさに比べればあまりにも貧困である。実はこの五段階の規定そのものにも奇妙な無理が押し通されている。ロス自身が、ある一つの時期に複数の段階が同時に生きられるような事例を具体的に挙げており、さらにすでに通過済みの段階へ退行する実例をも数多く挙げている。とすれば五段階を時間的経過にそって不可逆な順序として並べることと自体が無理である。これらは、時間の順序に沿った一連の段階としてではなく、むしろ空間的に併存する（きわめて苦痛な状態への）五つの異なった適応様式と解するべきである。それにしてもなぜロスは、順序の不可逆性にこれほどまでに拘泥するのか。それはおそらく彼女の考える受容の意味、つまり防衛の解除が、まさにこの順序によってすっきりと示されるからである。否認、取引、怒り、抑鬱、受容の五つは、たしかにこの順序で防衛機制の硬さを軟化させる。しかし論理的に想定可能な序列がそのまま実際の時間的順序であるわけではない。ここにロス理論の無理が示されている。

さらに、死の受容がどんな出来事であるのかについての具体的内容的な記述もまたきわめて不十分である。ロスの著作のかなりの部分を占めるインタビュー記録などには、受容について一般的に述べることのできそうな具体的記述があちこちに認められる。にもかかわらず彼女は、これらを一般理論にまで普遍化する作業をいわば放棄している。さらに彼女は随所で来世の実在などについて確信をもって述べている。にもかかわらずこの種の形而上学的確信を受容の内容として記述してはおらず、理論のうちに一般化して組み入れてもいない。これは一体なぜか。

ここには、受容の具体的内容を議論すれば個別的特殊的なものに足を取られて理論の普遍性を損ないかねないとみる、彼女の配慮があるのかもしれない。しかし死の受容には、ロス自身が示唆しているようにごく普通の人が日常生活で達成するごくありふれた出来事という性格がある。受容についてある程度一般的に内容を取り出して論ずることも難しくはなかろう。この一般的記述のうちには、ロスが宗教や信条の違いを超えてかなり普遍的と指摘する生命の永続性や来世の実在という信念をはっきりと組み込むべきだろう。しかしこれについてロスは踏み込んだ議論はしていない。ロスが認めていることだけにかぎるなら、死の受容とは、もっとも困難な事態にもあえて直面することのできる主体的力の獲得であり、この限定した意味での成熟である。きわめて貧困な規定である。ロスがこれに固執するのは、今述べたように理論の一貫性を守ろうとする防衛のためであるが、それとともに次に述べるような自分の理論についての彼女自身の無自覚性のためでもある。

ロスは、まるでフロイト初期のカタルシス療法のように、受容を促進するために、硬い防衛でかろうじて抑圧できるような激しい情動をできるだけ外部に発散させることを推奨している。たとえば彼女の主催で臨死患者や家族や医療関係者など五〇名あまりが集うグループセッションでは、参加者がゴムホースでソファーを殴ったり、電話帳を破り捨てたりするような破壊的衝動的情動の表出が薦められている（Kübler-Ross et al., 1982）。「いつでもどこでも使えるように」短く切り取られたゴムホースは、脳腫瘍という致命的疾患によって幼い娘を失うことを運命づけられた若い母親へ、ロスからプレゼントとして手渡されている（Kübler-Ross et al., 1978）。一般的にいえば、激しい情動が無統制にただ発散されることは、当人にも周りの人にもきわめて危険である。ところがこの危険性はうまく避けられ、かえって受容への成熟が促進されているようにみえる。これはなぜか。

この点についてロスは具体的見解を示してはいないが、理由を推察することはできる。記録によればグループ・セッションでは、情動を発散する人をとりまく他の参加者たちが、表出される激しい情動を受け容れる強力な共感的場を編んでいる。これに加えて記録からは、ロス自身の強力な人格的力が事態の進行全体を強く枠づけていることも読み取れる。枠づけられた場の編成によって、状況がいつのまにか堅固に構造化されている。激しい情動の瞬間的発散という異常な事態は、集団的ないし人格的な枠づけによる状況の構造化によって爆発的な危険を免れ、そればかりか成熟の達成へと方向づけられていると読み取れるのである。しかしロスは、衝動の集団的個人的枠づけの重要性についてはほとんど無自覚である。そしてこの無自覚性こそが、ロスの受容規定を貧困化している直接の原因であると考えることができる。

形成の視角から見て大切なのは、ロスの表面的な言葉には反するが、情動がそのままに発散されることではなく、枠づけられ加工されて表出されることである。大切なのは、情動の発散とそれに見合う自我強化が同時に進行することである。力の獲得ないし成熟は、感情の自由な表出や情動の発散だけでなされるわけではない。表出され発散された情動は、自我によって組織化されることによって世界に向かう主体の構えを支える力となる。これによって情動の溢れる力は、主体を支え自他を形成する生産的エネルギーになるのである。こんな場合にこそ成熟が達成されたということができる。しかし残念ながらロスの議論では、これについてはほとんど論じられていない。形成の視角からみた場合の彼女の理論の致命的欠陥である。ロスの理論は、たとえば以下で試みるようにエリクソンの自我成全やユングの個性化の視角を媒介させることによって再構成されるべきである。ロスは、受容の基本的構図を形式的に描くが、残念ながらここには形式を埋める内容がない。死の受容とは、個の内面にまで立ち入った場合、具体的にはどのような出来事か。このことについて考えるために、次には老いの受容について考えるといういわば迂回路をたどりたい。

2 同調と失調──「老いの受容」への成熟のダイナミズム

社会全体の長寿化に対応して、老いの期間はかなり長くなった。その初めと終わりでは老いの果てに予期される死への心理的距離ははっきりと異なる。この点ではたしかに老いと死を無媒介に結び付けて考えることには一定の留保が必要である。けれどもある人が老いを迎えるにつれて、まわりの人々の死はごく自然でありふれた日常的経験になってくる。自分自身の死もまた、逃れる術のない順番に組み込まれたごく身近な出来事になる。この点では老いの大幅な延長という変化にもかかわらず、老いと死のつながりは今日でもなお密接である。老いは不可避の死に向かう過程として生きられる。とはいえ老人の生では、ロスの示す臨死患者たちのように、さまざまの深刻な出来事がごく短時間に凝縮されて体験されるわけではない。老人の生は、いわば穏やかに緩くひきのばされた死にゆく過程である。とすれば老いの受容のうちには、必然的に死の受容が包摂されることになる。それればかりではない。二つの受容はその本質からしてもきわめて似ている。たとえば仏教でいう生・病・老・死の四苦はいずれも「ままならぬもの」である。老いの基本的特質は、死と同様に自由の喪失である。老いの受容もまた、ロスの死の受容が含意するように自分の存在のままならなさや自由の喪失と全存在的に和解しようとする切実な試みなのである。それでは老いの受容という課題の固有性はどこにあるのか。

1）老いの受容とコスモロジー創成

老人の生活には、自分の老いを思い知らされるさまざまな出来事がある。老いに否応なく直面させられるときには、（過去の累積によって強化された強靭な）日常的惰性と（もろもろの体力、気力、知力、社会的威信、経済力などの）力の喪失とが互いに覇権を争う。しかし老いが深まるにつれて、いずれ喪失に抗うことはできなくなる。惰性に抗して喪失を受容することが、老いの課題である。さらに青少年期では生活の全体が未来への投企に向けて編成されており、壮年期では責任主体としてさまざまな呼びかけに応え現在に生きるのに対して、老年期では膨大な過去を思い出という受容可能な形に再構成することが課題づけられる。老いの受容とは、惰性としての過去の断念であり、思い出としての過去の受容である。まとめていえば、老いの受容とは各人が自分の人生の全体を時間的に統合しようとする営みである。

しかし他方、老いの受容は、各人が老いによって否応なく変容をこうむる自分の存在のすべての部分的諸局面をまとめて、自分の全存在を統合しようとする営みでもある。たとえばエリクソンは、老いに関連して「自我成全」（ego-integrity）について言及しているが、この"ego"は、精神分析の伝統的用法を踏襲して無意識的にも前意識的にも機能する防衛機制の中核の意味で用いられている。“ego”は、意識的自覚的活動主体であるというよりも、むしろパーソナリティを意識的前意識的に統合する機能的核心である（Freud, A., 1936）。自我成全は、ある場合には活動の大半が前意識的な水準で営まれる日常生活で徐々に達成され、別の場合には前意識的無意識的な水準での一連の夢の仕事として成就される。だからといってこれは、知力や気力や意識の衰えた人にでも容易に達成できる気楽な課題であるわけではない。意識化や自覚などが意識性の水準だけにかかわるのに対して、自我成全は、無意識や前意識を含めた各人の全存在とかかわりこれを何とか統合しようとする各人の努力の所産である。老いの受容とは、各人が自分の人生の時間的経過全体と空間的存在全体とをともに統合しようとする懸命な営みである。その意味でこれは、ユングのいう個性化ないし自己実現という人生後半のむつかしい課題と内容的に一致する。

老いの受容とは、自分の現在、膨大な過去、切り詰められた未来のすべてを含めて人生全体を受け容れることであり、やがて死を迎える自分の存在と生の全体を有意味な一連の出来事の連鎖として受けとめることである。ここでは人は「自分はどこから来て今どこにいるのか、そしてどこに行こうとしているのか」という実存的形而上学的問いに何とか応えなければならない。この応答は、自分の存在と生の全体を「有意味な部分」として包摂する「全体」をリアルに感受することによってのみ可能になる。この場合の「全体を感受する」とは、各人が自分なりの「コスモロジー」（宇宙論）を創成し、そのうちに自分の生を位置づけることである（河合隼雄 1989）。老いの受容には、この至難な仕事が含意されている。

さまざまな人類学的研究が報告するように、原型的社会では、特定のコスモロジーが共同体の神話として成員に共有され、イニシエーション儀礼を通じて次世代に伝達される。しかし残念ながら高度産業社会ではこんな神話も儀礼も共有されてはいない。私たちは誰一人としてコスモロジー創成という仕事を免れることはできず、しかもその際共同体の支援を期待することもできない。これが今日老いの受容を困難にしているきわめて大きな原因の一つである。老いの受容という課題の中核は、まさにこのコスモロジー創成にある。

2）絶望の意義

私たちの議論の妥当性を総括的に検討するために、エリクソンの老年期論（Erikson, 1982/Erikson et al., 1986）を概観しておこう。エリクソン（1982, pp.43ff. p.64）によれば、不可避的かつ不可逆的に累積される喪失と別離によって、老人をとりまく社会と身体とこころの三局面のすべてで、それまでは存在した統合性が失われ「分離」の危険が発生する。老いの危機とは、自分の生に全体性と連続性を与えつづけることができるか否かが厳しく迫られる深刻な状況である。分離を克服して新たなかかわりを生み出すために、老人は、自分の相互行為様式を既定の文化的行動の型と今一度調整しなおして、一定の型に再構成しなければならない。相互行為様式の再構成は「儀式化」（ritualization）と呼ばれるが、分離を克服する統合的な儀式化は、「知を愛する」というギリシャ語の起源に遡る仕方で「哲学的」(philo-sophical) と規定され、これが成立しない場合の病理的な代替物は「ドグマティズム」と規定される。この規定からあきらかなように、老いの危機の "philo-sophical" な儀式化による克服とは、内面の出来事としては自分の生に全体性と連続性を付与する自分なりのコスモロジーの創成という仕事にほかならない。

老いの心理社会的危機では、適応的同調的な「統合」と不適応的失調的な「絶望」とが対立する。この対立が克服されて一定のバランスがもたらされた場合には人格的力ないし強さとしての「英知」が獲得され、バランスがもたらされない場合には自分と他人への「侮蔑」が発生する (ibid, pp. 61ff.)。この場合、自我成全の方に人間存在論的人間形成論的にみて大切な意義があることはたしかだが、とはいえ失調性の方も一方的に抹殺されるべきだとは考えられない。失調性を含めた「バランス」が大切だというなら、失調性の方もまた完全に無意味ではなくそれなりの存在意義をもつと考えられるからである。エリクソンは、失調性の意義について他のライフサイクルの幾つかの段階ではさまざまに論じている。しかし老いの場合には、「絶望」の積極的肯定的意義についてはまったく論じていない。この点については私たちで考えてみよう。

絶望が否定的であるのは、生への意欲を奪い孤独にし生の全体を萎縮させるからである。孤独は、人生が失敗であったとみなし、自分の存在と生の全体を蔑み、人生とかかわってきた人々すべてを軽蔑することの帰結である。絶望は人嫌いや孤独に導く。しかし絶望は、自力でのはからいの無力さや空しさを教え、個々人の制約された有限な存在を超える超越的全体的なものへの信を開くという大切な意味をもつ。絶望のこの積極的肯定的機能は、古来さまざまな宗教家や哲学者によってくりかえし論じられてきた。たとえばベンヤミンが「希望は希望なき人々のためにある」(4)と述べるとき、この逆説的言葉にはパンドラ伝説以来の人類の思索の歴史と累積が深く影をおとしている。エリクソン（1982. p.61）もまた、ライフサイクル第一段階の徳である「希望」と第八段階のいわば反徳である「絶望」とを何とか関係づけようとしている。希望と信へ全存在を挙げて飛躍するためのいわば反発力として、絶望が考えられているとみて良かろう。絶望は、自分の有限な存在が超越的包括的全体に結ばれてのみ意義づけられることを示して、自分なりのコスモロジーの創成を深く内部から動機づける。絶望は自我成全に深みと幅を与える。絶望の積極的肯定的意義がたどられるなら、老いにおける成熟の意味は何とか貧困な平板化から救済される。

老いの危機は、実存的危機として引き受けられ成熟を可能にする。各人は、危機の克服を通して自我成全と絶望との間でバランスをとり、それぞれの仕方で成熟を達成する。この成熟の内容を、エリクソンはそれ以前の段階で得られた諸徳の再構成という角度からも論じている。たとえば第五段階でえられるアイデンティティの力や第七段階でえられるジェネラティヴィティの力は、老いの第八段階では、実存的アイデンティティや祖父母的ジェネラティヴィティなどの徳へと再編成され高次化される。老いの徳である英知は、これらの徳を不可欠の構成要素として含む。それでは英知とは何か。これを先にも述べたようにエリクソンは、「死そのものに直面しながらなお臆しない、生そのものへの――広い見聞に裏づけられしかも超然とした――かかわり」（ibid., p.61）と規定する。

ここには、死の受容、広い見識、社会的諸関係からの離隔、利害の超脱、中立的判断力、かかわりへの自己拘束などの諸要素が力動的に含まれており、しかも超越的なものへのかかわりを含む多種多様な関係に向けての主体のパーソナリティの高度な組織化ないし体制化も含意されている。この規定には、自我成全や絶望、実存的アイデンティティや祖父母的ジェネラティヴィティ、そしてコスモロジー創成などのすべてが複合的に含意されているのである。老いにおける成熟の多義的意味は、この複合的力動的「英知」というタームでうまくまとめることができそうである。しかしこの「英知」の規定には、通常考えられる規定とはひどく肌合いを異にする特殊な響きがある。この点を追求することによって、私たちは老いの成熟の意味を広い連関であきらかにすることができる。

3　老いの成熟と文化

1）依存と自立の文化問題

英知の規定では、共同体で継承されてきた知識や技術のストックの体得という伝統的規定（長老の英知）はほとんど引き継がれず、かといって超越的なものに全存在的に結合する高度な内面的資質（宗教的叡知）にかかわる規定も直接には含意されていない。「かかわり」の主体的構成にひどく偏った規定（concern with life）がなされ、たとえばコスモロジー創成やユングのいう自己実現などのような内面的生起には十分な強調点はおかれていない。エリクソンは、その理論ではいつでもまず「心理・社会的」（psycho-social）水準に射程をあわす。これはここでも踏襲されており、老人の場合にも「生き生きとしたかかわり」(vital involvement) (Erikson, 1982. p.63/Erikson et al.1986. p.315) の達成に焦点があてられる。このように固有の視界をもつエリクソンの理論は、その成立基盤である合衆国や西欧などの文化の偏りを超えて、私たちの文化にも妥当するのだろうか。

ライフサイクル各段階での心理社会的危機は、エリクソン自身がくりかえし指摘しているように特定の歴史的文化的空間で演じられる。したがってここではつねに文化や伝統の差異という契機を考慮にいれなければならない。たとえば私たちの文化でも老いの中心的課題は本当にエリクソンのいうように「生き生きとしたかかわり」の達成なのか。一見そうであるようにも思われる。老人の孤独は、ごくありふれたしかし困った社会現象として、あるいは社会保障制度や医療システムや自治体行政や財政や犯罪の問題として、さまざまな脈絡で頻繁に取り上げられている。ここには「関係一般からの離隔」という本質的問題を超えて、都市の過密のさなかでの疎外や僻地の過疎での徹底的孤立といった問題がある。孤独のためにほんの小さなおためごかしの親切にもたやすくほだされて騙される老人たち、数少ない社交場となっている病院の待合室での老人たちだけのすさまじいしかし陽気な混雑、唯一残された医者や看護士との関わりの切断を恐れて長期入院からの帰宅を望まず、治癒をも拒む淋しい老人たち。問題の質においては、エリクソン理論の依拠する合衆国と我が国はほとんど同じであり、高度産業社会に共通の老人の疎外と孤独がある。

しかし私たちの文化には、欧米の文化とはあきらかに異質な要素もある。(5) 老人の家族や親族との同居率はかなり高く、しかも老人や後続世代の同居志向もまたかなり高率である。高度産業社会型というよりも、むしろアジア型である。同じ事態は、高度産業社会の他の諸国に比してかなり低い離婚率にも認められる。離婚率の低さは、女性の社会的経済的地位や自立性の低さ、そして離婚を押し止める社会的プレッシャー（「世間の風当たり」）などからも説明可能である。しかしこの大きな数値の差は、女性の地位の低さや世間体などの家族外要因によってではなく、むしろ家族の結合力のグロテスクなほどの強さという内部要因によってこそ説明可能である。老人を家族や親族の外には出さないでおこうとする強い一般的な趨勢は、家族の成員どうしの粘着的結合力がもたらす（離婚率の低さにならぶ今一つの）帰結である。

家族・親族の人間関係の粘着性は、甘え理論（土井健郎 1971）や母性社会論（河合隼雄 1982）などによってくりかえし指摘されてきた。もっとも、癒着は家族関係を超えてあらゆる対人関係を特徴づける。すでに国際語となった"ne-mawashi"や"dan-gou"は、この文脈のうちにある。互いに癒着し合う人間関係では自我に対立する厳密な意味での他者は存在せず、その反面で自我も明解な境界をもたず存在感の希薄な存在であるにすぎない。他者も自我もともに弱体で希薄な世界では、本来の意味での意志疎通（互いの他者性を突破しあう疎通）は成立せず、契約もまた成立しえない。自立や自律は空念仏でしかなく、老人はおろか誰も本当の意味では孤立などできはしない。

エリクソンによれば、孤独を突破して「生き生きとしたかかわり」を築くことこそが老いの中心的課題である。しかしこれは私たちには妥当しない。我が国では、老人をとりまく対人関係の貧困さが解消され、あるていど豊かな関係が保障されさえすればおおむねそれでよく、ごく普通の老人の場合ならかれらが対人関係の技術を保持しているかどうかについてはあまり問われる必要はない。対人関係のスキルは、一般的に――かなり高いていどにしかもあるていど繊細に洗練された形で――共有されていると期待して良い。老人の硬化した自我の堅く厚い壁が他者たちとの滑らかな疎通を阻むといったエリクソンの危惧する事態は、私たちの老いにはけっして普遍的問題ではない。私たちの文化の特殊な対人関係様式は、老いの受容の達成に肯定的に作用する。老人には衰えとともに不可避となる依存の適切な仕方を何とか体得することが求められるが、この依存性の体得は、大半の場合老いに至るまでの時期にあらかじめごく自然に無理なく達成されている。老いにおける失調的要素も、欧米とは異なり侮蔑や人嫌いや孤独ではなく、むしろ他者たちへの過度の煩わしい依存である。私たちに問われるのは、欧米のように〔硬化した自立のもたらす孤独から自我解放をへて高度な依存性へ至る〕ことではなく、むしろ〔自我の埋没した相互依存から自我強化を経て自立的依存へ至る〕ことである。

しかし産業化の高度な進展とともに、私たちもまた欧米と共通する課題に直面しつつある。老人の同居率はかなりの早さで減少に向かっており、さまざまな世代の老人との同居希望率もまた着実に減少してきた。家族や親族に委ねられてきた老人の扶養をどのように社会的共同的に担うかが、新たな社会的課題になってきている。それとともに、老いと死を家族や親族の直接の援助なしに自分たちだけで迎えるという欧米型の老いが一般的になろうとしている。激しく変化する産業社会では、老人の社会的に承認された存在様式は、もはや歴史的連続性の担い手であることにも、伝統の継承者であることにもない。老人は一人一人どんな文化の支援もなく剝き出しで老いに直面する。かれらは、存在の全局面で不可避的不可逆的に進行する衰退と喪失そして依存性を何とか受容し、これを自分の規定として積極的に引き受けなければならない。

2）依存性の高次化

老人は、もはや文化の代表的体現者として安定的アイデンティティをもつことはできず、むしろ、高度な依存性を体得するという（きわめて個人的なしかも欧米と共通する）課題を達成し、自分の存在意義を確証しようとする実存的アイデンティティの模索者であるほかはない。依存性の高次化は、ごく日常的な相互依存関係のうちで徐々に実現される。それでは依存性の高次化とは具体的にはどんな出来事なのか。さらにそれは実際にはどのようにして達成されるのか。

人間の存在と生は、ライフサイクルのどの時点をとってみても複雑な相互依存の網の目のうちにある。何度かくりかえしみてきたが、今一度まとめておこう。相互依存の一方の当事者が出生と老いという人生の両端に接近すればするほど、力の均衡という意味での相互性は認められず、かわりに力の不均衡と一方的依存の色彩が増す。もっとも人生の両端に認められる依存は、それぞれに異なった人間形成論的意味をもつ。幼い時期の依存性は、おとなとの相互性を可能にし自分の成長を可能にする積極的力であり、おとなへおとなであることを強要する強烈な形成力でもある（Erikson, 1959）。しかしこの成長力も形成力もともに子どもにとっての所与であるに過ぎず、なにも努力の末に獲得されたものであるわけではない。これに対してさまざまな生活経験の蓄積の果てにある老いの依存性は、ある場合には本人にとっても周りの人たちにとってもひたすら厄介で煩わしく否定的なものであるに過ぎないが、別の場合には高度に成熟した生き方を可能にする。

後者の高度な依存性とは、自分の内外のもろもろの動きを上手に受け止め、これに適切に従う力である。自力でのはからいを断念して他に自分を委ね託すことのできる全存在的力である。この依存の力が十分に働くためには、人生のもろもろの危機を乗り越えて獲得されてきた力すべての協働が必要である。たとえば、自分を託し委ねる「世界への信頼」と、受け身になってもたやすくは崩壊することのない「自分の存在のもつ価値への信頼」の両面での、基本的信頼の力（Erikson, 1963）などである。さらに青年期以降にえられる自閉と漂流、参加と離脱のバランス感覚なども求められる。

信頼し聴き従う力としての依存性は、自分の内外で不可避的かつ不可逆的に進行する「プロセス」（Jaspers, 1913）への「聴従」（Heidegger, 1962）である。すでに述べたように老いの危機の克服とは、不可抗の衰退と喪失のプロセスにあって老いつつある自分の生と存在の全体を受け容れ、コスモロジーを創成することである。コスモロジーの創成とは、自分を包摂する全体を有意味なものとして肯定することであるとともに、各人の存在と生を包括的全体のうちで肯定することでもある。世界と自分の存在価値への基本的信頼の高いレベルでの継承であり確証である。コスモロジー創成に際しては、人生の試行錯誤の末に獲得されるプロセスへの聴従こそが強力な推進力である。人生の両端での依存性は質的に異なる。一方は所与であるが、他方は生涯にわたる試行錯誤の所産である。つまり、試行錯誤ないし努力が依存性そのものを高度化し成熟させる。老いの受容による成熟は高度な依存性の獲得であるが、この成熟は老いと死のプロセスへの聴従という高度な依存性によってのみ確実に支えられ促進される。プロセスへの聴従は、老いと死の受容という成熟過程のめざす到達目標であるとともに、この成熟過程そのものを支え促進する手段でもある。

特定の社会での依存性のありようは、その社会に固有の対人関係の在り方によって直接に規定される。この意味ではその社会の文化の所産である。逆に、新たな社会状況への集団的適応によって新たに生み出される依存性のありようは、既存の対人関係の在り方を再編成し変えていく。老いの成熟は、固有の文化空間の内部で文化に規定されしかも文化を創造する仕方で達成される。依存性のありようと所与の文化とのあいだでのこの力動的な相互交渉（Fromm, 1952, 80）は、実際には日常的社会的相互行為を通して展開される。日常的相互行為は、所与の文化によって規定されつつ関係者すべての依存性のありようを徐々に形作り、老いの受容への成熟を可能にする。しかもこの日常的相互形成は、所与の対人関係の文化にさまざまな程度に形成的影響を及ぼすのである。

4　「老いと死」と人間形成

老いの受容による成熟についてまとめておこう。その具体的内容を私たちは、自己実現、コスモロジー創成、英知の獲得、高度な依存性、プロセスへの聴従などとさまざまに規定してきた。これらはすべて、老いの進行にともなって不可避的にもたらされる衰退と喪失と別れへ何とか適応しようとする苦闘の所産である。これらはそれぞれに、老いゆく人々の社会関係、身体、精神など特定のある局面の変容に焦点づけている。そしてこれらはあいまって、老いの受容が老いゆく人々の存在の全局面にわたる自己形成ないし成熟であることを示している。

すでにみたように、死の受容は不可避の困難な事態を何とか受容できるまでに各人を成熟させる。これは死の受容への成熟についてのごく消極的な規定であるから、老いの受容への成熟についての豊かな規定によって補完されるべきである。死の受容は、老いのそれにもまして極端な他者たちへの依存のうちで、ほかならぬその依存性を高次化する成熟によってのみ達成可能である。死の受容による成熟もまた、老いの受容による自己実現、英知の獲得などを不可欠の契機として含んでいる。私たちは、老いの受容をみることによって、短時間に凝縮した経験を強いる死の受容という出来事のきわめてとらえがたい具体的内容を何とか可視化することができる。老いの受容と死の受容は、いずれもごく日常的な諸関係のうちで達成される。社会や文化、生命の巨大な流れや世代連鎖、超越者やユングのいう自己など、何らかの超越的全体と何とか結合してコスモロジーを創成し老いと死を受容し成熟するというむつかしい仕事は、超俗的な時空間での孤独でしかも奇矯な振る舞いを通してではなく、日常生活での目立たない活動を通して徐々に達成される。老いと死をとりまく日常的対人関係は、さまざまな別れによって不可避的に切り詰められ凝縮されてゆくが、しかしなお錯綜したきわめて複合的な構造をなしている。老いと死の受容もまた、複雑な日常的対人関係での出来事なのである。

老いと死を受容するということは、日常的対人関係から超越的なものへのかかわりに至るまでの諸々の関係のさなかで、不可避の喪失や衰退や別れなどからなる老いと死のプロセスへ聴従する高度な依存性を体得することである。依存性の体得とは、内面的な出来事としては、人が自分の有限な存在と生を有意味で不可欠な部分として丸ごと包み込む包括的な全体について、自分なりのコスモロジーを創成することである。老いと死の受容への成熟とは、高度な依存性の体得であり、コスモロジーの創成である。たとえばエリクソンのいう英知や生き生きとした関わりの獲得は前者——関係における高度な依存性の体得——に強調をおき、ユングのいう個性化や自己実現は後者——コスモロジーの創成——に強調をおいている。関係において高度な依存性を達成することと内面においてコスモロジーを創成することとは、人々が包括的超越的全体と安定した関わりをもつという同一の現象の二つのあらわれである。両者は密接かつ不可分に相関し、しかも両者あいまって老いと死を受容し成熟するパーソナリティのありようを示す。この成熟は日常的諸関係のなかで全存在的に達成される。老いと死をめぐる相互形成連関については、すでにさまざまに論じてきた。老人をとりまく人間関係では、互いの信頼を基盤として互いの成熟を促しあう相互的で形成的な連関が築かれる。受容への自己投企は、その人が自分自身とまわりの世界にもつトラストや存在肯定的な被包感——もっとふさわしいボルノウの言葉を用いるなら「存在信頼」(Seinsvertrauen)——の支えなしには不可能である。これを支えるまわりの人々も、援助に向けていつのまにかごく自然に自分自身の存在信頼を深め確実にして、自分自身が成熟する。異世代間の相互形成をとおして、老いの英知もまた伝達される。この深い意志疎通では、異世代間の関係は、暗黙の了解や日常言語の共有などを前提とする日常的意志疎通というレベルをはるかに超えて、濃密な共感の関係が構築されるのである。

老いの英知は、トラストによって支えられており、その意味で希望という徳と深く関わる。それはやがて死への一人発ちを可能にする主体的原動力ともなる。老いと死に向かうたった一人での旅立ちは、希望によって支えられる。希望とは、パンドラ神話が示すように絶望の果てに見出される力である。ロスによれば、患者の死の受容にとって最後まで必要な条件は、患者自身が未来へ何らかの希望を抱いていることである。ところでエリクソンもまた、子どもの自立にとってぜひとも必要な主体的条件として希望という力ないし徳をあげている。ロスの場合にも、エリクソンの場合にも、希望の力は、医者や母親など信頼するまわりの人々の援助によってこそ確実に身につけられる。希望こそが、医者や母親への全面的な信頼と依存を突破してやがて「ひとりだち」――人生の終りには「死への一人発ち」、人生の初めには「自立への独り立ち」――への冒険ないし投企を可能にする主体的力である。しかしそれは、このようにして突破される（それまでは信頼し依存していた）人々の支えなしにはもたらされることはない。しかも突破される側の人々もまた、支援や助成を通じて成熟を達成する。

本章では老いと死を人間形成論の視角から検討してきた。老いと死を人間形成のパースペクティヴに組み入れるということは、たんにこれまで見過ごされてきた新たな領域を開拓し研究領域を拡大するというだけのことではない。私たちは、老いと死に焦点づけることによって不可避的に在来の教育理論の構成そのものを組み換えることを課題づけられ、結局のところ理論全体の質的転換を課題づけられる。これまでの教育の理論と実践は、生の力の充溢する若い世代のみに視野を限定し、人間が老いそして死ぬというあたりまえの事実をほとんど考慮にいれてこなかった。老いと死という事実を既存の教育理論の枠組のうちにくみいれようとすれば、あらゆる教育理論の根本にある「教育」概念そのものを根本から見直さなければならなくなる。たとえば、人生には――増成の局面ばかりでなく――あきらかに停滞や縮減の局面も存在する。そうすれば無限の上昇をイメージさせる発達という言葉も簡単には使えなくなる。さらに、教育を社会の担い手であるおとなへの準備と見なすこともできなくなる。こうして老いと死を主題化することによって、教育の理論は根底からの見直しを迫られる。

　老いや死や病を教育の視野に導入することは、「はじめに」でも述べたように、健康者の光学の視野の狭さを病者の光学によって突破し理論の全体性を獲得することである。意図的に導入された病者の光学は、健康者の光学の力を批判的に相対化する。しかし同時に、この病者の光学のもつ破壊的力は、健康者の光学のもつ自然な威力によって効果的に相対化される。二つの光学の相互的な相対化による理論と現実との間の永続的な往復運動こそが、本書の序章ですでに論じたように、これまでの惰性的な把握によって平板化されてきた人間の存在と形成についての理論をより力動的に全体化しより統合的に構造化する。老いと死をめぐって理論のこのような統合的構造化がみいだすのは、非日常的で奇矯な活動がなされているということではなく、コスモロジー創成や聴従などのむつかしい仕事を大半の人々がその日常生活でごくやすやすと達成しているということである。自分の仕事の守備範囲を徐々に切りつめながらなお仕事から離れようとしない老人を、さらに、日当たりのよい縁側でこっくりこっくりと居眠りしながら思い出したようにぶつぶつと念仏をとなえる老婆を、思い浮かべてみよう。臨床的人間形成論は、この「日常性の奇跡」の理論的把握を可能にしようとする試みである。

第5章　臨床的人間形成論へ

1　成熟と相互性の諸相

本書では、人生の各段階での相互形成のあり方に着目し、関連する事例や理論をてがかりにして考察を重ねてきた。これまでの議論を振り返るために、主要な論点を表にまとめてみよう（表2参照）。成熟は、おとなになってあるいは人生の終わりになって達成されるわけではない。人生の各段階（子ども期、青年期、おとな期、老年期）のそれぞれに固有の成熟の様態があり、手だてがあり、助成の仕方があり、相互性のありようがある。

子ども期の成熟とは、母胎からの生物学的分離をうけて自立の基礎を築くことである。これが「独り立ち」であり、エリクソン（1963）のいう自立（autonomy）である。独り立ちは、おとなへの依存と冒険との間で適切なバランスをとることによって達成される。ランゲフェルト（1960）によれば、子どもは「おとなのもとにある存在」であるとともに「自分のもとにある存在」でもある。

表2　ライフサイクルの各段階における「成熟」の「様態」、「手だて」、「助成」

	成熟の様態	成熟の手だて	成熟の助成
子ども期	独り立ち	依存と冒険	保護と冒険の支持
青年期	一人立ち	自閉と漂流	対話、アピール、対抗
おとな期	リアクトする自律性	離脱と参入	リアクトへの呼びかけ
老年期	一人発ち	引退と活動	介護

私たちが自立以前の子どもとの関係にあってさえ相互性について語ることができるのは、子どもにこのような二重性があり、子どもがたんに「おとなのもとにある存在」であるばかりではなく、「子ども自身のもとにある存在」でもあるからである。おとなは、子どもの「おとなのもとにある存在」としての依存性に応えるというやっかいな仕事を行うと同時に、「子ども自身のもとにある存在」を大切に守り育てつつ、自立へと導かなければならない。しかしそれには、子ども自身の世界を尊重し、子どもの「秘密の場所」や「インフォーマル・グループ」のもついかがわしさにある限度で許容的であることが求められる。養育や教育の関係はこの意味で「非対称性を含む相互性」[1]であるほかはないが、それはかなりやっかいな仕事であり、おとなの相応の努力と忍耐を要求する。子どものこの二重性に応答することによって、おとなは、子どもの独り立ちを助成するとともに、自分自身をジェネラティビティをもつ存在へと成熟させる。ここに異世代間の相互形成が作動している。

　青年期の成熟とは、社会的に「一人立ち」することである。青年は、出生家族からの出離と新たな家族生成との狭間にあって、高度産業社会の高速度の変動に敏感に反応し、子ども期の保護された依存を継承する「自閉」と冒険を継承する「漂流」とを使い分け、そのつどに自分のポジションと自分自身を作り出す。この定まりのなさを生きることが、現代の青年の一人立ちである。おとながこれを助成するためには、多くの場合直接的な保護や指導は不適切であり、相互性による対話こそが適切である。しかし社会による相応の援助もなく自立という難しい仕事に直面する青年には往々にして十分な余裕はなく、対話すら成り立たない場合も多い。かろうじて可能なのは、いくぶん退行的ではあるが保護にまわったり立ちはだかったり、あるいは懸命に呼びかけ（アピール）したりすることだけである。対応を使い分けるのは容易ではないが、このためにおとなは自分の深部にある力を動員せざるをえず、自分を深く耕さざるをえない。こうして異世代間相互形成が進行する。

おとなはさまざまな呼びかけに直面する。子どもや青年や老人など異世代からの助成を求める呼びかけ、仕事からの呼びかけ、人生の総括期が近づくことによる内面からの呼びかけなどである。おとなの成熟とは、呼びかけに自律的にリアクトないしレスポンスする責任主体への自己形成である。ただし呼びかけに外面的なそれと内面的なそれがあるように、おとなの成熟の手段は、社会的諸関係への参入ないしコミットにはつきず、関係から離脱して内面的呼びかけに応えることをも含んでいる。この「離脱」は子ども期の依存と青年期の自閉を、そして「参入」は冒険と漂流をそれぞれに継承する。参入はおとなを核とする異世代間の相互形成を作動させ、離脱はユングのいう意味での自己実現を可能にする。おとなは、成熟するために離脱と参入のバランスをめぐって苦闘する。

老人の成熟は、引退や死に向けて諸関係を離れることを通して達成される。一人発ちは、子どもの独り立ち、青年の一人立ち、おとなの自律的応答性などによって徐々に準備されるが、その直接の基盤は、おとなの離脱の力である。一人発ちするためには、それまでの力の衰えを別の力を発揮し活動して補償するとともに、力と活動を断念し引退を受け容れることも求められる。活動と引退の難しいバランスに直面する老人を介護することによって、他の世代は、ジェネラティビティを身につけるとともに、がんばることとあきらめることとの間でバランスをとるという重要な問題について学ぶことになる。ここにも、異世代間の相互形成の機制が作動する。

「はじめに」で指摘したように、これまでの教育学は子ども期や青年期以外の人生の時期における成熟や、他世代へ助成的に働きかけることによる相互成熟などをとらえそこなってきた。私たちが試みてきたのは、教育学の人間形成論への再編成である。この再編成は、一面では、少子・高齢化社会の到来や、学習社会論、生涯学習論、脱学校論などの出現への理論的応答である。たとえば生涯学習や生涯教育という発想は、もはや私たちには教育の「単一」の「目的ないし終わり」(an End)や「発達の完態」(a complete state) が描けなくなったことを示している。しかしそればかりではない。これは、発達と教育の理念的価値そのものが大きく揺らいでいることへの理論的応答でもある。

学校や教育は当然必要で良いものだという常識はすっかり崩れてしまった。発達もまた潑剌としたイメージを失い、すっかり色褪せた。この言葉もかつてはおとなへの成長というくっきりとしたイメージを結んでいたが、今日では肝心の人生の区切りそのものがすっかり曖昧になった。発達という言葉は、直線的進歩をイメージさせるが、これは区切りも終わりもない人生のイメージが支配的になればリアルではなくなる。発達の輪郭喪失は、大きくみれば開発の価値低下と連動する。発達や開発（ともに“development”ないし“Entwicklung”の訳語）は、今日ではむしろ物心両面に及ぶ破壊であり、限りない開発や発達は破壊的な幻想である。

発達と教育の価値はすっかり低下した。私たちは、「教育は子どもの発達を促す働きである」というすでに形骸化した常識を根本から見直し、ライフサイクルにそった異世代間相互形成について論じなければならない。発達と教育をライフサイクルと相互形成として再把握することは、教育を人間存在の時間的空間的全体とかかわる人間形成として捉え直すことである。これが人間形成論である。この新たな分科は、本書でまとめてきたように「ライフサイクルの人間形成論」と「相互形成の人間形成論」の二つから構成される。本章ではまず、これまでの考察を前提にしてこの二つをまとめておこう。

2　ライフサイクルの人間形成論

私たちは自分たちの人生を「生まれ、育ち、産み、育て、老い、死ぬ」という一連のプロセスを一巡するライフサイクルとしてイメージする。しかし密度の高い時間や浅薄な時間があるように、時間は人為的に構成されるし、過去と現在と未来は順次やってくるわけではなく現在に重層的に共在する。しかも人生はつねに偶然に彩られている。ライフサイクルという円滑なイメージは、時間の人為的構成、重層的共在、偶然性などとうまくあわない。ライフサイクルは中途半端なフィクションである。しかし近代以後では、均質に限りなく宙空に向けて直線的に延びる抽象的時間性（時間割、八時間労働、月給、二五年ローン）が、太陽の運行や地球の回転によってめぐる季節や月や日などの循環する時間性、生老病死にしたがう有限な生身の時間性、個体の死を組み込んで永続的に循環する世代連鎖の時間性などよりも、はるかに優位に立ってきている。これに対して「ライフサイクル」のイメージには、時間の循環や完結や永続などがヴィジュアルに組み入れられている。生身の時間や世代継承の時間が劣位におかれる今日の状況では、ライフサイクルというフィクションこそが、人生の一回性や完結性や世代の循環性などを切実に感得する生身の感覚にぴったりであり、その意味で不可避的に求められるのである。

1　「物語」としての「ライフサイクル」――語義の詮索

ライフサイクルという語は、もともと生物学領域で用いられ、受胎、出生、成長、成熟、衰退、死という一連の生命の循環過程を示してきた（Calow,1978）。この言葉の根底には、生物生理学的過程がある。この複合語のライフとサイクルには次の含意がある。

①ライフは、生命、生涯、一生という意味を同時に含む。

②サイクルは、日や月や季節のめぐりのような人生の循環性を示すとともに、一巡で完結するイメージを伝達して人生の一回性をも示す。のみならずこの語は、世代の連鎖を、重なりあいながら

無限に継続する一連の過程としてビジュアルにする。サイクルという語は、人生の循環性、一回性、世代連鎖性を示す。

ライフ・サイクルは、人生の個的自己完結性と類的連続性とを丸ごと把握するのにもっとも有効な概念である。この複合語がいいあてようとするのは、人生の全体性である。それは、個の生における生物生理的レベルでの生命の流れ、社会文化的レベルでのキャリアとしての生涯、そして実存的人格的レベルでの一生のすべてを包摂し、さらに個のライフサイクルを含み込む世代の連鎖性や類としての永続性も含意する。ライフサイクルは、人間存在の時間性を構成するすべての次元を多層的全体的に包括するのである。

それではライフサイクルというタームは、事実をありのままに記述する「事実記述」概念か、それとも人為的に作られる「構成」概念か。人生の自己完結性・統合性や世代連鎖性などを表象するライフサイクルは、物語や構成の性格を色濃く帯びている。ほんの少し自分の人生に反省の眼を向ければあきらかなように、人生の完結性や連鎖性は誰にとっても事実的な所与ではなく、むしろ課題である。しかしこれでもまだ十分に正確ではない。有限で卑小な自分の人生を何とか意味のあるものにしたいと願ういわば形而上学的存在としての私たちにとっては、自分の人生が循環性と一回性と永続性とを同時に保持するライフサイクルであることを願うのは、いわば当然のことである。人生をライフサイクルとして生きようとする指向性は、どの瞬間にもつねに実在する。エリクソン(1963)は、アイデンティティ確立の努力を空間的斉一性（sameness）と時間的持続性（continuity）

を求める希求から根拠づけているが、ライフサイクルへの希求は、このようなアイデンティティへの努力と基盤を共有する。私たちは人生をライフサイクルとして生きようとする。その意味ではライフサイクルという人生把握は、虚構であり課題であると同時に、私たちの存在の事実性のレベルに帰属する所与でもある。

しかしこのイメージは、わけても現代を生きる私たちにとってこそ切実な意義をもつ。わが国においてもこの外来語は今日、さまざまな人々によってきわめて高い頻度で用いられている。ライフサイクルについて語るものは、誰よりもまず今日の日常的生活者たちである。研究者たちは、生活者たちの日常的構成を二次的に構成するにすぎない。学術用語としてのライフサイクルは、日常的生活者たちの一次的用法に遡って理解されなければならない。ライフサイクルは、価値的に中立的な事実記述概念ではなく、切実な希求として生きられる構成概念であり、わけても私たちにとって切実に必要とされて生きられる物語としての虚構である。それではこの物語はどんな歴史的社会的背景から出現したのか。

2　虚構としての「ライフサイクル」の成立と解体

伝統的社会をウェーバーの「伝統主義」の規定（1921, S.44）にしたがって生活様式の変動がミニマムな社会と考えるなら、その社会で人生が季節の循環のイメージでとらえられることはきわめて自然である。伝統的社会の狩猟、漁労、牧畜、農業生産などの仕事は、従事者に自分たちの人生を含めてすべての生物の生命の循環が自然の大きな循環のうちにあることをごく自然に理解させる。ロスによれば今日でもなお第一次産業従事者たちは、比較的たやすく死を受容できる（Kübler-Ross, 1974）。自然相手に働く人たちには、自分たちの〈生まれ、育ち、産み、育て、老い、死ぬ〉という循環もまた、自然の循環の部分をなす小循環とイメージされる。循環する生という伝統的把握は、さまざまな神話や物語の断片という形であちこちに痕跡を残している。エジプトにおけるイシス神話、仏教的ヒンズー教的な輪廻説や四住期説、わが国における「ハレとケ」の循環による年中行事や人生の節目の把握などである。人生を季節循環の比喩で直覚的に把握することは、西欧においても伝統的である。シェークスピアの『お気に召すまま』（1981）での周知のライフサイクル論議が典型であるが、コメニウスの『世界図絵』（1979）にもそのような把握がヴィジュアルな仕方で示されている。伝統的把握は、近代以後の産業化による生活全体の構造的変化によって、日常生活を構成する力を大幅に失ってきた。しかし循環する生というイメージは、第一次産業従事者のみならず、日常的生活者たち一般の意識の基底に今日でもなお確実に残存しており、時として意識の表層にまで浮かび上がる。以下では、循環する生という表象をめぐるこのダイナミックな関連を近代以後の歴史的過程にそって概観しよう。

1）均質な時間の発生——子ども期と青年期の分離から消滅へ

第1章ですでにみたように社会史など一部の理論は、里子制度や離乳の仕方やスウォッドリングや性に関する扱いなどを例に挙げて、近代に至るまで子どもたちは多産多死という社会的事実に見合うマンタリテ（共同的・社会的心性）によって、「悪夢のような」扱いを受けていたと強調する。しかし「家畜と一緒の汚物に塗れた幼年時代」は、近代以後の家族感情や教育的配慮の発生とともにじょじょに過去のものとなる。まず「子ども」が、純真無垢ではあるが高い模倣の力によって外部からの悪い影響力にたやすく汚染されやすく危険な、そこで適切な教育的配慮による現世からの隔離の必要な存在として「発見」され、さらに「青年」が、ふさわしい職業や異性を求めて疾風怒涛的自己模索を試みる存在として「発見」されるのである。

子ども期や青年期の派生分化を含む人生の近代的把握が我が国に芽生えたのは、おそらくは江戸時代初期以降である（田中毎実 1999C）。これは、頻繁な間引き、玩具／童話など商品化された子ども文化の出現、寺子屋などの教育機関の急速な普及とそれにともなう学齢期の出現などによって証拠づけられる。江戸時代にみられる間引きは、必ずしも貧困の結果とはいえず、むしろ少なく産んだ子どもへの親の集中的な配慮と裏腹でさえある。近代的な教育的配慮は、間引きのような子どもへの選別的殺意と発生的には同根である。教育的配慮は、少産少死という社会的事実に見合うマンタリテの重要な構成要素であり、今日ではマイルドな子殺しとしての産児制限と結びついている。この近代的人生把握は、明治期以降の産業化によって確固とした共同的社会的心性となる。

子ども期と青年期の大半は学齢期と重なる。学齢期としてのモラトリアム期は、産業化にともなう近代家族の発生や学校教育制度の無際限な拡大と相乗的に連動してかぎりなく延長される。高度に組織化された今日の産業社会ではモラトリアム期は、子ども期との境界線を超えておとな期にまで侵入する。イニシエーションの未達成によるさまざまなていどでの未成熟性が、今日のおとなの大きな特質である。平均寿命の大幅な延長と人生段階の境界喪失は同時に進行する。これによって、子どもも青年もおとなも老人も固有の特性を失う。産業社会に生息する人々の人生は、各段階ごとにボーダーがなく質的差異もみられない、ただ均質でノッペラボウな時間の累積となる。無機質的な時間の延長としての人生というイメージは、近代以後一般的になった「宙空に飴棒のように無限に直線的に延びる時間」(Benjamin, 1965) という時間表象と適合的である。

2) 均質で計測可能な累積する直線的時間性の発生

伝統的な循環する時間表象に対して、ユダヤ教・キリスト教の特殊な宗教意識を土台にして、「始まり」と「終わり」をもつ直線的時間表象が発生した（森昭 1977)。現世は、神の世界創造と最後の審判との間にある過渡期である。近代以降この時間表象の宗教的基盤が解体するにつれて、直線的時間表象は始まりも終わりもない無限の歩み（進歩や発達）とイメージされてくる。「宙空に延びる飴棒」でイメージされる無機的直線的時間表象は、どこまでも均質なニュートン力学の時空間、さらには産業社会における資本蓄積の無機的時間性や賃労働において均質とみなされる労働時間ときわめてよく適合する。産業社会では「時計で測ることのできる」均質で直線的な時間という表象が、他の時間表象を駆逐して圧倒的な支配力をもつ。人生は、各個人によって質の異なる循環的過程ではなく、各人に共通な均質で測定可能な直線的で累積される時間とイメージされることになる。

直線的にただ累積するだけの時間のイメージには、始まりも終わりもうまく組み込めない。現代人にとって多くの場合老いと死の受容がきわめて困難であるのは、人生をとらえる時間イメージのこの根本的欠陥のせいである。すでに述べたように、老いと死の受容は、各人が（自分の有限な人生を意味のある部分として包摂する）全体について固有のコスモロジーを作り上げることによってかろうじて可能である。とすれば、始まりと終わりがみえず、したがって全体についてのくっきりした像を結ぶことのできない人が老いと死を受容することは、かなり困難であるほかはない。

3）　時間性の質的差異と循環する時間性

しかし均質で計測可能な累積する直線的時間というイメージは、日常的生活者たちがごく自然に生身にそなえている時間感覚とは大きくずれる。そこで近代的時間表象に対しては、さまざまな質と程度で抵抗が加えられる。抵抗を象徴するものは、ベンヤミンが『歴史哲学テーゼ』（Benjamin, 1965）で引き合いにだすフランス七月革命時の時計塔への銃撃である。革命勃発数日後の夕刻、市内数カ所から期せずして同時に同じ時計塔に対して銃撃が加えられたというのである。近代黎明期、三十年戦争などの混迷のうちにあったコメニウスは、『大教授学』のある箇所でふと、秩序正しく時を刻むものとして「私は時計を見るのが好きだ」という言葉を洩らしている（Comenius, 1973）。

それから時計塔への銃撃に至るまでわずか二世紀あまりに過ぎない。計測可能な直線的時間への抵抗は、三つの方向から加えられる。まず最初に、「時間には質的な差異がある」と素朴に信じるごく日常的な感覚が、均質性という仮説の受け入れに激しく抵抗する。次いで、日常的感覚からすれば、過去と現在と未来という時間性もまた、直線上に連続的に並ぶものとは感じられない。私たちはどんな場合でも、この時間の複雑な重なり合いを生きている。この素朴な実感は、「現在を支配する過去」や「未来による現在の規定」や「現在と未来と過去が重層する時間」といった仕方で、今日の思想状況で豊かに理論化されている。最後に、無機的に延びる直線的時間性というイメージに対しては、「生まれ、育ち、産み、育て、老い、死ぬ」という生物学的循環を否応なく背負わされた私たちの生身が激しく逆らう。これもまた当然のことである。均質な直線的時間性と日常的な循環する時間性との齟齬に加えて、森昭は、意味模索としての人生という観点から次のように述べている。

「人が自分の生涯に意味を見出そうとするとき、自分の〔一生〕が他の何ものかのための単なる手段や前段階に過ぎないものではなくて、自己目的であり、すなわち、それ自身で意味あるまとまりをもち、この意味で自己充足的・自己完結的なものであることを願うのではなかろうか。このような願いが、理論上は〔時間〕が終わりのない直進的なものとされる現代においても、人々が人間の生涯については、これを円環状のライフ・サイクルとして表象（イメージ）する心理的な理由であるといえるかも知れない。ここには、〔理論〕と〔心理〕との間のいわば矛盾が

見られる。」（森昭 1977, 193-4 頁）

循環する時間というイメージの拠所は、生物学的所与に裏付けられた日常的時間感覚であり、形而上学的存在としての私たちには避けることのできない意味模索に関わる実存的時間感覚である。私たちの時間表象は、表層の均質で測定可能な直線的時間表象と深層の循環する質的時間表象とに鋭く分裂している。ライフサイクルという虚構ないし物語は、深層の時間表象に根差している。森のいう意味模索と関わる「心理」的な時間表象は、有意味でしかも筋立てられてまとまった完結性をもつ「物語」のそれである。私たちが人生をライフサイクルとしてイメージ化し自己完結的な物語にせざるをえない根拠は、私たちの人生のイメージが生物学的循環性、世代の継続性、そして実存的一回性などによって複雑に規定されていることにある。近代以降有力な均質で計測可能な直線という時間イメージに対しては、日常的生活者や理論家がそれぞれに抵抗してきており、彼らは循環する質的時間性をくりかえし再生させてきた。さまざまなライフサイクル論の根底にはつねに、くりかえし再生する循環的時間性のイメージがある。

4）循環的時間性の破壊と再生の循環

高度産業社会において私たちの生きる時間性は、均質で計測可能な累積する直線的時間、生物学的な循環する時間、森のいう意味で心理的ないし実存的な時間などからなるきわめて複雑な複合体である。私たちは、高度で複雑な多層的多次元的な複合的時間性を生きている。しかし人生を均質な直線としてイメージしても、ライフサイクルとしてイメージしても、いずれの場合にも困難に行き当たらざるをえない。たとえば人生は、何時どんな出来事に出会い何時果てるとも知れない偶然性に彩られている。人生を無機的に持続する直線でとらえようと、まとまりや連続性継続性のあるサイクルとしてとらえようと、いずれの場合にも偶然性はうまく取り入れられない。これに加えて、人生をサイクルとしてイメージすることには次のような難点がある。

第一に、先進各国――わけても我が国――では、出産率が大幅に低下している。ライフサイクルという把握に込められる類の継続性ないし連続性のイメージは、これによって大きく傷つけられている。

第二に、女性の自己充足自己実現と母性的養育行動とがうまく調和しない場合が多く、これもまた、人生を調和的なライフサイクルとしてイメージすることを難しくする。女性性と母性性は相補的であるか、それとも対立し矛盾するか。女性と男性の役割交換はどの程度可能か。母性性の切り詰めは、子どもの成熟にどんな影響を与えるか。これらに解答することなく人生を円満で調和的なライフサイクルとしてイメージし、世代の連続性をイメージすることは、きわめて難しい（田中毎実 1996A）。

第三に、モラトリアム期が無際限に延長され、人生の諸段階を区切る境界が曖昧になるとすれば、質的に異なる季節の循環するサイクルとして人生をイメージすることも難しくなる。たとえば、おとながい区切り目なしにずるずるとおとなになり、結果として十分に成熟を遂げたという内的感覚をもつことができないとすれば、この主観的に「未成熟な」おとなが子どもの「成熟」を助けることは可能か。おとなの成熟も成熟の助成も難しいとすれば、世代間でライフサイクルが重なりあいながら連続する相互性をイメージすることはできるのか。これらに答えることもまたひどく難しくなる。

この困難にもかかわらず、私たちは人生をライフサイクルとして思い描くことをやめない。ライフサイクルという虚構ないし物語のうちには、人生の自己完結的循環とか類的継続性とかの切実な願いが込められているからである。私たちは、均質で直線的な時間性という支配的なイメージに逆らい、しかも繰り返し虚構性をあばく現実にも逆らいながら、人生をあえてなおライフサイクルとしてイメージする。それではこの切実なイメージは、現代の理論家たちによってどのように扱われているのか。関連理論では、ライフサイクルをイメージせざるをえない内的必然性はうまくとらえられているのか。

3　現代的ライフサイクル論の成立と展開

今日のライフサイクル論は、一九三〇年代に西欧の周辺部で出現し体系化された。この時期、ソビエット・ロシアを含む欧米各国では、国家主導のもと急速に産業の大規模な再編成や高度化が進められた。しかしその結果、既存の秩序は大きく動揺させられ、生活の多くの局面で緊張が高められた。第二次世界大戦に向かう深刻な危機の時代である。ライフサイクル論は、この現代への過渡期において、旧来の政治的社会的秩序が急速に力を失い産業化の波が暴力的に押し寄せていたオーストリアやスイスという西欧周辺部で構築された。その理論家は、オーストリア・ハンガリー帝国のフロイトやビューラー（Bühler, Ch.）であり、スイスのユングであり、青年期に至るまでドイツ北部からオーストリアまでを遍歴したエリクソンである。マージナル論によれば、周辺部で過渡期に生きるマージナルできわめて不安定な人々こそが、中枢に拘束されないですむので、中枢で生起する問題の本質を一挙に構造的にとらえることができる。フロイトたちの理論構成に際してもおそらく、この「境界性」が有効に働いていたものと考えられる。

今一度繰り返すなら、私たちの時間感覚においては、生物学的で土着的な循環する時間と、産業社会に固有の時計で測られる均質で直線的な時間と、高度産業社会で多くの人々がもつ実存的で一回的で質的な生きられる時間の三者が共在しており、集団の内部でも個人の内部でもこの三つの時間性が激しく相剋し対立している。三者の相剋は、今日に至るまでに徐々にその姿を現し、現代人の直面する生活上のもっとも大きな矛盾の一つとなってきた。今日のライフサイクル論は、この相剋がもっとも露骨に現れた西欧の周辺部において、問題を先取りする仕方で出現した。おそらくこの周辺地域では、なお力強く残存する伝統的土着的な時間イメージと、新たに出現しつつある産業社会の時間イメージとの乖離が、息苦しいまでに極限化していたのであろう。この乖離を端的に象徴するものとして、フロイトの列車恐怖症とこれに関連するウィーンへの引っ越し途上での夜汽車の記憶をあげることができる。いずれにしても時間性の苛酷な乖離を生きることへの実存的・理論的な応答が、彼らのライフサイクル論である。ここでは、この論の典型であるエリクソンの理論とその批判的継承者である森昭の議論だけをみておこう[2]。

1）エリクソンのライフサイクル論

ライフサイクルという用語がきわめてポピュラーになったのは、エリクソンの理論的功績である。『幼児期と社会』以来エリクソンは繰り返し、八つの段階からなるエピジェネティック・チャートを示し、この段階の全体をライフサイクルと呼び、関連する議論の内容的充実に努めてきた。彼は、ユングのいう「人生の後半」を成人前期、成人期、老年期の三つに細かく分け、人生全体を心理社会的変化という観点から一貫して記述する。ここでは、ライフサイクルに関わるかぎりで、彼の理論をごく一般的に概観しよう。

エリクソンの描くライフサイクルとは、各人の意味模索の過程であり、自分の人生を（それぞれに固有な仕方で完結するものとして、しかも永続的な生命の流れへ不可欠の部分として合流するものとして）作り上げようとする投企である。各人の人生は「生命」のサイクルであり、一つ一つがそれぞれ一回的に完結しながら、しかもそれぞれが重なりあい永続的な生命の連鎖を形作る。この人生のイメージは、まさに現代人が自分たちの生をそのように物語りたがる当のイメージそのものである。この意味でエリクソンのライフサイクル論は、現代人の日常的構成の二次的理論的構成なのである。

ところで、人生の各段階では、体の大きさの変化、中枢神経系の分化や性的成熟や老化といった生物学的生理学的変化が生じる。この変化に相応しい仕方で、各人に新たな社会文化的期待が加えられる。各人の意味模索は、この社会文化的期待への応答というかたちで試みられる。社会的文化的期待に応えようとして自己確立が試みられる事態を、エリクソンは「危機」と呼ぶ。ライフサイクルの各段階での危機は、たとえば第一段階では、基本的信頼を獲得するか、さもなければ不信に陥るかという択一の形で現象する。各人は、危機を克服しようとする努力の結果、新たに獲得された信頼と不信との力動的平衡にもとづいて、「希望」という「徳」ないし「自我の力」を身につけるのである。

すでに第4章で論じたように、エリクソンのいう徳は、たんなる価値や規範でも事実でもなく、事実／規範である。徳とは、各人が発達危機のさなかでその苦境ないし弱さにおいて切実に求める力であり強さである。この苦境にあっては、力ないし強さの確固とした実在感だけが、むつかしい意味模索をかろうじて導くことができる。そのかぎりでは当の本人にとってはこの力ないし強さは、所与の実在であるとともに、身につけることを切実に求められる課題であり、さらにいえば、規範ないし価値である。この意味で徳は各人によって求められ生きられる事実／規範なのである。

エリクソンによれば、力ないし強さの順次的獲得は、人間存在の「エピジェネティック」な「グランドプラン」にしたがう。このグランドプランもまた、各自の意味模索がその努力の軌跡として結果的に生み出すものであり、単純な事実でもなければ価値でもない。ライフサイクルが「プロ」

ジェネシスではなく「エピ」ジェネシス――「前」成ではなく「後」成――であるとする彼の規定は、ライフサイクルの現実化にあたってこのような個人の力行的努力が介在していることを示している。同じことは、彼の他の基本概念の多くについても共通する。ほかならぬライフサイクルもまた、たんなる事実であるばかりではなく、各人が求め生きる志向的価値でもある。彼は、ライフサイクルの世代間の重なり合いに繰り返し注意を促し、これをすでに述べたように異世代間の相互規制ないし相互性という言葉でとらえる。ここではライフサイクルに関する短い論稿を引用しておこう。彼は、『国際社会科学辞典』への寄稿論文（Erikson, 1968）で、「サイクル」について簡潔に次のように説明している。

「私が〔サイクル〕という語を用いるのは、それによって、個人のライフのもつ二重の傾向性（double tendency）、すなわち、一方では、一つのまとまった経験として〔自分自身を完結させる〕（to "round itself out"）と同時に、他方では、もろもろの世代の連鎖のうちでこれをつなぐ一つの環になろうとする（to form a link in the chain of generations）傾向性を伝達したいからである。個人のライフは、諸世代の連鎖から強さも弱さもともどもに受けとり、また逆に、世代連鎖へ強さや弱さを与えるのである。」

ここでは、サイクルがライフのもつ「傾向性」から規定されていることに注意を促しておきたい。傾向性は価値志向を含む事実性である。この点でもライフサイクルを事実でもあり価値でもあるとする解釈は妥当である。ともあれ二重の傾向性としてのサイクルは、ライフを一回的に完結させようとすると同時に、世代連鎖へつなぎ合わせようともする。エリクソンの理論においては、ライフサイクル論と異世代間の相互性論は不可分である。私たちの試みる教育理論の人間形成論への再構築は、ライフサイクル論と異世代間の相互性論の展開を具体的な内容とする。この理論的再構築がエリクソン理論を基盤とすることはあきらかである。ただしエリクソン理論から人間形成論への展開は、無媒介的直接的ではない。両者のあいだには、森昭の理論が不可欠の媒介項として介在する。

2）森昭の「生命鼓橋」論

森の遺著『人間形成原論』(1977) の主題は、ライフサイクルである。この主題に関連する議論はまず「発達人間学」の展開と規定されている。

「これまでの科学的探究の成果について一貫した哲学的省察を加えて、単に人間を構成する諸層の寄せ集めではない〈発達人間学〉を展開したいと思う。『人間形成原論』は哲学的省察なしには体系化され得ないのである。」(ibid., 173頁)

しかし発達という表象を人生の全体に拡張して適用しようとすれば、発達の終着点としての「目的」をどうイメージするかという難問に行きあたらざるをえない。そこで森は、「成長を超える成長の目的」の存在を否定するデュウイの主張と、「成熟性 (Erwachsenheit) への成長」について議論するランゲフェルトの主張とを、互いに突き合わせ検討する。そして両者の難点をともに超えたライフサイクルのイメージを「生命鼓橋」と名付け、これを次のように説明する。

「いろいろとイメージを探す途中でふと浮かんだのが、こちらの岸から向こう岸へ太鼓橋を作りついでゆく最近の一工法である。人間の生涯も向こう岸へ（仏教的にいえば彼岸）へ〔生〕を先へ先へと作りついでゆくようなものではないか。おそらく工学的には種々の批判・異論もある〔であろう〕が、先は存在せぬ未来へ作りつぐという点だけを受け取ってほしい。」(ibid., 202頁)

「先は存在せぬ未来へ作りつぐ」という言葉は、生命鼓橋論が人生を目標の定まらないままにそのつどに作り継がれるライフサイクルと把握していることを示している。森は、生命鼓橋について注釈を付しているが、これらはすべて教育目標論にかかわる。まず第一に、橋には対岸の目標地点があきらかであるのに対して、人間の発達には具体的目標がない。第二に、橋はすべての部分が等質であるが、人生コースは進むにつれて中身そのものが質的に変化する。第三に、橋の建設が設計に基づくのに対して、人生コースは、当初は周りに定められる割合が大きいが、主体の発達とともに主体自身の関与割合が高くなる。三つの注釈は、生命鼓橋の偶発性、不均質性、主体の関与性を示しており、いずれも在来のライフサイクル論の根本的欠陥を突いている。

それではライフサイクルの「目標」は何か。生命鼓橋としての「人生コース」の構築は、当初は他者形成に支えられ、やがて徐々に自己形成の色彩を帯びる。したがって生命鼓橋の作り渡される目標を問うためには、他者形成と自己形成からなる人間形成の目的を問わなければならない。森は、人間形成の目的を考察するために、まずビューラーとエリクソンのライフサイクル論をまとめ、さらにこの二人の議論の欠如を明らかにするためにデップ‐フォアヴァルトの議論を援用する。彼の

「〈個人の決断〉が〈人間の現実〉と結び対決しつつ創り出していく〈歴史〉――主として人生史――」という言葉が反照するように、ビューラーとエリクソンの論では、各人が先の見えない暗闇のなかで生命鼓橋を「個人的決断」によって主体的に作り継ぐ際の苦衷と創造的楽しさが十分にはとらえられておらず、さらにこの決断のなされる「現実」が根底から偶然性に彩られていることも理解されていないのである。

生命鼓橋の偶発性・不均質性・主体的関与性という森の指摘が示しているように、ビューラーとエリクソンの議論は、おもに自己決定性と偶然性の見落としという点から批判される。それではどのように考えるべきか。森によれば、偶然性には物理的次元、生活的次元、人生史的次元の三つの次元がある。人間存在とは、「彼方に想いを馳せるもの」であり、自らの与えられた生活条件のなかで「偶然の働き」を被りつつ、このような「所与の中に彼方を探るもの」である。こうしてライフサイクル論は生命鼓橋論として再構成される。個々人のライフサイクルは、それぞれの存在状況における偶然的現実と切り結びつつ決断と投企によって形作られる生命鼓橋である。しかしこれは具体的にはどんなことか。私たちは、生命鼓橋一般について、あるいは子どもの生命鼓橋や青年の生命鼓橋や老人の生命鼓橋について論じることができるのか。それとも結局の所、生命鼓橋については、固有の偶然性に彩られた個々人のものとしてしか語りえないのか。問いが次々と湧出する。しかし森の議論は、これらに答えるべき生命鼓橋論の具体的展開の直前で中断した。

在来のライフサイクル論への森の批判には、伝統的生活様式からすっかり切り離されて根源的意味喪失に苦しむ今日の啓蒙化され形而上化された大多数の生活者たちの苦悩が、かなり正確に組み入れられている。生命鼓橋の偶発性・不均質性・主体の関与性などは、以前であればほんの一部の階層だけに妥当する実存的問題であった。他の大多数の人々は、人生を伝統的な循環する季節のイメージによって安定した仕方で把握できた。しかし今日では大多数の人々は、意味づけと生き方のモデルの不在のさなかで、人生の偶発性や不均質性にいわば非武装の裸のままで直面している。「ライフサイクルを生きる」のではなく「ライフサイクルを作る」ことこそが、ほとんどすべての成員にとって共通の課題である。人生を継承されたイメージで安定して生きることはできず、それは各人の手作りであるほかはない。人生は各人の作り渡す生命鼓橋であるほかはないのである。

森は、近代社会の日常的生活者の構成を二次的に構成したこれまでのライフサイクル論を、高度産業社会で生きる私たちの生活に即して、生命鼓橋論として全面的に再編成した。これは私たちの一次的自己理解自己解釈の二次的理論的解釈である。生命鼓橋論には、私たちがライフサイクルという言葉にこめる循環性や自己完結性のほか、偶然性や主体の関与性もまた込められる。ライフサイクルの世代的重なり合いについても、端緒的な仕方ではあれ触れられている。生命鼓橋論は、ライフサイクル論の今日におけるもっとも包括的な再編成であり展開である。森のこの理論展開は、人生の永続性をたやすくは信じられなくなってきた私たちの生活実感にぴったりとマッチしている。しかし生命鼓橋のイメージでもなお不十分である。ここには次の二点が付け加えられるべきである。第一に、偶然性へ応えてそのつど成熟しようとする個人的投企は、つねに異世代間の相互性によって支えられている。第二に、この投企は、未来における死という必然性によって駆動されている（だからこそ個人的完結性と世代的永続性の二重性を同時に含みもつライフサイクルのイメージがリアルである）。人間形成は、多くの世代の（自己投企する生命鼓橋としての）ライフサイクルが少しだけ位相をずらして重なり合う場で展開される。こうして人間形成論の基本的構図（自己投企の冒険が築く生命鼓橋としてのライフサイクル、世代間のライフサイクルの重なり合いにおける人間形成、相互性）が結像する。

本節では「ライフサイクルの人間形成論」について論じた。しかしこれは本来「異世代間相互性の人間形成論」と不可分である。ホスピタリズムや児童虐待を取り上げても、老いと死を取り上げても、そこではさまざまなライフサイクルの段階にある人々の間での相互性が本質的契機として立ち現れてくる。「ライフサイクルの人間形成論」と「異世代間の相互性の人間形成論」は不可分の形で議論されて、人間形成論全体の輪郭を徐々に示すのである。次節ではこの不可分の連関からあえて「異世代間の相互性の人間形成論」だけを抽出し、これに焦点づけて議論しよう。

3　相互性の人間形成論

人々は、それぞれのライフサイクルの交点でかかわりあい、ともに成熟する。成熟は、青年期の終わりの出来事でもなければ、人生の終わりの出来事でもない。老人は老人なりに、おとなはおとななりに、そして幼児は幼児なりに成熟し、またそれが課題づけられてもいる。成熟は、さまざまな世代のライフサイクルが重なりあう場での相互形成の成果である。異世代間の相互性の人間形成論は、まさにこの世代の重なり合いに焦点をあてる。

1　生成、凝固、解体

人間形成論は異世代間相互性を主題化するが、この広い理論領域のうちでどんな主題を取り上げてみても、冒険と相互性という人間形成の基本的構造を示すまったく同じ図柄が現れてくる。しかし高度産業社会ではすべての生産と消費の単位がさまざまなネットワークに組み入れられ組織されている。ここではすべての構成員の活動は技術的合理性にもとづいて効率的に組織される。誰もがモノのように合理的に操作される人間関係では、相互性において成熟しあうことはきわめて困難である。互いの成熟を促進しあうためには相互性が求められるが、しかし大きくなった組織を運営するためには、モノどうしが合理的効率的に作動するシステムをつくり、これを維持するほかはない。相互性とシステムとのせめぎあいこそが、今日の人間関係における最大の問題の一つである。本書でくりかえし論じてきたとおりである。

第1章と第3章の事例を思い起こしてみよう。Z事例は、子どもが家族的人間関係にめぐまれないままに施設措置された場合の典型的な出来事を示している。Zにかかわる職員たちはすべて、役割規範に拘束されたシステム役割行動と治療的教育的な相互性との間で引き裂かれる。しかもZとのかかわりの失敗は、施設のシステムとしての力量の自己検討と改良の契機となる。第3章の虐待事例では、外部から家族への「虐待する親」などのラベリングが家族境界を作りだし、さらに虐待そのものが「犠牲の羊」戦略によって家族の内的結合を生みだす。このように病的に癒合する家族が凝固家族である。Z事例と虐待事例は、解体と凝固という正反対の方向から、まるでネガがポジを浮きださせるようにして近代家族や施設のノーマルな様態を浮き彫りにする。近代家族や施設は、一人一人の成員のライフサイクルにそった変化や危機に応じて不断にその結合を再構築する。いいかえればそれらはつねに、危機を契機として成員それぞれの力が交わり拮抗し押さえつけ合う力動的生成過程にある。成員の相互性による生成が遮断された二つの典型的な関係様式が、解体と凝固なのである。

生成と凝固と解体という三つの関係様式は、社会集団の三つの組織化様式でもある。第2章で指摘したように学校複合体は、社会化と人材配分のいずれの機能においても機能過剰による機能障害に苦しんでいる。機能障害に苦しむ集団の関係様式は、生成ではなくて解体か凝固かのいずれかに偏る。今日では学校複合体を構成するすべての下位組織に、生成と凝固と解体がみられる。通常ならこの複合体に収容される青少年へのかかわりを契機として、成員の生成と成熟を可能にする異世代間相互性が組織される。しかしこの相互性は、成員を含めて関連するすべてを機能要件として物象化するシステム化の力によって妨げられ、ある場合には凝固や解体がもたらされる。それではこのシステムと相互性の拮抗をできるだけ相互生成の展開に結び付けるためには、どんな努力が必要なのか。

2　システムと相互性の調停

テクノロジーに支配される高度産業社会での相互行為の世界では、つねに同型の問題が発生する。それはシステムと相互性という二つの異なった対人関係様式の間に適切なバランスをみいだすという問題である。人間による人間へのテクノロジーの行使は、物象化的に操作する主体自身をも物象化する。相互行為領域を技術的合理性によって組織するシステムは、内外へのテクノロジーの効率的行使に向けて全成員を機能要件として配置する物象化的組織である。この意味で、病院化社会／学校化社会の組織病理を非難するイリッチの診断は基本的に正当であるが、この病理に対抗してコンヴィヴィアルなものなどを無媒介に提起する点では誤っている（田中毎実 1987）。物象化に対抗して相互性などの組織様式だけを一方的に称揚する偏った議論は、むしろより一層の物象化やシステム化に加担する結果になる。システムの技術的合理性効率性を無視するロマンティックで無反省な善意は、システムと相互性との間のバランスを求めて苦慮する人々の努力に対して破壊的であり、多くの場合かえってシステム的制度化のきめを細かくする契機となるのである。

システムと相互性との調停という実践的原理的な問題こそが、テクノロジーによって隅々まで組織された高度産業社会でのもっとも本質的な問題の一つである。それでは、テクノロジーが対人的に適用される日常的な場でシステムと相互性とのバランスを見いだすためには、どんな努力が求められるのか。このことを筆者が直接的間接的に関与した具体的事例を通して考えてみよう。

事例１　特別養護老人ホームのシステム化

M特別養護老人ホームは、かなり潤沢な予算を与えられ進取の気性をもつ活動的な経営者を迎えて、実験的施設として開設された。収容者数に比して比較的多い職員は、体力と気力のある若手が多く、これに有能なベテラン職員が配置された。老人たちは、整備されたマニュアルにしたがって徹底的な管理を受け、清潔で栄養状態も良好であり、しかも可能な限り、たとえ車椅子によってでも、食堂や外に出掛けて新たな刺激を受けるように配慮されている。しかし、老人たちの惚けが減少しているようには見えず、むしろ惚けは促進されているようにさえみえる。代わりに目立っているのは、懸命にマニュアルをこなす職員たちの腰痛などの疾病である。

事例２　学校の荒れと教師集団

N中学は数年前に十数人の問題生徒を核とした生徒集団の荒れによって、授業が成立しないなどの異常な事態に陥った。当初有効な手立てをもたなかった教師集団は、父兄や教育委員会などの支持や、ある場合には警察などの手を借りて、生徒集団にじょじょにきちんと向き合うに至った。この間に教師集団は、登校しない生徒や問題を起こした生徒に対処する方途について、集団内部で深刻な討論を繰り返しながら、一定のコンセンサスを獲得した。この場合大切なことは、適切な対処マニュアルができたことではなく、マニュアルを生みだし活用することのできる成熟した教師集団が生成したことである。こうして、生徒たちに対して隔離や指導や懐柔などの対処様式を見事に使い分ける教師集団の努力によって、生徒の荒れは徐々に沈静化した。

しかし、荒れが表面上目立たなくなり、卒業や移動などによって生徒集団・教師集団がすっかり様変わりするにつれて、以前の教師集団の努力の結晶であった生徒集団への対処様式はすっかりマニュアル化し、むしろ生徒集団と無用な距離を作りだすものとなった。相互性をつくりだすきっかけを失った教師集団の仕事は、すっかりルーティン化する。生徒集団との内的な関係を失い、なおかつ教育という仕事に従事する教師集団は、徐々に頽廃する。

この二つの事例にみる頽廃は、組織が相互性とシステムとの緊張関係を失うことの惨めさを象徴的に示している。どんな相互行為状況にあっても、同型的行為の反復という局面とそのつどにユニークな行為の創造という局面とが同時に存在する。相互行為状況では、まずは、場の構造的安定性を保持しなければならないから、どうしても制度化された役割行動の反復の方が目立つことになる。しかし役割規範というマニュアル化された惰性的力に抗して、同時に相互性の生成もまた求められる。役割システムは、集団的な応答性と責任性に担われた相互性の生成によって、繰り返し基礎を補完され、建て直されなければならないのである。

どんな状況でも相互行為が反復とユニークネスという二つの特性のいずれかをすっかり失うこと

はない。つまりシステムと相互性の対立や緊張が全面的に解消されることは、実践的にも理念的にもまったくありえない。私たちはどんな行為場面においても相互性とシステムとの分裂と緊張をあえて引受け、自分たちの状況生成力自己生成力を精一杯生かす主体であろうとするほかはない。それはまた役割行動を演じつつ同時に役割演技の隙間をみつけだし、そこに遊びの余地を確保することにほかならない。さまざまな治療的教育的相互行為に関する多くの事例は、きわめてつらい状況にあってさえ関係者たちによって相互形成のダイナミズムがかなりの程度に発揮されていることを示している（田中毎実ほか編 1995）。つらい事例をはなれて日常生活に帰るなら、相互形成の成立可能性ははるかに大きく見積もることができる。

ウィニコット（1993）は、母親の大半がそうである「程のよい（good enough）母親」の着実な仕事ぶりを高く評価する。日常生活を支えるのは、「程のよい」とか「自然な」とかと形容できる一種の共通感覚である。この共通感覚は、生得的に共有されているというよりも、実際には強く社会文化的歴史的に規定されて後天的に獲得される。社会が伝統的であればあるほどこの意味で共通（コモン）であることは容易である。残念ながら、高速度にすべてが変化する高度産業社会では、コモンであることはあまり望めない。「程のよさ」や「自然であること」は、実はそのつどの社会状況に適った仕方で人間存在の潜在力がダイナミックに表出されてかろうじて成立する。今日の社会はこのような表出をかなりむつかしくしている。しかし多くのつらい事例からすぐに類推できるように、私たちはみな「程のよさ」や「自然であること」を基盤にして相互形成を担うのに十分なパワーを共有しており、実際に多くの人々が日常のさまざまな生活世界の局面で相互形成に従事している。この点でも私たちは楽観的であることができる。この「程のよさ」を次節で私たちは「適切な半身の構え」と呼ぶが、これこそが「日常性の奇跡」の担い手である。

人間形成論が議論しようとするのは、こどもや若者の教育だけではなく、ライフサイクル全体を通しての異世代間相互形成の全体である。それは、登校拒否やいじめや中退や非行や授業の不成立などにみられるように、これまでの教育を支えてきた自明な基盤が崩れつつあるからであり、教育を再編成するためにはぜひとも教育の根底にある異世代間の相互性に立ち返らなければならないからである。この場合すでに繰り返し述べてきたように、私たちは、自分たちの内在的な形成力を十分に信頼して、ともに相互形成の旅路へとでかけることができるのである。

4　人間形成論から臨床的人間形成論へ

人間形成論は、学理論的にいえば、ライフサイクル論と異世代間相互性論を梃子にして在来の教育学を全面的に再編する新たな分科である。この分科の中核概念はライフサイクルと相互性だから、その確実な基盤はエリクソンと森の理論にある。臨床的人間形成論は、森の教育人間学から私たちの人間形成論に至る理論展開の延長上に位置づけることができる。森の理論構築の試みはそれが中断した以降、私たちの人間形成論に関する共同研究（岡田渥美編 1994, 96）を唯一の例外として、これまでほとんど引き継がれてこなかった。本書はこの理論的継承という文脈のうちにある。

1　教育学から臨床的人間形成論へ

臨床的人間形成論には、教育人間学や人間形成原論や人間形成論など、伝統的教育学をくみかえようとするさまざまな理論的試みが先行している。関連理論の展開は意外に複雑で簡単に見通すことはできない。しかし幸いなことに、この過程全体を一定の精度で一挙に概観できる一種の戦略高地がある。森昭の理論である。森は、我が国のみならず世界的にみても最初に体系的な「教育人間学」を展開し、これをさらに「人間形成原論」へと再構築しようとした。この特異で特権的な理論の展開過程に焦点を当て、しかもこれをとりまく複雑な文脈を概観するなら、臨床的人間形成論への理論展開過程全体を一挙に把握することも可能となる。森は教育理論をまず、関連する諸知見を統合する教育人間学へと拡張しようとし、次いでこれを人間形成原論によって原理論的に再統合しようとした。森はその理論構成において統合論と原理論とを同時に追求したのである。もう少し細かくこの経過をみてみよう。

1）　教育理論の建て直しから教育人間学へ

森はその初期には、教育現実に外在的指導的に関わるのではなく、むしろ変容きわまりない教育的潮流（制度、実践、理論の変化）と実践者たちの集団的努力とにきちんと向きあい、これへ理論構築によって参与しようとした（森昭 1948, 50）。その理論的特質は「建て直し」という点にある。森がこのような仕方で教育理論を構築し始めたのは、戦時下における総力戦への総動員体制が戦後における経済戦への総動員体制へと大きく移行した時代においてであった。この時代状況のもとで、森の建て直し型の認識の営みは大きな存在意義をもった。時代が求めたのは現状維持でも構造変革でもなく、戦中期からの連続性と非連続性をリアルに見据えた建て直しを支える理論だったからである。(3)

しかし森の地道な建て直し路線は、『教育の実践性と内面性』（森昭 1955）の「補論」以来、徐々に統合学的で原理論的な教育人間学の構築をめざすという、単色の学術的色彩を帯びてくる。この時期には、高度経済成長期が目前に迫り巨大な学校複合体が徐々にその輪郭をあらわしつつあった。まさにこの時期に森は、敏感に自分の理論化の軌道を修正し、この新たな途方もなく巨大な社会的現実に拮抗できる全体的理論の構築に着手したのである。爆発的な制度化へと自動回転する現実に直面して、教育の理論には、実践者集団との日常的協同などを超えて、巨大な教育現実に拮抗できる統合理論を構築するという膨大な作業が求められる。「教育以前」の生物学的事実から出発して、「教育以上」の実存的人格的問題にまで及ぶ壮大な統合理論の構築がめざされる。その理論的結実が、『教育人間学――人間生成としての教育』（1961）というあまりにも膨大な百科全書的労作である。

しかし時代状況は、七〇年代後半以降九〇年代にかけて徐々にあらわになる経済主義の自己解体とともに今一度大きく転換する。『人間形成原論』（1977）はこの社会的トレンドを先取りする。それは、経済的「成功」のもつ人間疎外的特質についての苦々しい記述で始まり、統合論的な教育人間学の原理論的再構築をめざして議論を進めるのである。ここでは人間の生涯、意味模索、生命鼓橋、死などに焦点があてられるが、これらはすべて重篤な病のうちで死を間近に控えた著者自身の究極的関心事でもあった。人間形成原論の理論的特性は自己関与性と自省性にあるが、これは伝統的な教育理論が見失ってきた特性である。しかし教育理論の原理的基礎づけの試みは、森の死によって中断され、実践理論としての教育理論の臨床性の獲得というほとんど手つかずの課題とともに、残されることになった。

『人間形成原論』で森は、新たな時代状況が要求する「建て直しそのものの建て直し」という理論的課題を予感しこれを先取り的に遂行しようとした。これはどんな仕事であったのか。それはおそらく、森の理論の初心に今一度立ち返る仕方で、巨大な教育現実のもとで呻吟する実践者たちと理論家たちへの協働性を回復すること、つまり教育的公共性（田中 2000）を生成させることであり、教育的公共性の生成に向けて理論をあらためて臨床化することである。教育人間学、人間形成原論、人間形成論へと次々に展開する教育理論の自己回復運動は、つまるところ臨床的人間形成論へと行き着く。しかしこれについて論ずる前に、教育人間学から人間形成原論を経由して人間形成論へ至る理論展開過程について、もう少し詳しく具体的にみておこう。

2)　教育人間学から人間形成論へ

森以後今日に至るまで、人間形成原論については新たな展開はみられないが、教育人間学についてはドイツと日本で若干の展開があった。(4) ドイツでは七〇年代までのボルノウに代表される哲学的存在論的議論とロートに代表される統合論的実証科学的議論を両極とする理論構成の伝統が継承されて、新たな理論的試みを生み出してきた。ツィダルツィル（1978）やヴルフ（1994A, B）がその典型である。

しかしたとえばヴルフのいう「歴史的教育人間学」は、在来の原理論的統合論的教育人間学という基盤に、フーコー、アリエス流の考古学ないし社会史の発想を接ぎ木し、ここで出来上がる大きな枠組みのうちにフランスなどから流入した新たな雑多な知見を無造作に注ぎ入れてできている。この理論構成は、臨床的なそれとは正反対である。臨床理論的発想では、いまここで出会う事象についての日常的実践者の一次的解釈についての二次的解釈に援用するために、歴史的解釈や存在論的解釈が呼び出される（Schutz, 1970）。一次的解釈と二次的解釈との往復的循環を通して、実践への関与と理論構築が同時に進むものと考えられているのである。しかしヴルフ的にいえば、一次的であるのは原理的統合論的な基盤とそのうえに屹立する歴史的事象という理論構成であり、今ここで出会われる事象は、この構成を前提として二次的に解釈される。理論構成の契機は、新しい理論的成果との出会いやその移入ではあっても、新たな教育現実との出会いではない。教育現実は、新たな理論の適用対象ではあっても、理論が新たに生成するフィールドではない。これは典型的なメタ理論であり、私たちのめざす臨床的理論からすれば、はっきりとした理論的倒錯である。臨床的人間形成論の構築は、この我が国にも蔓延する理論的倒錯(5)を逆転させようとする森の志向性を継承しようとする理論的試みである。

ドイツでの理論展開に対応して、我が国でも森以後、教育人間学にはつねに一定の関心が向けられてきており、ドイツでの新たな理論展開はほとんど間をおかずに即時に紹介されてきた。その集大成が氏家の大著（1999）である。ここではドイツにおける教育人間学の発端からツィダルツィルに至るまでの業績が、統一的な観点から体系的に紹介されている。紹介を超える新たな理論構築も試みられていないわけではない（西平直 1993, 1997, 1998./矢野智司 1996）。しかし統合論と原理論とを同時に追求して自前で教育人間学、さらには人間形成原論を構築しようとした森の学理論的志向性は、実質的にはあまり継承されてはいない。この志向性は、所与の教育現実への理論の応答性責任性という彼の理論構成上の倫理的前提とともに、自覚的に引き継がれるべきである。ここで構築されるべき理論は、森の言うところの「統合論に偏った」「教育人間学」ではなく、かといって統合論的偏向への反動から原理論に偏って命名された「人間形成原論」でもなく、ただ単純に「人間形成論」と名付けるべきである。その理論的視野を、たんなる「子どもを導く術」から、人間のライフサイクル全体と異世代間相互形成へと拡大する理論である。森の『人間形成原論』ではすでに端緒的な形ではあるが、ライフサイクル論と異世代間の相互形成論が重大な理論構成要件として語られている。森の教育人間学から人間形成原論へ至る自前の理論構築の試みは、人間形成論構築の仕事に引き継がれるのである。

3）　人間形成論から臨床的人間形成論へ

人間形成論は、教育人間学の原理論と統合論を統一するという志向性を受け継ぎ、新たな関連理論の出現や教育現実との出会いをきっかけにして、人間存在論と人間形成論との互いを基礎づけあう往復的循環をくりかえして徐々に構築される。つまり「人間からみて教育とは何か」という人間存在論的人間形成論の問いと「教育からみて人間とは何か」という人間形成論的人間存在論の問いを、循環的に問い続けるのである。教育人間学の最大の理論的貢献は、人間が高度に教育を必要としかつ教育の可能な存在だという知見をまとめあげた点にある。しかし本書ですでに繰り返しみてきたように、つねに異世代間の相互形成のただなかにある人間は、みずから教育を担うことを避けることのできない存在でもある。したがって人間形成論的人間存在論は、人間存在を「教育の必要な存在、教育の可能な存在、教育を担う存在（教える存在）」の三者から総合的に再規定することになる。この三つの人間存在規定は、互いに補いあって異世代間の相互性という相互形成連関を指示する。(6)

私たちは、所与の歴史的社会的条件のもとで相互に関係しあい生成する。この点では子どももおとなも老人も死にゆく人々も少しもかわりはない。今一度くりかえすが、人間形成論的人間存在論は、人間存在を教育の必要な存在、教育の可能な存在、教育を担う存在（教える存在）の三者から規定する。この再規定は、在来の教育学の前提にある教育主体と学習主体との教育的配慮を媒介とする実体的分裂という既存の人間存在論的構図を全面的に破壊する。つまり人間形成論は、互いの存在への互いのレスポンスによって互いに成熟していく異世代間の相互性という新たな発想によって、在来の非対称的な教育関係論を乗り越えるのである。

人間形成論は、ライフサイクルと相互性という中核概念をめぐって一定の理論的成果を蓄積してきた。人間形成論の問いを駆動するものは、新たな理論との出会いであり、新たな教育現実への直面である。人間形成論への理論展開は、教育理論が具体的現実性との出会いという形で臨床性を獲得する過程でもある。これは、十分に生産的な場合には、教育実践主体の反省的自己形成運動であり、さらにいえば教育的公共性の構成運動でありうる。しかし人間形成論が臨床性を獲得し、教えるもの自身の当事者性を十分に回復することは、まだ十分にはできていない。この臨床性を学問的自己規定として自覚的に引き受ける分科が、臨床的人間形成論である。臨床的人間形成論は、森の教育人間学から人間形成論に至る理論展開の自然な延長上に位置づけられる。しかしかりに教育理論が本来臨床的であるべきだとするなら、教育学から臨床的人間形成論への理論展開は、教育理論が統合性と原理性を獲得し、具体的な現実性との出会いという形でその本来の学理論的特性（臨床性）を取り戻す自己回復の過程でもある。臨床的人間形成論は、教育理論の新しい分科であるとともに、教育理論の自己回復でもある。そして臨床的人間形成論は、教える存在の反省的自己形成と結合することによって教育的公共性の生成を可能にするのである(7)。最後に、この教育的公共性との関連に留意しながら、臨床的人間形成論の学理論的特質について考えておこう。

2　臨床的人間形成論の生成と教育的公共性の生成

我が国では六〇年代以降、社会の相対的に自律した巨大な部分領域となった教育現実がさまざまな問題を自生的に析出するにつれて、教育の理論には、外部から知や技能を伝達したり指導や批判を加えたりするのではなく、教育現実の構成者たちの自己認識や自己形成に協働することが求められてきた。この課題へ応ずるためには、教育の理論はまず、臨床性、理論的統合性、自己関与性、自省性などを確保しなければならない。求められているのは、教育理論の臨床的人間形成論への自己展開である。この新たな分科の学理論的特質とその成立可能性について考えてみよう。そのためにまず、「臨床教育学」（皇紀夫ほか 1966, 2002）という新たな分科について論じておかなければならない。

1）臨床教育学の展開

すでにみたように森は『教育人間学』で、教育理論の爆発的な拡大と分化という不可避的趨勢に抗して、あえて理論的統合という反時代的作業を遂行した。この理論的努力は、無反省に分化しつつあった当時の教育諸分科を、生成しつつある巨大な教育現実に対峙しうるものとして何とかまとめあげようとするものであった。森は、この膨大な作業を自分一人の力業で何とか達成しようとした。以後の諸分科のもっと爆発的な展開からすれば、この仕事は今日では、個人的にではなく、研究者集団の協働によってのみかろうじて達成可能である。臨床教育学は、森のこのような試みを、理論的統合と実践者集団との連携に焦点づけて発展的に継承するものでもある。

教育の理論が実践者集団とうまく連携できれば、教える存在としての人間の自己認識を生成させ、さらにその自己形成（すなわち教育的公共性の生成）を助成できる。臨床教育学は、実践に向けての諸分科の統合、理論と実践者集団との統合を同時にめざす。たとえば不登校の子どもに直面する親を想定してみればあきらかなように、日常的教育状況での問題場面では、教師や親などは誰でも、問題解決に利用できる手だてを貪婪に残らずすべて利用する。教育諸分科の連携、実践者集団との協働をめざす臨床教育学は、この実践者たちのプラクティカルな日常的問題対処と同じ地平にたつ。臨床教育学は、日常的教育場面での実践者たちによる理論と実践との素朴な連携を出発点に置いて、教育理論を教育的公共性の生成へと差し向けるのである。

今日の高度大衆教育体制の深刻な機能障害という新たな質的問題への対応を迫られて苦しむ実践者たちに対して、教育の理論は総じてうまく応えることができていない。臨床教育学が求められるのはこのためである。臨床教育学は、教育現実のさなかで問題に直面して徐々に構築される新しい分科である。教育諸分科は、高度に分化して互いの疎通性を欠いており、現場に向けて共働する前に、まず対話や協力や連携を図らなければならない。臨床教育学は、教育諸分科の相互疎通や実践と理論との連携をめざすが、そのためには疎通や連携を可能にする新たな言葉を開発しなければならない。新たな言葉で語られる新たな知こそが、臨床教育学の内容である。

教育の諸分科や実践を結ぶ新たな言葉の母胎は、理論や実践の基盤にある日常語による教育解釈である。言葉と知が新たに獲得される手順は次の通りである。理論はまず、誰でももつ日常的教育解釈に二次的解釈を加え、この解釈を再び日常場面に差し戻す。二次的解釈は力量を試され、うまくいけば一次的解釈に構成的に作用する。つまり二次的解釈が、日常的解釈を導いている解釈枠組に衝撃を加えてこれを組み換えさせ、その有効性を証明する。この一次的解釈と二次的解釈との限りない循環が、臨床教育学に徐々に具体的内実を与える。実践者はとかく目前の問題に気を取られて狭い蛸壷に陥りがちであり、理論家は学界用語という隠語の世界に自足して閉じ篭もりがちである。臨床教育学は、両者が実質的に連携できる場を提供する。教育理論の教育現実への回帰は、教育理論を日常性というその生成の現場に連れ戻し、本来の馬力を回復させせようとするものでもある。臨床教育学の「臨床性」は日常性への直面を指示する。臨床教育学とは、理論の日常性への発生論的還元によって、教育理論そのものを教える存在の自己認識へと差し向けようとする理論的試みなのである。

臨床教育学は、教育人間学の統合論志向を継承し、日常性にその成立基盤を求めつつ、理論家集団と実践者集団との連携による教育的公共性の生成に向かう。しかしこれは、内実においてはなお未成の構想であるにとどまる。連携の母胎は日常的な言語使用にみいだされるが、言語使用の解釈学的分析を超えて連携を実質化する方向性は十分にみいだされてはいない。この実質化は、臨床教育学の教育学的枠組みを人間形成論の方向へと突破することによって可能となるはずである。つまり教える存在の自己認識は、「子どもの発達の助成」という教育学的発想からは徹底できず、（実践者ないし理論構成者としての）おとなの側に否応なしに自己関与を強制する「ライフサイクルと異世代間の相互形成」という人間形成論的発想によってのみ徹底されうるからである。臨床教育学を人間形成論へと再編成する結果出現するのが、臨床的人間形成論である。

2）臨床的人間形成論へ――日常性の奇跡と希望の記述

臨床的人間形成論は、臨床教育学を人間形成論化した所産であるとともに、人間形成論を臨床化した所産でもある。それではこの「臨床性」はどんな意味をもつのか。それは、さしあたってはきわめてラフに「病の床に臨む」という原意を生かし、「実践的で具体的な局面に焦点づけて」とか「具体的な問題に直面して」とかのさまざまな含意をこめて、理論生成的な力をもつ日常的な教育現実に直面する理論の様態を示す。ここでは臨床性と実践性（ないし実践関連性）はほぼ同義である。ただし、どんな言説も言説そのものの外部をもちえない以上、「教育現実への直面」を基準にして、臨床的言説と非臨床的言説とを区別することは、あきらかに誤りである。これを考慮にいれて正確にいえば、臨床的であることとは、教育現実を構成する一次的日常的言説との出会いによって、言説を不断に二次的に編み直そうとする構えである。この場合、臨床的理論が臨床性へ拘泥するのは、それが自らの根差す日常性の価値や意味にあくまで拘泥するからである。

日常性は、（解釈学の「理解のための前理解」という発想を援用するなら）言説そのものの前言説的基礎である。日常性は、在来の教育理論では二重の意味で蔑ろにされがちであった。日常性は、一方で伝統的な言説では、外部から意味や理念の適用される対象として扱われてきたし、他方で批判的な言説では、外部から批判の加えられる対象として扱われてきた。これはあきらかに、理論が自らの複雑で豊かな基盤を自ら掘り崩す倒錯である。しかしそれ以前に現に日常性のうちで生きている多くの人々は、実践者であろうが理論家であろうがこの種の脱日常的でメタ的超越的な規範設定にも批判にも飽き飽きしているのが現状であろう。

本書では、ライフサイクルにそった相互形成のありようをみてきた。大半の人々は、子ども期や青年期の冒険と依存、自閉と漂流の使い分けという難しい課題を、さらに、おとな期の程のよいジェネラティビティの発揮と自己実現の同時的達成という厄介な課題を、最後に、老年期の老いと死の受容というきわめて困難な課題を、ごくやすやすと達成している。この外見上きわめて容易にみえる仕事は実際にはどれだけ複雑で豊かな仕事であることか。このことは、第1章や第3章でみたように、それが破綻した事例を振り返ってみればすぐにもあきらかになる。本書であつかった未完結事例は、この「日常性の奇跡」の構造をあらわにするものでもある。臨床的人間形成論は、ごく普通の人々がやすやすと達成している日常性の奇跡の複雑さや豊かさを十分に評価し把握して、まさにそこに理論と実践の根拠をしっかりと確保しようとする。在来の教育関連理論は、ともすれば日常性からの逃走や超克について語りがちであった点で、深刻な反省を必要とする。日常性の奇跡

図4　臨床的人間形成論の位置する生成的連関

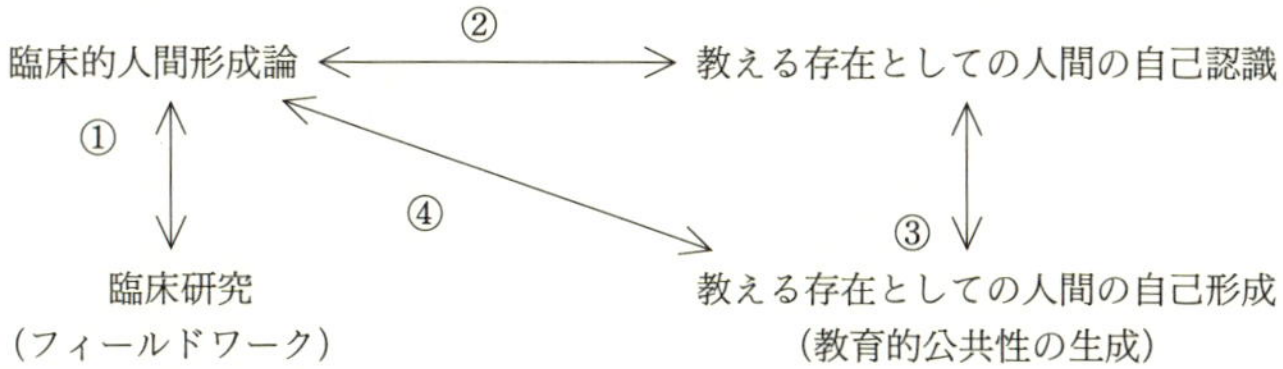

について語るという意味で臨床的人間形成論は、希望のない時代にあえて希望を描く仕事でもある。本書ではこの希望を十分に描きえているのか。ともあれ本書の最後には、この希望という観点から、理論と実践の関係、教育的公共性の成立可能性についてまとめて考えておこう。

臨床的人間形成論の成立可能性について考える場合、その議論のポイントは、理論の担い手と実践の担い手との相関にある。図4を参照されたい。臨床的人間形成論は、この図に込められている理論的・実践的循環がうまく作動する限りで成立可能である。それでは、この循環がうまく作動する条件とは何か。

図4から明らかなように、理論が実践者の自己認識を先取り的・一般的に理論化し、その理論を「教える存在としての人間」が自己認識に結実させることによって、理論と実践の連携が成就し、教育的公共性が生成する。しかしまず、理論の担い手が、どのようにしてどのような認識を獲得するのか（①）が問題である。教える人間の自己認識とかかわらない非臨床的理論は、教育的公共性には到達できないのである。しかしもっと重大な問題がある。認識が成立することと、この認識が実践の担い手に受け容れられて自己認識になること（②）、さらにこの自己認識が新たな実践主体

（教育する存在）の自己生成に結実すること（③、さらに④）との間には、それぞれに深淵が潜んでいる。その際、わけても、臨床的人間形成論による実践者集団の自己認識の代行が、実践者集団自身によって受け入れられる（②）ことこそが、この理論生成的・実践生成的循環が作動するためのもっとも根本的な前提なのである。

もちろんこの理論と実践との連携問題は理論のレベルで解決できるわけではない。この課題は、具体的な教育状況で提起され、この状況において具体的に解決されるほかはない。理論はこの解決を導くことはできずただ助成できるだけである。ただしこの連携にはあるていど安定した基盤がないわけではない。その基盤とは理論と実践が共通に生い立ってくる日常性である。臨床的人間形成論は、臨床的という規定によってこの日常性という連携基盤を指示している。しかしここで再びシステム役割と相互性との調停の難しさという問題が立ち現れる。今日では実践者も理論家もともに、細かく分化したシステム役割のうちにあり、役割という隔壁を超えた連携による公共性の生成はかなり難しい仕事となっている。この状況でなお公共性の生成は可能か。ここではこの問題について、筆者の体験的考察を提示しておこう。

3）　公共性の生成と半身の構えの連携

私たちは以前、愛媛心理療法研究会のメンバーを中心に、本書で取り上げた鷹尾のケースレポートを扱う研究書をまとめようとした。しかし精神科医を中心とする専門家集団との間で深刻な軋轢と議論を繰り返したあげく、結局刊行を断念した。対立のテーマは多岐にわたったが、なかでも中心的であったのは、問題行動を繰り返し施設措置のために一時保護された児童Zに対して実施した心理療法的介入の妥当性であった。この介入が妥当であるか否かの判断はたしかに重要である。しかし少なくとも私には、「専門家たち」の議論は不寛容で排他的であるようにみえた。「その判断は専門的にみて妥当でない」という立言は、「専門家である私に従え」という含意をただ機械的に繰り返すだけのものになりがちである。議論はむしろ、この孤立した中途半端な介入を一方的に裁断するのではなく、この孤立を専門家を交えた連携に組み替える組織的・臨床的方途について真剣に考える方向に向かうべきであったと思われる。ともあれここには、専門性という主題をめぐって、本書で繰り返し取り上げてきた役割と相互性との調停という問題が潜んでいる。

その中途半端な心理療法的介入において、鷹尾は、児童相談所心理判定員の役割行動の自己解釈を極限まで膨張させて既存の役割関係を超え、児童Zを（施設措置のための心理判定の対象者ではなく）統合的な存在者とみなしてこれに向き合い、その限りで自分自身も統合的な存在者となった。この相互性への既成の役割関係の超越は、役割の範囲の水平的な拡大であるよりも、むしろ日常的で部分的な関係性からの垂直的な超脱である。しかしこれは極度に緊張と集中を求められる事態であるからあまり持続はされず、やがて役割行動の日常的な循環に回帰する。僥倖ともいえる一瞬の光芒は、心理療法を施設措置判定の言説連関のうちに切りつめたり、専門医の診断の言説のうちに回収したりして、ごくごく短い期間で消失した。しかしながらこの出来事は、相互性とシステム役割との関連を考える上で、きわめて示唆的である。

たとえば、家庭裁判所の調査官は、裁判官の判断を補佐する資料を収集するために、一定期間、関係者たちと面接を繰り返すことができる。この場合、問題を起こした未成年者たちとの規則的な面接は、時として心理療法と酷似した過程をたどり、心理療法と同様な治療効果をもたらす。ただしこの仕事は、心理療法の場合のようにすっきりとした契約関係のもとにあるわけではないから、職業的で専門的な治療者（精神科医、カウンセラーなど）の目からみれば、どうしても中途半端さや危うさを免れることができない。この危うさや中途半端さは、家裁の調査官に限らず、教師、医者、看護師、ソシアルワーカーなどの援助職一般の仕事のある部分に、いつでもつきまとう限界である。今日ではしばしば、「教師のカウンセリング」・マインド」などという奇態な和製英語が語られるが、これもまた教師のカウンセリングへの中途半端ないわば「半身の関わり」を象徴的に示している（田中毎実 1993A）。かれらはこの中途半端さを半身の構えをとる人々の連携によって克服しなければならない。さらに、カウンセラーや精神科医などの専門家たちもまた、すでに死の受容について論じた際にふれたように、キュアの専門家であることに加えてケアの専門家でもあるように自分たち自身の成熟を補償しなければならない。つまり、これらの人々もまた、半身の構えによる連携に加わらなければならないのである。このように半身であることと、半身で連携することは、積極的に承認されるべきであろうか、それともその危険性をきちんと批判し徹底的に否認されるべきであろうか。

相互性は、システム役割からなる惰性的で日常的な系を、内からいわば「垂直」方向に突破する。「半身の関わり」は、役割という部分的な関係から相互性という全面的な関係への中途半端な移行であるが、この「中途半端さ」によってこそ、役割関係を土台にする役割関係の垂直的な突破という複雑な事態が立体的に示される。突破は挫折していずれ再び惰性的日常性へと回帰するが、挫折した突破は、日常レベルで成立しうる豊かな異世代間相互の成熟や発達のありようを構造的に示すのである。この半身の構えをどう評価すべきか。

「半身の構え」は、一般には積極的にも消極的にもなりきれない中途半端さを意味しているが、しかし次の例では、受動的でありながら能動的であるようなある種の戦闘的性格を含んだ緊張を示している。

「この肖像画の作者は不明であるが、以上のいきさつからみて、誠によく尼公の風姿を示している。すなわち金箔をバックにして雛壇上に法衣をまとって立膝した姿は、宰相夫人としての威を遺憾なく示している。そして温和な顔容の中に叡智の眼を据えた半身の構えに時勢のきびしさを感じさせる。」（小浜市ホームページ）

この肖像画の緊張に満ちた構えは、武道の基本形を受け継ぐものである。

「武道の構えはおおむねどちらかの足を引いて相手にたいして正面を向かないようにする。これを半身という。……もし正面を向いて立っているのであれば、左右のどちらかの足を引いても、体は相手の攻撃線上に残ってしまう。半身の構えとは相手の攻撃範囲を自分の左右どちらか半身を与えるだけにする体勢の事である。武術とはいかに、半身の構えで高度な動きを実践するかといってもよいように思う。……対象に対して自分の正面をあわせて作業するのは、人間の力がもっとも安定して効率よく使える為の大原則なのだ。……ところが、戦うのであれば正面立ちであれば、相手に攻撃を先に受けてしまった場合は大きく跳び下がる以外かわしようがない。下がれば相手は前に出て追うだろう。こちらは後ろに又下がらねばならない。相手の優位はゆらぎようもない。……正面立ちで構えて見る。体の中心線はへそ前にある。これが半身に構えれば左右のどちらかにずれることになる。これは誰にとっても未知の領域だ。そして正確にその線を出すのは至難の業なのだ。そして実際の攻防ではその線の延長上に相手を捉え、その上で最大、最速の作業を効率よく行った方が勝ちをえる訳だ。」(http://www.alpha-net.ne.jp/users2/thule/budou)

武道の半身の構えは、今日の私たちの日常を律している正面向きの構えからすればまことに非日常であるが、実はこれはかつての日本人にとってはごく日常的な姿勢であった。

「ナンバとは右足と右腕をそえろえて前に出したいわゆる半身の構えのことで、簡単に言えば、農夫が鍬を手にして畑を耕す姿勢である。盆踊りなどでもそうだが、右足がでれば右手も同時に前に出るこのナンバが日本の芸能の基本なのだ。この姿勢で右半身、左半身と交互にだして歩行に移ると、歌舞伎の六方でその誇張された形がみられるようなナンバ歩きになる。幼稚園児たちを行進させようとすると、右手と右足、左手と左足をいっしょにだして歩きだすことがあるが、日本人の固有の歩き方は、極端にいうとあんな形だったのだ。ただ、腕はほとんどふらない。したがって、右肩と右足、左肩と左足がいっしょにでるわけだ。」（野村雅一「しぐさの人間学」日本経済新聞一九九八年十月十四日付）

向かう目的に対して「体がねじれない」（甲野善紀）というのが、武術において相手に半身の構えで向かう場合の特性である。本書で私の用いる「半身の構え」は、このような武道の用法における〈攻撃と防衛との間の緊張に満ちた対峙の姿勢〉から一般的用法における〈中途半端な逃げの姿勢〉に至るまでを含んだ広い意味で使用する。実際の半身の構えは、この二つの極点の間でさまざまな「ぶれかた」で振幅を繰り返す。

高度にシステム化された今日の組織では、相互性は常に「半身の関わり」という中途半端な形でしか生起することができない。「半身」であることは、行為者が危機の深淵に臨んでいることを示している。この「半身」は、別の「半身たち」との連携を開くきっかけとなるかもしれないし、あるいは相互性の相手も自分も深く傷つくきっかけとなるかもしれない。いずれにしてもこれをきっかけにしてこそ、実践者たちの連携、実践者と理論家との連携の可能性が開かれる。臨床的人間形成論は「教える存在としての人間の自己認識」であるが、この認識の「教える存在としての人間への自己形成」（教育的公共性の生成）への結合は、半身の関わりにおける連携によってのみ可能となる。たしかにその反面には、底知れぬ挫折の深淵が口を開いている。しかし多くの人々がその日常性においてごくやすやすと演じている奇跡は、私たちがなお半身の構えの連携による教育的公共性の生成を希望することのできるしっかりとした根拠なのである。

注

はじめに

（1） 以下の五事例は、さまざまな場でさまざまな形で公表されている事例などをもとに、筆者が大幅に手を加えた創作である。

（2） 「教育」（education, Erziehung）」および「教育学」（pedagogy, Pädagogik）」の語源については、森（1968, 39-40頁）を参照。

（3） ニーチェ（1990）は次のように記している。「病者の光学からして自分のよりはもっと健康な概念と価値とを見渡し、今度は逆に、豊かな生の充実と自信とからデカダンス本能のひそかな営みを見下ろすこと――この修行に私は一番長く年季をかけたし、私に何か本当の意味の経験があったと言えるとするならば、まさにこの道においてだ。今では私はこの技術をすっかりものにしている。物の見方を換えるということはお手のものだ。おそらく私にだけ『価値の価値転換』などということが可能なのはそもそもなぜなのか、その第一の理由はここにある」（川原栄峰訳）。本書では、病者の光学と健康者の光学の力動的相互補完機能は、日常性を批判しそこから超脱するためにではなく、もろもろの力が湧出し躍動する「日常性の奇跡」をとらえ、それへと再帰するためにこそ用いられる。「臨床的人間形成論」の学問論は最終章で試みるが、結論を先取りしていえば、この呼称における「臨床的」の中核的意味は、「日常性の奇跡への理論的還帰」ということにこそある。

第1章

（1） 「ホスピタリズム」は「施設病」と訳される場合もあるが、必ずしも正確な訳とはいえない。この言葉の厳密な規定については、本章の第4節第1項を参照。

（2） 現状調査表や心理判定書などは、議論の大筋には関わらないので、ここでは割愛する。詳しくは田中ほか（1991）を参照。

（3） WISC知能検査で特徴的なことは、①言語性に比し動作性の方が高いこと。②言語性において、一般的理解と類似問題の評価点が2である以外は5～7の範囲にあること。③動作性では絵画的配列が評価点1であるのに対し、組み合わせ問題と迷路問題のそれは11であること。この三点が指摘される。このことから、ある状況を的確に判断し処理する能力や、自分を取り巻く世界との関係を柔軟に指向する能力、また日常生活の予期・予測力といった、社会適応上大切な能力が育っていないといえる。

（4） ゴールドファーブ（Goldfarb, W.）の研究については、子嶋謙四郎（1980）およびボールビー（1967）を参照。

（5） 加賀乙彦（1986）を参照。ただし加賀と著者の見解は、たとえば死刑囚に親和的な精神的疾患の割り付けなどの点で微妙に食い違っている。この点についてはとくに同書第1章を参照のこと。

（6） このZの働きの意味については、河合隼雄（1985）のいう「トリックスター」を参照。

第2章

（1） 本章はドイツ教育学会での以下の発表にもとづいている。Tanaka, T., ”Floating Around” and ”Self-Confinement” as the Result of Over-Adaptation of Young People in Japan today.: Towards the Reconstruction of Pedagogy through the Examinations on the Relevant Data and Several Case-Study, in: Symposium: Von Japan lernen ? Staatliche und private Bildung in der Geschichte und Gegenwart Japans.: 13. Kongress der Deutchen Gesellschaft für Erziehungs-wissenschaft: Martin-Luther-Universität Halle-Wittenberg: 11.-13. März 1996 in Halle an der Saale. この発表原稿はすでに公刊されている。

（2） フロム（1952, 67）における「社会的性格」（social character）の規定を参照。この概念の成立過程と意義については田中毎実（1977, 78, 79, 80）を参照。

(3) 第5章における「半身の構え」に関する議論を参照されたい。

第3章

(1) 大人の成熟、とくにライフサイクルの頂点の左右に大きく広がる中年期、その固有の位置による危機などのイメージについては、ユング(1930)を参照。かれは人生を、海から昇り海に没する太陽の描く円弧のイメージ、あるいは空中に発射した銃弾の描く放物線のイメージでとらえ、その頂点での未来展望の激変から、自己実現の課題と直結する中年危機のありようを記述する。ユングのいう個性化ないし自己実現については、フォン・フランツによる簡便な要約(Jung et al., 1964. 河合ほか訳『下巻』5-128頁)を参照。ユング派の「自己実現」に関する包括的発展的議論については、ノイマン(1971)を参照。

なお、今日我が国で用いられている「自己実現」という言葉は、伝統的なドイツ観念論やユングの用法にしたがっているわけではなく、おもに英語圏の議論の翻訳である。ここで該当する原語には、“self-actualization”と“self-realization”の二つがある。論者によってこのいずれかが用いられており、たとえばマスロウはもっぱら前者を、フロムは後者を用いる。両者の意味の違いはあまりはっきりしない。あえていえば、前者(self-actualization)では、人間の内在的潜在力の自発的(あるいは押さえきれない内発的)発現ないし展開に重点がおかれており、後者(self-realization)では、自分の理想的なあり方を実現しようとする個人の努力に重点がおかれている。二つの前提とする人間観にはあきらかに大きな食い違いがある。しかし今日流通している自己実現という言葉では、この二つの意味は無反省に混在したまま用いられるのが通例である。

(2) ラベリングについては、Becker (1973)、Kitsuse et al. (1977)、宝月誠(1990)などを参照されたい。本書ではラベリングは、意味生成、意味凝固、制度化、意味の再流動化という意味の力動的過程において凝固と流動化に関わる契機として用いる。この言葉は、このような用法においてこそもっとも有効に機能するものと考えるからである。

（3）以下の引用での“Recht”は、慣例では「法」と訳すが、「正義」や「権利」をも含意することに留意して、ここではただ「レヒト」と記述しておく。

（4）この文脈での応答性ないし責任性（responsibility）については、フロムの関連する議論を総括的に要約して議論した田中（1977）を参照のこと。ここでは必要な限りでその要旨だけを繰り返しておこう。フロムによれば人間とは、本能的規定性の弱さという生物学的特性によって、環境からの社会的諸規定へ働き返しつつ（to react, to respond）かろうじて自己規定することができる特異な存在である。しかしこのリアクトによる自己規定は、各人が自立的に応答する「責任」（responsibility）の主体へと「自己実現」（self-realization）する過程でもある。この意味では人間は、生物学的決定性や社会学的決定性からだけでは説明できない自己決定的・自己形成的な存在である。ここにライフサイクルという観点を導入するとすれば、このリアクトには、人生初期の家族や学校での教育的働きかけへの働き返し、人生中期の仕事や家族からの呼びかけへの働き返し、人生終末期の自己統合への呼びかけへの働き返しなどを挙げることができる。個々人の責任主体への自己実現の多くの部分は、働きかけと働き返しによる相互形成を通して達成される。フロムは、相互的自己実現を可能にする人間関係を「生産的関係」（productive relationship）と呼ぶ。

私たちの考える人間形成論は、第5章で論ずるように、エリクソンのいう「ライフサイクル」と異世代間の「相互性」を中核概念に据えているが、この二つについてエリクソン自身が十分詳細に説明しているわけではない。私たちはむしろ今まとめたようなフロムの理論構成に基づいて、エリクソンを読み込んでいる。ここで大切な点は、フロムが人間存在を、特殊な仕方で限定的に規定しているのではなく、むしろ他のさまざまな限定的諸規定（生物学的、社会文化的、経済的など）を排除することによって、学習と教育に「開かれた」存在として規定していることである。これは教育人間学一般に共通する常套的な思考様式である。この点についても第5章の議論を参照のこと。

注

第4章

（1） 高橋恵子ほか（1994）を参照。ここで高橋は、老人の変容の実証的把握などからえられた知見を、生涯の全体を見通した発達把握の見直しに結実させている。発達は外的な尺度によって一般的に計られるものではない。人それぞれにとって大切な変容のある局面（一定の有能性の獲得／何かができることになること）に着目し、その局面に即した内的尺度によって計られた変容を発達として把握すること。この高橋の提起は、発達の一般的尺度なるもののもつ抑圧性を回避する点だけでもきわめて有益である。しかしたとえば老いの少なくとも後半部では、有能性の展開（できるようになること）よりも、むしろ衰頽や引退の受容（できなくなることをうけいれること）こそが大切である。さらに、学習や教育や発達を有能性の展開からみることは、死を前にしてあっけなく挫折する。すべてを無にするかに見える死を前にすれば、「できるようになる」という目的を充足しようとする学習や教育や発達は、さしあたってすべて無駄で無意味であり、ある場合には抑圧的ですらあるかのようにさえ思われるからである。この議論の詳細については田中（1999B）を参照。この問題は、以下の議論で試みる「発達」再規定の直接のきっかけである。さらにこれは教育可能性論における教育悲観論や受容論の意義と重なる。なお、西平（1993）では死と教育との関連にかかわる問題が提起されており、それに対して最近の二つの著書（1997/8）で彼なりの解答が提起されている。

（2） 老いの世代を軸とする相互性の未成立による相互萎縮とは、エリクソン（1994）の用語を用いていえば、第七段階ではジェネラティヴィティに拮抗する「自己耽溺」ないし「沈滞」（self-absorption, stagnation）であり、第八段階では関係を拒絶して自閉する「侮蔑」（disdain）である。

（3） この出会いと成熟については、森昭（1961）がフリットナーなどの理論をまとめた「精神的陶冶としての教育」あるいは「人格的覚醒としての教育」の規定を参照。

（4） Benjaminn,（1969）を参照。なお、同書末尾の該当個所は次の通りである。「この《君たちがその肉体をつかみ取る前に》と言う詩句は、崇高なる皮肉（イロニー）でしかないように思われる。あの恋人たちはその肉体を一度もつかみとることはない、——彼らが戦いのために強くなることは一度もなくても、それがどうしたというのか？　ただ希望なき人々のためにのみ、希望は僕らにあたえられているのだ」(高木久雄訳)。この意味の「希望」は本書の中核的主題である。なおこれと関連して、フロムの「逆説的希望」(paradoxical hope) についての議論(田中毎実 1979) をも参照されたい。

(5) 以下の議論については、一々に参照文献を指示しないが、おもには最近の『厚生白書』を参考にした。そのほかたとえば金城清子 (1985) なども参照。

第5章

(1) この「非対称性を含む相互性」は、相互性と公共性 (小玉重夫 1999・斉藤純一 2000) との関連を考える上で重要である。相互性については、これまでにくりかえし論じてきた。ライフサイクルと相互性との相関をヴィジュアルに把握するためには、Erikson,E.H.& J. (1981) を参照。本章では教育的公共性や公共性について議論するが、これと相互性は強く関連する。本書ではこれについて十分に議論することはできないので、ここでおおざっぱなデッサンを描いておこう。

私たちの考え(田中毎実 2000) では、公共性は、自立的個人のアソシエーションとして編成されるというよりも、むしろ相互性の組み合わせによって編成される。人間どうしの全面的な関係性は相互性においてのみ達成可能だから、アソシエーションが字義通りにそのような関係性から成るとすれば、それは相互性の組み合わせによると考えるほかはないからである。このような共同性のあり方については、すでにフロイト (1973) が『幻想の未来』で「エロス的に充足しあうペアから成る共同体」というかつて実現されたことのない「ユートピア」として議論している。したがって本書で議論してきたシステムと相互性の相克は、通常の共同性とこの意味でのアソシエーションとの相克と読み替えることができる。

公共性が教育的公共性から区別されるのは、後者が「非対称性を含む相互性」の組み合わせによって編成されるからである。ランゲフェルトのいう「子どもの存在の二重性」は、おとなに対して、一方では、他者としての子どもとの相互性を、他方では、依存する子どもへの代理的責任性を求める。しかしほかならぬこの教育が子どもの被代理的責任性を責任性へと高めるとともに、非対称的相互性は相互性に転じ、教育的公共性もまた公共性のうちに解消されるのである。

(2) 以下ではおもにエリクソンと森のライフサイクル論を取り上げる。これ以外の代表的で典型的なライフサイクル論として、たとえばユングの関連理論については前章ですでにふれた。さらにレヴィンソン(1978)も参照。

(3) ここで略述する森昭の理論構成過程について、詳しくは田中毎実(1999A)を参照。森昭の「建て直し」型理論構築という発想は、森美佐子(1978)の記述と中井久雄(1982)の二宮尊徳論からえた。京都学派の総動員論については高坂正顕他(1943)、その理論的基礎については三木清(1939)。総力戦から経済戦への総動員体制の連続性と非連続性については、山之内靖(1996)を参照。

(4) ここで教育人間学の理論展開について素描しておこう。教育人間学の成立は、教育学が人間学に越境する(「人間からみて教育とは何か」という人間存在論的人間形成論の問いを問う)ことと人間学が教育学へ越境する(「教育からみて人間とは何か」という人間形成論的人間存在論の問いを問う)こととの二方向から、考えることができる(田中毎実 1989)。

教育の領域から出発する教育人間学の試みは枚挙にいとまがない。これに対して伝統的な哲学ないし哲学的人間学に属する仕事では、この越境を確認するためには何ほどかの努力が必要である。哲学的人間学の若干の仕事——たとえば典型的には Gehlen(1940)や Buber(1948)や Landmann(1982)、さらにキリスト教的人間学のそれとしては Moltmann(1971)を参照——においては、それぞれの著作の中核的部分において人間の存在とその形成ないし教育との本質的な連関に関する議論が展開されている。それは比較的容易に確認することができる。しかし、伝統的哲学においてこれを確認するためには、かなりの抽出と解釈の作業を要する。

すぐ後で述べる教育人間学の第三類型「思想史」モデルに帰属する業績は、関連する概観を簡便に遂行するのにきわめて好適である（März, 1978/Scheuerl, 1982)。

教育人間学が西ドイツで一挙に展開されたのは七〇年代前後である。ここではいくつかの類型が提起されている。たとえば、一方で「統合学」類型と「原理論」類型が大別され、同時に他方で「領域的カテゴリー」とみなす見方と「方法論的カテゴリー」とみなす見方が大別される。分類は実際には錯綜している。前者の区分は、たとえば教育人間学の「統合に定位された構想」と「哲学に定位された類型」との区別（Gerner, 1974, SS.56-115）に対応する。後者の区分についていえば、これは、教育人間学構想の不当な拡張を批判しこれを限定された特定の領域的カテゴリーにとどめようとするデルボラーフの議論（1964）をめぐる活発な議論の応酬と関連している。この場合、個々の理論の帰属する位置をこの二重の二分法のうちのどこかに一義的に規定することはきわめて困難である。たとえば、ボルノウの自己規定（1983）はあきらかに「哲学的に定位された構想」と「方法論的カテゴリー」に帰属している。しかしながら彼においては、この二つは同じ事の別名である。これに対してゲルナーは、デルボラーフの領域的カテゴリーに自己限定する構想を「統合に定位された構想」に組み入れている。この場合には、デルボラーフにおける「哲学的なるもの」の意味がボルノウのそれとの対比においてあきらかにされるべきである。さらにいえば、本研究で扱う森の構想は、この二重の二分法のすべてに関連している。

しかしさまざまの分類の大半は、通例（他人の研究蓄積を踏まえた「事後的な」理論的反省であろうと今後のための「事前的な」方法論的検討であろうと）地道な自前の研究成果の蓄積によっては裏付けされていないたんなる「構想」である。さまざまな構想を分類するこの種の作業は砂上の楼閣の分類であるに過ぎず、つねになにがしかの無意味感や徒労感なしにはなしえない。このむなしさは、今日の我が国でなおあいかわらず繰り返されているこの種の作業の「紹介」を読む場合、より一層増幅される。森は、理論構築と実践援助を並行して進めることによって、さらに当時の実証的諸科学との対決を繰り返すことによってこのむなしさを超えようとしているかにみえる。私たちもまた、この隘路を理論の臨床化によって突破しようと試みている。

気を取り直して、分類の仕事をもう少し続けておこう。先の二重の分類のほかにも、たとえばショイエルは、「教育人間学的問いの三つのタイプ」として「統合的タイプ」、「個別諸現象から出発して現存在分析を遂行するタイプ」、「それぞれの教育学の背後にある人間像を把握しようとするタイプ」を挙げ、彼自身はこの第三類型の具体的歴史的追求を試みている（Scheuerl, 1982）。同様の歴史的追求は、これとは若干異なった問題関心の下に、メルツによっても遂行されている（März,1978）。後で少し議論するようにヴルフら（1994 A,B）はこれらの理論的試みを継承しているものと考えられる。

さて、幾つかの文献を挙げてきたが、八〇年前後までの文献をさらに挙げておくとすれば、その包括性の程度や議論の焦点づけの有り様はさまざまであるが、以下のようになる。まず包括的にはHamman（1982）、Speck（1976）を、次いで明確な焦点づけをもつものとしてはDanner（1985）、Dienelt（1974）を、最後にきわめて便利なアンソロジーとしてはHöltershinken（1976）を参照。我が国については、森の他、Shitahodo（1971）、小林（1984）、和田（1982）などを参照。なお、堀尾（1979）では、勝田守一の理論的構想を受ける形で「総合人間学としての教育学へ」というきわめて壮大な理論的構想が述べられている。

（5）　この理論的倒錯が、高度産業社会における「教育」の巨大な制度化に伴う（大学の学部、学科、講座、教育ジャーナリズムなどの）自動的理論産出システムの出現に由来するものであることはみやすい道理である。この事態に拮抗しようとする自律的理論構築の試みもないではない。矢野（1996）の一連の「コミュニケーションの教育人間学」をうち立てようとする仕事や、西平（1997, 1998）のライフサイクル論をあたう限り拡張して教育学を極限的な広さから再構築しようとする試みなどである。

（6）　教育人間学の理論的蓄積が在来の人間学へ手渡してきたもっとも根本的な理論的成果は、ロートの規定（Roth,1966, SS.109ff.）を援用するなら、「ひどく教育を必要とししかもかなり教育の可能な存在」（der Mensch als erziehungsbedürftigstes und erziehungsfähigstes Wesen）という人間存在把握である。ロートはこの二面を同時に包摂する概念として“homo educandus”という言葉を用いる。被教育者である子どもの教育必要性に鋭く焦点づけられたランゲフェルトの“animal educandum”という規定（Langeveld,1949,SS. 181ff.）は、ロートの“homo educandus”に包摂される。ロートの規定を生かすなら、“animal educandum”という人間存在の規定は、今ひとつの“animal educabile”という規定によって補完されなければならない。しかしこの種の人間存在規定に対して、私は、人間がその「本質」においてではなく「日常的な」存在様態からして、「教育から逃れることのできない存在」、すなわち“homo educans”であることを強調してきた（田中 1996 B, C）。これが人間形成論の中核的な人間存在把握である。すぐ後で「教える存在」ないし「教育する存在」と規定するのは、この特異な人間存在把握の言い換えである。

（7） 教育の理論は、Horkheimer（1933）による社会理論の規定（「人間の自己認識」）を援用するなら「教える存在の自己認識」である。この教育理論と教育実践と教育的公共性との相関については、本章末尾の議論を参照。ただしホルクハイマーの「自己認識」という規定は、批判的社会理論の問題連関で語られているにもかかわらず、「批判的」という形容で修飾されていない。ここにはおそらく、〈自己認識は批判的にしかありえない〉という判断が介在しているものとみて良い。しかしこのまとめが妥当であるとすれば、この見解を教育理論にそのまま適用することはできない。教育の理論は、「現に教育しつつある存在としての私たち（〈その存在そのものによって若い父親に対して形成的な力を及ぼす胎児〉をも含めて）」という自明性から出発せざるをえない。つまり、教育の理論は、「教える存在の自己認識」であるほかはない。しかしこの自己認識は、自己批判や批判的自己対象化であるばかりではなく、意識的自覚的な自己受容や自己肯定であって良い。教える者の自己認識は、日常性から批判的距離をとるのではなく、「日常性の奇跡」に還帰して、そこから日常的実践者たちの教育的公共性への自己形成を励まし可能にするものでなければならないのである。

おわりに

1

本書は、第3章（書き下ろし）をのぞいて、これまで公表してきたいくつかの文章をもとにしている。書き直して原型をとどめない場合もあるが、次におおざっぱな対照を示しておく。

- 田中毎実・鷹尾雅裕「制度化と相互性——ホスピタリズムとその一事例に関する人間形成論的研究——」愛媛大学『教育学論集13号』1991／田中毎実「ホスピタリズムと教育における近代」（近代教育思想史研究会『近代教育フォーラム』第2号）1993（第1章）
- TANAKA Tsunemi, Floating Around and Self-confinement as the Result of the Over-Adaptation of Young People in Japan today.－an investigation on the relevant data and several case studies and the reconstruction of the pedagogy. in: KrugerH-H./Olberz, J-H., (hrsg.) Bildung zwischen Staat und Markt. Leske Budrich 1997（第2章）
- 岡田渥美編『老いと死』（分担三一九-三六二頁）玉川大学出版部 1994（第4章）
- 田中毎実「臨床的教育理論と教育的公共性の生成」『教育学研究』第67巻第4号 2000／博士（京

都大学）学位論文（『臨床的人間形成論の構築――大学教育の実践的認識を手がかりにして』）2002未公刊（第5章）

2

私は本書ではライフサイクルと異世代間の相互形成について語ってきた。たとえこんなに大きなテーマについて語るためにであるにしても、振り返ってみればたしかに、かなり偏った語りかたではある。すでに「はじめに」で述べたように、第1章と第3章の語りについては愛媛心理療法研究会の一部の仲間から批判的指摘を受け、さらに同僚の矢野智司さん（京都大学）からは有益な指摘（矢野智司 2001）をいただいた。

研究会の仲間と矢野さんの指摘は、私の語りの偏りを指摘するという点では共通している。私の語りは、たとえばZやA男やB男のたどたどしい言葉と体での（自分たちではうまく語ることのできない）語りについて語る語りである。研究会の仲間たちはこの私の語りの代理性を、外部からのいくぶん無責任な語りであり臨床的責任をないがしろにするものとして非難し、矢野さんはこの代理性を、たとえば学校の生活や遊びなどについての子どもたち自身の語りによって豊かにする方途を示してくれた。

まず研究会の仲間の指摘について。どんな語りであろうと、けっして「私の」語りであることを免れることはできない。憑依の語りもまた、物の怪や共同体に「憑かれた私」の語りである。語りを主観的として批判することは無意味なことである。同時に、憑依を剝げば真の主観性に到達できるわけでもない。かぎりなく剝ぎつづけた挙げ句にあるのは、おそらくは玉葱のそれのように、空虚である。もっとつまらないのは、他者の語りを自分たちの黙契が共有されていないからといって非難することである。それは対話ではなく、同調の強制である。いずれにせよ、たんにラベルを貼るのではなく、他者の語りを受けとめて自分の語りを編み直しつつ語られる言葉だけが、他者の語りを編み直す力をもつ。私たちにできることと言えば、語りの相互性をなんとかして枯死させないことだけである。本書がこのような語りの相互性の作動するきっかけになれば、これ以上うれしいことはないのだが。

もちろん、豊かな語りと貧しい語りの差は歴然としてある。さらに語られている当の相手からの倫理的非難を避けられないような語りも厳然として存在する。私は、現在の職場にかかわって大学教育の実践的研究を始めてからも、自分の語りが学生たち自身の学びについての語りを、さらには同僚の教育についての語りをどのように編み直してきたのか、そして私の語りが彼らの語りによってどのように編み直されてきたのかについて、考え続けてきた。この回転する思念の根底には、Zが、さらにはA男やB男がいる。私の語りは十分に豊かであり、しかも非難を避けうるものでありえているのだろうか。

次に矢野さんの指摘について。この懇切な指摘によって私は、自分自身の中心的関心が子どもの生成そのものにではなく、その生成について語る私自身の生成にあることをよく理解することができた。私は、教育の理論をできるだけ拡大して、ライフサイクルと相互性に焦点づける臨床的人間形成論へと組み替えることを試みてきた。それにもかかわらず、否、それであるからこそむしろ私の関心はなお在来の教育学のそれを逸脱しきれず、自分が教える者としてのおとなであることに焦点づけられている。まことに不自由な話だが、これが自分の同一性の根底だと思い定めるほかはない。なお、本書でデッサンした臨床的人間形成論の本格的な学問論は、上記の博士学位論文(『臨床的人間形成論の構築——大学教育の実践的認識を手がかりにして』)で詳細に展開した。この仕事は本書と緊密な補完関係にあり、早い時期に公刊する予定である。

3

本書の公刊に当たっては多くの方々の力添えを受けた。第1章と第3章の事例を提供していただいた鷹尾雅裕さん。第1章のホスピタリズム論に公開的議論の機会を提供していただいた森田尚人会員(中央大学)をはじめとする近代教育思想史研究会(現在は教育思想史学会)の人たち、とくにこの研究発表に貴重なコメント(田中毎実 1993B)を寄せていただいた市村尚久会員(早稲田大学)、鈴木晶子会員(京都大学)、鳶野克已会員(立命館大学)。第2章のもとになったドイツ教育学会での発表でお世話になった今井康雄さんと廣田照幸さん(ともに東京大学大学院教育学研究科)。京都大学高等教育研究開発推進センターの同僚たち、京都大学教育学研究科の皇紀夫さん(現大谷大学)と山崎高哉さん(現佛教大学)、矢野智司さん。さらに大学院演習で本書の内容について議論してくれた大学院生たち、とくに第3章を綿密に読みあわせてくれた岩上高志さん（大阪市立児童院職員）。一貫して貴重な議論の相手であった故小野従道さん、砂田良一さん（金沢大学）など愛媛心理療法研究会の仲間たち。長年にわたってエンカウンターグループ体験を蓄積させていただいた福井康之さん（神戸女子大学）。第5章に結実する人間形成論の構築に協力しあってきた岡田渥美先生（京都大学名誉教授）をはじめとする研究仲間たち。さらにここで若干触れることができた恩師の故森昭先生。これらの方々に、本書の思索を進める契機を与えていただいたことについて深い感謝の言葉を記しておきたい。

最後に、出版事情のきびしいさなかに機会をいただいた勁草書房、とくにわがままな筆者によくつきあっていただいた編集者の伊藤真由美さんに感謝の意を表したい。

人名索引（ABC順）

事項索引（あいうえお順）

あ行

か行

さ行

た行

な行

は行

ま行

や行

文献

Adorno, T.A., *Minima Moralia: Reflexionen aus dem beschadigten Leben.* (herausgegeben von Rolf Tiedemann) Suhrkamp 1980, c1951 (*Gesammelte Schriften*/Theodor W. Adorno; herausgegeben von Rolf Tiedemann Bd. 4) (三光長治訳『ミニマ・モラリア』法政大学出版局，1979)

Áries, P., *L'enfant et la vie familiale sous l'ancien régime.* Seuil 1973 (杉山光信／恵美子訳『〈子供〉の誕生』みすず書房，1980)

Becker, H.S., *Outsiders: studies in the sociology of deviance.* Free Press, c1973 (村上直之訳『アウトサイダーズ——ラベリング理論とはなにか』新泉社，1978)

Benjamin, W., *Zur Kritik der Gewalt und andere Aufsäze.* Suhrkamp1965 (野村修訳「歴史哲学テーゼ」著作集 1　晶文社，1994 第 11 刷)

——*Werke. Band5*, Suhrkamp 1969.(高木久雄訳『ゲーテ親和力』著作集 5，晶文社，1972)

Blankenburg, W., *Der Verlust der Natürlichen Selbstverständlichkeit; Ein Beitrag zur Psychopathologie symptom-armer Schizophrenien.* Ferdinard Enke Verlag, 1971 (木村敏他訳『自明性の喪失』みすず書房，1978)

Bollnow, O.F., *Existenzphilosophie und Pädagogik.: Versuch über unstetige Formen der Erziehung.* Kohlhammer 1959 (峰島旭雄『実存哲学と教育学』理想社，1966)

——*Neue Geborgenheit-Das Problem einer Überwindung des Existentialismus.* 2. Auflage Kohlhammer 1960.(須田秀幸訳『実存主義克服の問題——新しい被護性』未来社，1969)

——*Die Pädagogische Atmosphäre.* Quelle & Meyer 1964.(森昭，岡田渥美訳『教育を支えるもの』黎明書房，1969)

——*Sprache und Erziehung.* W. Kohlhammer 1966.(森田孝訳『言語と教育』川島書店，1969)

——*Die Anthropologische Betrachtungsweise in der Pädagogik.* Neue Deutche Schule Verlagsgesellschaft 1968 (2.Aufl.)

Bowlby, J., *Maternal Care and Mental Health.* Columbia University

Press, 1951（黒田実郎訳『乳幼児の精神衛生』岩崎学術出版，1967）
——*Attachment and Loss. Vol.1*, 1969/*Vol.2*, 1973/*Vol.3*, 1980, The Tavistock Institute of Human Relations（黒田実郎他訳『母子関係の理論１』1976,『同２』1977,『同３』1981，岩崎学術出版社）
Buber, M., *Ich und Du*, Insel Verlag 1923.（田口義弘訳『対話的原理１』みすず書房，1967）
——*Das Problem des Menschen*. Lambert Schneider 1948（児島洋訳『人間とは何か』理想社，1961）
Calow, P., *Lifecycle:an evolutionary approach to the physiology of reproduction, development and aging*. Chapman and Hall 1978（川島誠一郎訳『ライフサイクル——生と死の進化学』どうぶつ社，1982）
Comenius, J.A., Didacta Magna.(1657), in: *Johann Amos Comenius Ausgewählte Werke*. (hrsg.von Klaus Schaller). Georg Olms Verlag 1973（鈴木秀勇訳『大教授学』１，２ 明治図書，1962）
——*Joh. Amos Comenii Orbis sensualium pictus*. Holp Shuppan 1979
Cohen, K., P., *Hospice*, Aspen Systems Corporation, 1979.（斉藤他訳『ホスピス——末期医療の思想と方法』医学書院，1882）
Corby, B., *Child Abuse: towards a knowledge base*. Open University Press 2000.（萩原重夫訳『子ども虐待の歴史と理論』明石書店，2002）
Dannner, H., *Verantwortung und Pädagogik, anthropologische und ethische Untersuchungen zu einer sinnorientierten Pädagogik*. (2., verbesserte Aufl.) Form Academicum 1985
deMause, L.,(ed) *The History of Childhood*. Harper & Row 1975（宮澤康人ほか訳『親子関係の進化』海鳴社，1990）
Derbolav, J., Kritische Reflexion zum Thema "Pädagogische Anthropoligie". in: *Pädagogische Rundschau* 18-8 1964
Deutch, H., *Psychology of Women*. Grune & Stratton, 1944（懸田克躬他訳『母性のきざし』日本教文社，1964）
Dienelt, K., *Anthropologie der Jugendalters*. A.Henn Verlag 1974
土居健郎『「甘え」の構造』弘文堂，1971
Durkheim, E., *De la division du travail social*. 2e ed. PUF 1986, c1930（田原音和訳『社会分業論』青木書店，1971）

Eliade, M., *Birth and Rebirth: the religious meanings of initiation in human culture.*/Translated from the French by Willard R. Trask. [1st ed.] .1958.Harper & Brothers Publishers.(堀一郎訳『死と再生』東京大学出版会，1971)

Erikson, E.H., The power of newborn. in: *The Way of Looking at Things.* Norton 1959

――*Childhood and Society.* Norton 1963（仁科弥生訳『幼児期と社会１』『同２』みすず書房，1971)

――*Insight and Responsibility.* Norton 1964（鑪幹八郎訳『洞察と責任』誠信書房，1971)

――Lifecycle. in: (Shills, D.L.ed.,) *International Encyclopedia of the Social Sciences.* Free Press 1968

――*The Life Cycle Completed――A Review*, Norton 1982.(村瀬・近藤訳『ライフサイクル，その完結』みすず書房，1989)

Erikson, E.H.& J., "On Generativity and Identity.: From a Conversation with Eric and Joan Erikson".in; *Harvard Educational Review* vol.41 1981

Erikson, E., H.et al., *Vital Involvement in Old Age.* Norton 1986.(朝長正徳他訳『老年期――生き生きしたかかわりあい』みすず書房，1990)

Foley, V.D. *An Introduction to Family Therapy*. Grune & Stratton 1986

Foucault, M., *Surveiller et punir: naissance de la prison.* Editions Gallimard 1975（田村俶訳『監獄の誕生／監視と処罰』新潮社，1977)

Freud A., *The Ego and the Mechanism of Defence*, Horgarth Press 1936（外林大作訳『自我と防衛』誠信書房，1958)

Freud, S. *Die Zukunft einer Illusion./Das Unbehagen in der Kultur.* (*Sigmund Freud. Gesammelte Werke.* 14.Band(1925-1931))S.Fischer Verlag.Sechste Aufl. 1975（高橋義孝他訳『文化・芸術論』人文書院，1969)

Fromm, E., *The Fear of Freedom.* Routledge1952(日高六郎訳『自由からの逃走』創元社，1951)

――*Man for Himself: an inquiry into the psychology of ethics.* Routledge & Kegan Paul 1967.(谷口隆之助，早坂泰次郎訳『人間における自由』東

京創元社，1972）
——*To Have or To Be?* Harper & Row 1976.（佐野哲郎訳『生きるということ』紀伊国屋書店，1977）
——*Analytische Sozialpsychologie.*（*Gesamtausgabe/Erich Fromm;* herausgegeben von Rainer Funk; Bd.1）Deutsche Verlags-Anstalt c1980
Gehlen, A., *Der Mensch, seine Natur und seine Stellung in der Welt.* Athenäum 1940（8.Aufl. 1966）（平野具男『人間』法政大学出版局，1985）
Gerner, B., *Einführung in die Pädagogische Anthropologie.* Wissenschaftliche Buchgesellschaft 1974.（岡本英明訳『教育人間学入門』理想社，1975）
Gill, D., *Quest: The Life of Elisabeth Kübler-Ross*, Harper & Row, 1980.（貴島操子訳『「死ぬ瞬間」の誕生——キュブラー・ロスの五〇年』読売新聞社，1985）
Girard, R., *Le bouc emissaire.* B. Grasset, c1982（織田年和，富永茂樹訳『身代りの山羊』叢書・ウニベルシタス 170 法政大学出版局，1985）
Goethe, J.W., *Faust: der Tragodie.*; herausgegeben von Lothar J. Scheithauer. Reclam 1971
Hamman, B., *Theorie-Modelle-Strukture.* Klinkhardt 1982
Habermas, J., *Legitimationsprobleme im Spätkapitalismus.* Shurkamp Verlag 1973（細谷貞雄『晩期資本主義における正当化の諸問題』岩波書店，1979）
——*Zur Rekonstruktion des historischen Materialismus.* Suhrkamp Verlag 1976
——*Strukturwandel der Öffentlichkeit: Untersuchungen zu einer Kategorie der burgerlichen Gesellschaft.* 1. Aufl. Suhrkamp, 1990（細谷貞雄・山田正行訳『公共性の構造転換——市民社会の一カテゴリーについての探究（第 2 版）』未来社，1994）
Hammer, F. *Die exzentrische Position des Menschen.* 1967, H. Bouvie u. CO. Verrlag.
Harlow, H.F., *Learning to Love.* 1971.（浜田寿美男訳『愛のなりたち』ミネネルヴァ書房，1978）
Hegel, G.W.F., *.Grundlinien der Philosophie des Rechts, oder, Naturrecht und Staatswissenschaft im Grundrisse : mit Hegels eigenhandigen Not-*

izen und den mundlichen Zusatzen（*Theorie- Werkausgabe ; Werke/ Georg Wilhelm Friedrich Hegel; Bd.* 7）Suhrkamp, c1970（長谷川宏訳『法哲学講義』作品社，2000）
Heidegger, M., *Die Technik und die Kehre*. Gunther Neske 1962.（小島他訳『技術論』理想社，1965）
堀尾輝久「現代における子どもの発達と教育学の課題」（岩波講座『子どもの発達と教育 1』）岩波書店，1979
Höltershinken, D., (hrg.) *Das Problem der pädagogische Anthropologie in deutchesprachigen Raum*. Wissenschaftliche Buchgesellschaft 1976
Horkheimer, M., Traditionelle und kritische Theorie. in: *Zeitschrift für Sozialforschung*. VI/2. 1933
Horkheimer, M/AdornoT.W., *Dialektik der Aufklärung: philosophische Fragmente*. [herausgegeben von Rolf Tiedemann] 2. Aufl.Suhrkamp, 1984, c1981(Querido Verlag 1947)（徳永恂訳『啓蒙の弁証法: 哲学的断想』岩波書店，1990）
宝月誠『逸脱論の研究――レイベリング論から社会相互作用論へ――』恒星社厚生閣，1990
Illich., I., *Deschooling Society*. Penguin 1973（小澤周三訳『脱学校の社会』東京創元社，1978）
――*Shadow Work*. M. Boyars 1981 (Open forum series)（玉野井芳郎他訳，『シャドウ・ワーク』現代岩波選書，1982）
Jaspers, K., *Allgemeine Psychopathologie*, Springer 1913.（西丸四方訳『精神病理学原論』みすず書房）
Jung, C.G, The stages of life, 1930.; *The Collected Works*, voll.8, R, K, P.
Jung C.G. et al, *Man and His Symbols*, Aldus Books Limited 1964.（河合隼雄監訳『人間の象徴――無意識の世界』上・下，河出書房新社，1975）
加賀乙彦『犯罪ノート』潮出版社，1986
金城清子『家族という関係』岩波新書，1985
河合隼雄『昔話と日本人の心』岩波書店，1982
――『影の現象学』思想社，1985
――『生と死の接点』岩波書店，1989
喜多村和之『教育の危機と改革』（天野郁夫ほか編『教育は「危機」か――

日本とアメリカの対話』有信堂，1987）
King, S., *Different seasons*. Viking Press, c1982
King, R., *All Things Bright and Beautiful? -A sociological study of infants' school*. John Wiley & Sons Ltd 1978.（大塚忠剛ほか訳『幼児教育の理想と現実――学級社会の〝新〟教育社会学』北大路書房，1984）
神田橋條治『発想の航跡』岩崎学術出版社，1988
木村敏「分裂病の時間論――非分裂病性妄想病との対比において――」（笠原嘉編『分裂病の精神病理５』東京大学出版会，1976 所収）
――『時間と自己』中公新書，1982
Kitsuse, J. I. et al., *Constructing social problems.* Cummings Publishing, 1977（村上直之他訳『社会問題の構築: ラベリング理論をこえて』マルジュ社，1990）
子嶋謙四郎『母子関係と子どもの性格』川島書店，1980
小林博英『教育の人間学的研究』九州大学出版会，1984
高坂正顕ほか『世界史的立場と日本』中央公論社，1943
小玉重夫『教育改革と公共性』東京大学出版会，1999
Kübler-Ross, E., *On Death and Dying*. Tavistock Publications, 1969.（川口正吉訳『死ぬ瞬間――死にゆく人々との対話』読売新聞社，1971）
――*Questions and Answers on Death and Dying*. Macmillan, 1974.（川口正吉訳『死ぬ瞬間の対話』読売新聞社，1975）
Kübler-Ross, E.,/Mal Warshaw, *To Live Until We say Good-bye*, Prentice-Hall 1978.（霜山・沼野訳『生命ある限り――生と死のドキュメント』産業図書，1982）
――*Working It Through*, 1982.（霜山・沼野訳『生命尽くして――生と死のワークショップ』産業図書，1984）
Langeveld, M.J., *Einführung in die theoretische Pädagogik*. Klett (8.Aufl. 1973) 1949
――*Die Schule als Weg des Kindes.* Braunschuwieg 1960
――*Studien zur Anthropologie des Kindes*. 3.durchgesehene und ergänzte Auflage. Max Niemeyer Verlag 1968.
Landmann, M., *Philosophishe Anthropologie.:menschliche Selbstdarstellung in Geschichte und Gegenward*. 5. Aufl., 1982 de Gruyter（谷口茂訳『哲

学的人間学』思索社，1991）
Levinson, D., *The Seasons of Man's Life*. Knopf 1978（南博訳『ライフサイクル――人生の四季』（上）（下）講談社学術文庫，1992）
Makarenko, A., *Ein pädagogisches Poem*. Klett-Cotta.1982（*Gesammelte Werke*/Anton Makarenko; herausgegeben von Leonhard Froese. et al.（『教育詩』マカレンコ全集刊行委員会訳「第１巻・第２巻」明治図書，1964）
Marcuse, H., *Eros and civilization: a philosophical inquiry into Freud*; with a new preface by the author. Beacon Press, 1974, c1966（南博訳『エロス的文明』紀伊国屋書店 1958）
März, F. *Pädagogische Anthropologie 1 Teil. Problemgeschichte der Pädagogik Bd.1*. Verlag Tulius Klinghart 1978
Merleau-Ponty, M., *Phenomenologie de la perception*. Gallimard, c1945（Bibliotheque des idees）（竹内芳郎他訳『知覚の現象学１』みすず書房，1967）
――*Les relations avec autrui chez l'enfant.: Les cours de Sorbonne*, Centre de documentation universitaire, 1962（滝浦静夫・木田元訳「幼児の対人関係」『眼と精神』みすず書房，1966）
三木清「新日本の思想原理」，「新日本の思想原理――続編――協同主義の哲学的基礎」（三木清全集第 17 巻，岩波書店）1939
宮松浩憲『西欧ブルジョアジーの源流――ブルグスとブルゲンシス』九州大学出版会，1993
宮本常一『庶民の発見』講談社学術文庫，1987
Moltmann, J., *Mensch-Christliche Anthropologie in den Konflikten der Gegenwart*. Kreuts-Verlag 1971（蓮見和男訳『人間』新教出版社，1973）
Montaigne, M.de, *Essais: Nouvelle edition, conforme au texte de l'exemplaire de Bordeaux/Michel E. de Montaigne; Avec les additions de l'edition posthume, les principales variantes, une introduction, des notes et un index par Maurice Rat*. Garmier, 1952（松浪信三郎訳『随想録（エセー）』河出書房新社　世界の大思想，1972）
森昭『教育哲学序論――教育哲学への限界状況』蕉葉書房（現在は，森昭著作集第一巻，黎明書房所収），1948

――『今日の教育原理』黎明書房，1950
――『教育の実践性と内面性』（著作集第三巻）黎明書房，1955
――『教育人間学――人間生成としての教育』黎明書房（著作集第四，五巻）1961
――『現代教育学原論』国土社，1968
――『現代の教育と教育思潮』（森昭編『現代教育思潮』）第一法規出版，1969
――『人間形成原論』黎明書房（著作集第六巻）1977
森美佐子編『光芒／森昭の思い出』私家本，1978
中井久夫『分裂病と人類』東京大学出版会，1982
中沢新一『はじまりのレーニン』岩波書店，1994
中沢たえ子『情緒反応』安田生命事業団，1983
中沢たえ子他『施設長期収容時の心理的問題と児童相談所の役割』安田生命社会事業団年報通巻第 14 号，1985
波平恵美子『ケガレの構造』（新装版）青土社，1992
Neumann, E., *Ursprunggeschichte des Bewusstseins*, Walter Verlag 1971（ノイマン，林道義訳『意識の起源史』紀伊国屋書店上巻 1984，下巻 1985）
Nietzsche, F., *Ecce homo*.: mit einem Vorwort von Raoal Richter.1 Aufl. Insel Verlag 1977.（川原栄峰訳『この人を見よ；自伝集』理想社，1967）
西平直『エリクソンの人間学』東京大学出版会，1993
――『魂のライフサイクル』東京大学出版部，1997
――『魂のアイデンティティ』金子書房，1998
岡田渥美編『老いと死――人間形成論的考察』玉川大学出版部，1994
――『人間形成論――教育学の再構築』玉川大学出版部，1996
Parsons, T., et al., *Toward a General Theory of Action*, Harvard University Press 1954.（永井他訳『行為の総合理論をめざして』日本評論社，1960）
Parsons, T., and Bales, R.F., *Family Socialization and Interaction Process*; in collaboration with James Olds, Morris Zelditch, Jr. and Philip E. Slater. Routledge c1956（橋爪貞雄他訳『核家族と子どもの社会化』（上・下）黎明書房，1970.7-1971.5）

Pestalozzi, J.F., *Brief an einen Freund über seinen Aufenthalt in Stanz. in : Kleine Schriften zur Volkserziehung und Menschenbildung/ Von Johann Heinrich Pestalozzi.* (hrsg.von Theo Dietrich) (4.Aufl.) Klinghardt 1968（長田新訳『隠者の夕暮れ/シュタンツ便り』岩波文庫）

——*Meine Nachforschungen über den Gang der Natur in der Entwiklung des Menschengeschlechts*/Sold by Yushodo Booksellers, 1973a printing (*Pestalozzi's sämtliche Schriften*/Johann Heinrich Pestalozzi; Bd.7) Originally published by J.G.Cotta'schen Buchhandlung, Stuttgart und Tubingen, 1821

——*Über Gesetzgebung und Kindermord.* Tokyo: Sold by Yushodo Booksellers 1973 printing (*Pestalozzi's sämtliche Schriften/Johann Heinrich Pestalozzi; Bd.8*) Originally published by J.G.Cotta'schen Buchhandlung, Stuttgart und Tubingen, 1822

Plessner H., *Die Stufen des Oraganischen und der Mensch.* 1928 in; *Gesammelte Schriften 4*, 1981, Suhrkamp Verlag.

Putnam, F. W., *Dissociation in Children and Adolescents——a developmental perspective.* The Guilford Press, 1997（中井久夫訳『解離——若年期における病理と治療』みすず書房，2001）

Roth, H., *Pädagogische Anthropologie* I *.: Bildsamkeit und Bestimmung.* Hermann Schroedel Verlag1966 (4.Aufl., 1976)

——*Pädagogische Anthropologie II.: Entwicklung und Erziehung.* Hermann Schroedel Verlag　1971 (2.Aufl., 1976)

Rousseau, J-J., *Emile, ou de l'Education.* Garnier Freres (Classiques Garnier) 1961（平岡昇訳『エミール』世界の大思想　河出書房新社，1972）

斉藤純一『公共性』岩波書店，2000

佐藤三郎・宮谷憲編著『教室に生気を——学校診断の試み』黎明書房，1975

Scheuerl, H., *Pädagogische Anthropologie, eine historische Einführung.* Kohlhammer 1982

Schutz.A., *On Phenomenology and Social Relation.* University of Chicago Press 1970

Schakespeare, W., *As You Like It.* Longman 1981

芹沢俊介『現代〈子ども〉暴力論』大和書房，1989

Shitahodo, Y., *Drei Prinzipien der anthropologischen Pädagogik.* Quelle & Meyer 1971

Shorter, E., *The Making of the Modern Family.* Basic Books, c1975 (Paperback edition 1977)（田中俊宏他訳『近代家族の形成』昭和堂, 1987）

Spitz , R.A., *Hospitalism: an inquiry into the genesis of psychiatric conditions in early childhood, Pschoanal. Study Child* 1, 1945.

——*Anaclitic depression: an inquiry into the genesis of psychiatric conditions in earlychildhood, 2, Pschoanal. Study Child* 2, 1946.

Spranger, E., *Philosophishe Grundlegung der Pädagogik.-Tübingen Vorlesung*. in; *Gesammelte Schriften 2*, 1973, Qulle & Meyer

Speck, L., *Pädagogik und Anthropologie. in:ders.*(hrsg.) *Problemgeschichte der neuen Pädagogik II.* Kohlhammer 1976

皇紀夫他『臨床教育学』アカデミア出版，1996

——『臨床教育学序説』柏書房，2002

高橋恵子・波多野誼余夫『生涯発達の心理学』岩波新書第 2 版，1994

玉貫寛『潮の道草』福武書店，1981

——『交響』福武書店，1985

田中毎実「フロイト理論およびフロム理論における〈自己〉の形成」（大阪大学文学会『待兼山論叢』 8 号）1975

——「自発性と生産性——エーリッヒ・フロムの自己実現論——」（『大阪大学人間科学部紀要第 5 号』）1977

——「自己実現論の成立——フロムの初期理論を中心として——」（『愛媛大学教育学部紀要』第 24 巻）1978

——「逆説的希望と自己実現——フロム・マルクーゼ論争を中心として——」（『愛媛大学教育学部紀要』第 25 巻）1979

——「教育の可能根拠としての人間の自然」（『愛媛大学教育学部紀要』第 26 巻）1980A

——「エーリッヒ・フロム〈自己実現〉論の成立と構成」（教育哲学会『教育哲学研究』第 42 号）1980B

——「おとなの発達」（『愛媛大学教育学部紀要』第 28 巻）1982

——「教育可能性論の人間形成論的構想」（愛媛大学教育学部教育学科『教

育学論集 10 号』）1983
——「学校における“Mutual-Regulation”——人間形成論的試論——」（『愛媛大学教育学部　紀要第一部』第 33 巻）1987
——「ライフサイクルと人間形成——序論　人間の生涯と形成——」（『愛媛大学教育学部紀要第一部』第 35 巻）1989
——「教員養成の人間学的・歴史的基盤とその制度化——人間形成論的考察」（『教員の資質・能力の構成分析とその養成に関する理論的・実証的研究』平成 4 年度大学教育方法等改善経費による研究報告書，愛媛大学教育学部）1993A
——「ホスピタリズムと教育における近代」（近代教育思想史研究会『近代教育フォーラム』第 2 号）1993B
——「老いと死の相互形成」「老いと死の受容」（岡田渥美編『老いと死——人間形成論的考察——』玉川大学出版部，1994）
——「なぜ今いきがいなのか」（井原栄二他編『看護する者・される者とコミュニケーション』明治図書，1996A）
——『人間形成論——教育学の再構築——』（分担 11-38，401-38 頁）玉川大学出版部，1996B
——「発達と教育の論理——その「ライフサイクル論」と「相互性論」への再編成——」『教育の本質と可能性』八千代出版，1996C
——「森昭の教育人間学——統合学と原理論を循環する生成理論」（皇紀夫，矢野智司編『日本の教育人間学』）玉川大学出版部，1999A
——「生涯教育から見る発達（日本心理学会公開シンポジウム発表原稿）」（『臨床教育人間学年報』第 1 号，京都大学大学院教育学研究科臨床教育学講座）1999B
——「教育関係の歴史的生成と再構成ーシステムと相互性」（森田尚人他編『近代教育思想を読みなおす』新曜社）1999C
——「臨床的教育理論と教育的公共性の生成」日本教育学会『教育学研究』第 67 巻第 4 号，2000
TANAKA Tsunemi, Floating Around and Self-confinement as the Result of the Over-Adaptation of Young People in Japan today.- an investigation on the relevant data and several case studies and the reconstruction of the pedagogy. in:KrugerH-H., /Olberz, J-H., (hrsg.) *Bildung*

zwischen Staat und Markt. Leske Budrich 1997
田中毎実・鷹尾雅裕「制度化と相互性――ホスピタリズムとその一事例に関する人間形成論的研究――」愛媛大学教育学部教育学科『教育学論集 13号』1-44 頁(分担 1-2, 12-38 頁) 1991
田中毎実，讃岐幸治編著『ライフサイクルと共育』青葉図書，1995
上野千鶴子『女という快楽』勁草書房，1986
氏家重信『教育学的人間学の諸相――その多様性と統一性――』風間書房，1999
若林慎一郎・本城秀次『家庭内暴力』金剛出版，1987
和田修二『こどもの人間学』第一法規出版，1982
Weber, M., *Wirtschaft und Gesellschaft.* J.C.B.Mohr 1921(5.Aufl. 1972)
White, R.W., Motivation reconsidered: the concept of competence, *Psychological Review 66*, 1959
Winnicott, D.W., (Winicott, C., et al. eds.) *Babies and Their Mothers.* Addison-Wesley 1987(成田義弘・根元真弓訳『ウィニコット著作集 1　赤ん坊と家族』岩崎学術出版社，1993)
Wulf, C./Zirfas, J.(hrsg.), *Theorien und Konzepte der pädagogischen Anthropologie.* Auer 1994A
Wulf, C.(hrsg.), *Einführung in die pädagogische Anthropologie.* Belz 1994B（高橋勝監訳『教育人間学入門』玉川大学出版部，2001）
矢野智司『ソクラテスのダブルバインド』世織書房，1996
――「システム化と相互性の教育人間学的理解」（京都大学大学院教育学研究科臨床教育学講座『臨床教育人間学』第 3 号 2001）
山田昌弘『パラサイト・シングルの時代』ちくま新書，1999
山之内靖『システム社会の現代的位相』岩波書店，1996
横山治夕雄「性」（井上勝也編著『老年期の臨床心理学：その実際と問題行動へのアプローチ』）川島書店，1983
全国社会福祉協議会養護施設協議会編『養護施設ハンドブック』全国社会福祉協議会，1985
Zdarzil, H., *Pädagogische Anthropologie.* Styria 2.überarbeitete und erweiterte Aufl. 1978

著者略歴
1947年　生まれ
1975年　大阪大学大学院文学研究科博士課程中退
現　在　京都大学教授（高等教育研究開発推進センター）
　　　　教育学博士　　大学教育学、臨床的人間形成論 専攻
著　書　『人間形成論』（分担執筆）1996年　玉川大学出版部
　　　　『大学授業のフィールドワーク』（編著）2001年　玉川大学出版部

臨床的人間形成論へ　ライフサイクルと相互形成［教育思想双書 3］

2003年4月5日　第1版第1刷発行

著　者　田《た》 中《なか》 毎《つね》 実《み》
発行者　井 村 寿 人

発 行 所　株式会社　勁《けい》 草《そう》 書 房

112-0005 東京都文京区水道2-1-1　振替 00150-2-175253
（編集）電話 03-3815-5277／FAX 03-3814-6968
（営業）電話 03-3814-6861／FAX 03-3814-6854
平文社・青木製本

© TANAKA Tsunemi　2003

ISBN 4-326-29875-8　Printed in Japan

JCLS 〈㈱日本著作出版権管理システム委託出版物〉

本書の無断複写は著作権法上での例外を除き禁じられています。
複写される場合は、そのつど事前に㈱日本著作出版権管理システム
（電話03-3817-5670、FAX03-3815-8199）の許諾を得てください。

＊落丁本・乱丁本はお取替いたします。
http：//www.keisoshobo.co.jp

田中智志　他者の喪失から感受へ　近代の教育装置を超えて　［教育思想双書1］　四六判　二四〇〇円
松下良平　知ることの力　心情主義の道徳教育を超えて　［教育思想双書2］　四六判　二四〇〇円

教育思想史学会編　教育思想事典　A5判　七二〇〇円
矢野智司　動物絵本をめぐる冒険　動物−人間学のレッスン　四六判　二九〇〇円
野口芳子　グリム童話と魔女　魔女裁判とジェンダーの視点から　四六判　二六〇〇円
広瀬俊雄　教育力としての言語　シュタイナー教育の原点　四六判　二三〇〇円
友定啓子・村田陽子　子どもの心を支える　保育力とは何か　四六判　二二〇〇円
渋谷真樹　「帰国子女」の位置取りの政治　帰国子女教育学級の差異のエスノグラフィー　A5判　八四〇〇円
S・J・ボール　稲垣恭子ほか訳　フーコーと教育　〈知＝権力〉の解読　A5判　四三〇〇円
H・J・パーキンソン　平野智美ほか訳　誤りから学ぶ教育に向けて　20世紀教育理論の再解釈　四六判　三二〇〇円
L・ストーン　北本正章訳　家族・性・結婚の社会史　1500〜1800年のイギリス　四六判　五二〇〇円

＊表示価格は2003年4月現在。消費税は含まれておりません。